W0029280

LA RÉCONCILIATION

Lili Barbery-Coulon

LA RÉCONCILIATION

De la haine du corps à l'amour de soi

MARABOUT

Un ouvrage apporté par Ariane Geffard

À Har Nal, Jai Gopal et Karta

Avant-propos

Ce livre n'est pas une méthode pour transformer sa vie. Encore moins une liste de règles à suivre rigoureusement. Il ne s'agit que d'un aveu de vulnérabilité. Un chemin de réconciliations, de l'asphyxie à l'ouverture du cœur. Un récit de mille et un jours né au moment où j'ai commencé à faire part de ma fragilité sur mon blog. Je pensais, par pudeur, qu'il m'était interdit d'écrire publiquement que je n'allais pas bien. Je me mentais comme je mentais aux autres. Pourtant, dès que je me suis mise à me montrer telle que j'étais, ma vie s'est métamorphosée. Sur la route qui me ramenait vers moi, j'ai fait des rencontres et j'ai découvert des outils. Des pointes, des ciseaux, des burins que je n'avais pris dans mes mains que pour me défendre ou attaquer. Posés au sol sous mes yeux, ils attendaient que je me mette à un autre travail. Alors, j'ai amorcé la taille de la pierre. Celle qui emmurait mon « état d'être » et me déconnectait de ma nature profonde. Je me suis sentie si chanceuse d'avoir trouvé ces instruments libérateurs que j'ai aussitôt ressenti l'urgence de les partager. De les honorer. Un peu comme un film qu'on vient de voir et qu'on recommande autour de soi parce qu'on sait qu'il va ouvrir à de grands changements. Ainsi, ce livre qui décrit une série d'éveils de conscience entre la fin 2015 et le printemps 2019 m'offre la possibilité de mettre ces outils à disposition de chacun. Mon récit est ponctué d'entretiens avec des personnes qui ont beaucoup compté dans ma transformation en m'offrant un nouveau regard sur le monde. Certaines y ont même largement contribué. J'espère que nos échanges inspireront autant qu'ils m'ont déployée. Et que ce partage sera utile à celles et ceux qui ont envie de se réconcilier avec toutes les parties d'eux-mêmes.

Nous sommes le miroir de l'autre.

Nous ne faisons qu'un.

Sat Nam[a].

a. *Sat Nam* est le mantra que l'on chante à la fin de chaque cours de kundalini yoga. Il signifie « véritable identité », c'est un mantra « graine » qui vient saluer et honorer la partie la plus authentique de nous-mêmes.

1. En chantier

La peinture n'avait pas l'air en si mauvais état. Bien sûr, il fallait tout refaire dans cet appartement que nous venions d'acheter. L'électricité, la plomberie, la cuisine, la salle de bains. Néanmoins, les murs me paraissaient sains. J'étais si heureuse d'avoir enfin les clefs de cet espace que nous avions espéré et cherché pendant des mois ! Les travaux allaient pouvoir commencer et la perspective de notre future installation m'enthousiasmait. Je me suis approchée de la fenêtre de la cuisine. J'ai commencé à gratter le vernis écaillé du cadre en bois. La peinture s'est entièrement décollée comme une peau meurtrie par un coup de soleil. Le bois rongé était sur le point de partir en miettes. Plus je décapais la surface, plus je craignais que la fenêtre ne se brise sous mes doigts. Je n'avais pas encore compris que je tenais là une métaphore tridimensionnelle de ce qui se jouait à l'intérieur de moi.

En 2015, j'avais tout pour paraître la plus heureuse au monde. Mariée à un homme que j'aimais depuis déjà plus d'une décennie, j'étais aussi la mère d'une petite fille joyeuse et en bonne santé qui nous comblait de joie. En charge des actualités liées à l'industrie de la beauté et du bien-être, je travaillais en tant que journaliste pour *M, le magazine du Monde*, que le milieu dans lequel j'évoluais à l'époque ne cessait de complimenter. Chaque week-end, lorsque mes articles étaient publiés, je recevais des dizaines de messages me congratulant au sujet de la qualité de mon travail. Des marques d'amitié venant de mon entourage, mais aussi des signes de reconnaissance issus de personnes dont j'admirais la plume. J'avais toujours été très sensible au regard de l'autre. En quête de la meilleure note pour impressionner mon père ou du bon point qui me donnait la sensation d'exister... L'institution que représentait le journal *Le Monde* aurait dû combler tous mes besoins de lustre extérieur. Le puits était malheureusement sans fond et j'étais incapable de recevoir le moindre compliment sans qu'il se noie dans les abysses de mes doutes. Une fois, on a parlé de l'un de mes articles à la radio. J'étais tellement fière ! Deux jours plus tard, le magazine pour lequel j'écrivais n'était plus en kiosque et mon article était tombé dans l'oubli. La semaine suivante, j'ai emmené ma fille chez un pédiatre qui la suivait depuis sa naissance et qui avait une autorité naturelle sur moi, contre laquelle je ne cherchais pas à lutter. À peine plus jeune que mes parents, il était sur le point de prendre sa retraite et nous savions que chaque rendez-vous était peut-être le dernier, ce qui me rendait un peu triste car je l'aimais beaucoup. Il n'avait jamais fait de commentaires sur mon travail lorsque j'étais rédactrice beauté pour le magazine *Vogue*, mais, depuis que j'étais employée du journal *Le Monde*, il posait beaucoup de questions car il figurait parmi les plus fidèles lecteurs de cette institution. Ce jour-là, il a compris que j'écrivais pour le magazine *M* et non pour le quotidien. Il a écarquillé les yeux et m'a dit : « Ce torchon rempli de publicités ? Vous savez ce que j'en fais quand je le reçois avec mon abonnement du week-end ? Je le mets directement à la poubelle sans même l'ouvrir. » J'avais beau recevoir sans cesse des compliments sur mes enquêtes, cette remarque les avait tous pulvérisés en quelques secondes. Je n'étais pas à la hauteur des attentes que je m'étais fixées.

Dépendante des marques de reconnaissance extérieure, j'avais trouvé une autre parade : les réseaux sociaux. Terreau fertile de mon addiction, Instagram et Facebook me permettaient alors de quantifier avec précision « combien on m'aimait ». J'y présentais donc la vie qui correspondait aux critères de réussite de mon époque. Je n'avais aucune conscience de ma dépendance ni du désespoir que je refoulais profondément. Après tout, j'avais une vie formidable ! Je passais mon temps à voyager en classe *business*, à être invitée dans des palaces, à tester des spas ahurissants de beauté, à être traitée comme si j'étais une célébrité… Je ne supportais pas les journalistes qui se plaignaient pendant les voyages de presse. Comment pouvait-on avoir envie d'être ailleurs lorsqu'une taie d'oreiller brodée à nos initiales nous attendait dans nos chambres d'hôtel ? Comment rester blasé devant une visite de musée ouvert spécialement pour nous ou devant une chanteuse en vue en représentation sous un feu d'artifices à l'occasion du lancement d'un parfum ? J'adorais ces parenthèses suspendues. Elles dissolvaient tout désir de reconversion professionnelle. Pour éviter de me faire insulter par mes abonnés en exposant ce faste, j'avais inventé un hashtag que je sortais comme une pancarte : #instapute. Je trouvais ça très drôle et je ne voyais vraiment pas pourquoi cette sémantique posait un problème à quelques *followers* qui me semblaient manquer d'humour. J'étais une tête qu'on avait envie de claquer et le fait de le dire agissait comme un antidote : « Ne m'insultez pas, regardez, je l'ai déjà fait pour vous, c'est dire si je suis drôle ! » Je n'étais bienveillante ni pour moi-même ni pour les autres, mais je ne m'en rendais absolument pas compte. Quant aux morceaux de vie privée que je voulais bien partager, ils étaient sélectionnés avec soin. Même les imperfections dévoilées étaient manucurées. Les anniversaires plus que parfaits de ma fille me donnaient l'illusion d'être une bonne mère, tout comme ses robes à smocks Bonpoint virevoltant au bord de la mer ou encore les ateliers pour enfants auxquels je l'inscrivais le week-end… Si l'on s'en tenait à ce que je dévoilais sur Instagram, ma vie paraissait idéale. Alors pourquoi est-ce que je continuais à me sentir aussi vide ?

Sur le blog que j'avais créé en novembre 2010 et qui s'appelait alors *Ma récréation*, j'avais décidé qu'il n'était pas question de faire part des sujets trop intimes. Cette plateforme numérique était un terrain de jeu où j'avais le loisir d'écrire sur d'autres thèmes que l'industrie de la beauté ou bien de le faire différemment qu'en presse écrite. J'avais commencé ce blog alors que je m'ennuyais profondément au magazine *Vogue* et que je ressentais déjà ce vide vertigineux. J'étais terrorisée à l'idée d'être mal jugée par mes consœurs journalistes ou par mes collègues du magazine. Néanmoins, « l'urgence de faire » avait cette fois été plus forte que la peur du regard de l'autre. Combien de fois m'étais-je empêchée de chanter, de danser, de faire du sport, d'écrire, de jouer la comédie, par peur d'avoir l'air ridicule ?

Sans le savoir, c'est un créateur de parfums qui m'a convaincue de lancer mon blog. La première fois que je l'ai rencontré, j'ai été odieuse avec lui. Je voulais savoir où il avait appris son métier et comment il avait élaboré ses premières fragrances. C'était un ancien basketteur professionnel reconverti. Un autodidacte qui s'était mis à fabriquer des bougies dans sa cuisine après avoir été impressionné par une rencontre avec un célèbre parfumeur. Tout l'inverse de la formation académique et du système méritocratique dans lequel j'avais été éduquée. Comme il avait senti mon agacement et mon agressivité, il avait refusé de répondre à la plupart de mes questions. Notre rencontre s'était soldée par un énervement mutuel et j'avais décidé que je n'écrirais pas une ligne sur ses parfums, que je ne trouvais pas très originaux. Un an plus tard, bien décidé à obtenir un article dans le magazine *Vogue*, il m'a invitée à venir assister à l'ouverture de sa première boutique en Suède. J'ai refusé, mais son attachée de presse a insisté et la perspective de passer deux jours à Stockholm a finalement eu raison de mes principes. Une fois sur place, en découvrant son magasin, ses nouvelles essences, son équipe, ses amis qui le soutenaient et son engagement sans faille, je me suis sentie un peu idiote. La légitimité ne se mesure pas au nombre de diplômes dont on dispose. Elle naît en faisant. C'était si évident en l'observant que, lorsque je suis rentrée à Paris, je me suis dit qu'il était temps de développer un espace d'expression capable de m'extraire de la léthargie créative dans laquelle je me trouvais. *Ma récréation* réunissait surtout mes bonnes adresses, des lieux pour les sorties en famille, des hôtels testés pendant mes voyages de presse ou lors de nos vacances familiales, des recettes de cuisine concoctées par des personnalités qui me touchaient, des restaurants japonais ou des pâtisseries atypiques… Il n'y avait ni mon nom ni aucune photo de moi. Les textes ne laissaient aucune place à mes émotions. Je laissais ça, avec beaucoup de mépris, à d'autres. Le ton désincarné de mes articles et la distance choisie bâtissaient un rempart protecteur contre les moqueries de mon milieu. J'étais fière de dire que j'étais journaliste bien avant d'être « blogueuse », une appellation aussi valorisée en 2010 par l'industrie de la mode et de la beauté qu'une paire de chaussettes sales et trouées. *Ma récréation* m'a pourtant offert un nouveau souffle. Ce blog m'a poussée à apprendre la photographie, l'administration technique des contenus publiés et à oser dire « je ». Mais en refusant d'y livrer celle que j'étais, je participais à un mensonge de plus en plus dissonant avec mon état intérieur.

J'allais mal mais je ne m'en rendais pas compte. Je donnais même plutôt l'impression inverse. Je gagnais bien ma vie. Suffisamment pour partir en voyage au bout du monde ou m'offrir les vêtements qui me faisaient fantasmer. J'étais désormais propriétaire d'un appartement à refaire dans un quartier parisien qui me plaisait. J'avais un blog à succès et un job dans un journal renommé. Je n'arrivais cependant pas à me libérer d'un mal de dos récurrent que je me traînais depuis plusieurs années, mais puisque tout le monde disait que c'était le mal du siècle, je m'étais habituée à vivre avec. Je faisais aussi beaucoup d'insomnies, je m'énervais très facilement et j'étais tout le temps débordée. Je justifiais intérieurement ces symptômes en me répétant qu'ils faisaient de moi une personne importante et besogneuse. Donc méritante. Quant à mon poids, il variait régulièrement de cinq à dix kilos, ce que je trouvais parfaitement normal puisque toutes les femmes autour de moi, en dehors de deux ou trois extraterrestres, me semblaient être en guerre permanente avec leur corps.

De toute façon, qu'est-ce que je pouvais attendre de mieux ? J'étais bien plus heureuse à trente-neuf ans en 2015 qu'à six ou à vingt ans. Je me sentais déjà très satisfaite du chemin parcouru. Il faut dire que je n'avais pas paressé en matière de développement personnel. Dès l'âge de seize ans, je poussais la porte, en cachette de ma mère, d'un centre médicopsychopédagogique pour commencer un travail psychanalytique qui dura une dizaine d'années. Dix ans à déverser ma morve et mes larmes sur le divan de deux psychanalystes à raison de plusieurs séances coûteuses hebdomadaires financées par des baby-sittings. Plus tard, j'ai tenté l'hypnose, une courte thérapie comportementale et cognitive, avant de me lancer à fond dans un travail avec une psychologue formée à l'EMDR (*Eye Movement Desensitization and Reprocessing*), la technique du mouvement oculaire pour libérer les émotions encombrantes. J'ai également testé un grand nombre de thérapies psycho-corporelles ou énergétiques avec plus ou moins de résultats. Il y avait encore beaucoup d'insatisfactions quotidiennes, d'autoflagellation, de sensations de vide, de déceptions, de plaintes et d'hystérie passagère. Mais il me suffisait d'un régime, d'un week-end avec des copains ou d'un voyage de presse pour mettre un voile sur ce qui ne fonctionnait pas et me donner l'illusion que tout allait pour le mieux. Les misères de l'enfance, je les avais racontées, disséquées, émincées, rangées, classées. J'étais capable d'intellectualiser et de rationnaliser tous mes comportements en traçant des lignes entre mes premières années et l'histoire pesante de mes ascendants. J'avais le sentiment que je ne pouvais pas aller plus loin sur le plan thérapeutique et j'étais résignée à accepter mes zones de turbulences passagères dans cette deuxième partie de ma vie.

J'ai passé mes vacances de l'été 2015 à dessiner les plans de nos travaux sur des feuilles de papier millimétré, à la fois excitée par ce projet et tétanisée par les rafales de questions auxquelles je devais répondre : quel carrelage autour de la baignoire ? Où placer le lave-vaisselle ? Combien de tiroirs dans l'armoire de la chambre ? Des problèmes de nantis qui auraient dû me réjouir mais qui m'empêchaient pourtant de dormir la nuit. J'avais une *to-do-list* permanente dans la tête et, malgré tous mes efforts, elle ne cessait de s'allonger au fil des jours avec de nouvelles solutions à trouver. Ce projet m'avait néanmoins permis d'arrêter de penser aux attentats de janvier 2015, ce qui me semblait être déjà un immense progrès émotionnel. Dans ma valise, j'avais embarqué quelques romans et plusieurs tubes de crèmes solaires, comme chaque été. Je ne sais pas par quel truchement un ouvrage de développement personnel dédié au rangement s'était retrouvé dans les Cévennes, mais en tout cas il trônait sur ma table de nuit et ne demandait qu'à être dévoré : *La Magie du rangement* de Marie Kondo[a]. Le bandeau rouge autour de la couverture indiquait que des centaines de milliers de lecteurs avaient déjà succombé à cette méthode. J'étais aussi curieuse que sceptique : je l'ai lu en l'espace de deux siestes à l'abri du soleil. Cette jeune Japonaise monomaniaque, désormais rendue célèbre par la série d'émissions qui lui sont dédiées sur Netflix, a réussi à convertir plus de deux millions de bordéliques. Son programme consiste à trier tout ce qu'on accumule chez soi, puis à organiser ses rangements de manière à retrouver de l'harmonie dans son intérieur. À la fois désordonnée et maniaque depuis le plus jeune âge (les deux qualificatifs sont malheureusement compatibles), je n'avais pas grand espoir en commençant son livre. Je crois qu'elle a aimanté toute mon attention lorsqu'elle a commencé à parler de la manière dont ses clients avaient transformé leur vie après avoir appliqué sa méthode. Certains avaient changé d'emploi. D'autres s'étaient reconvertis dans un domaine plus en lien avec leurs passions véritables. Je ne voyais pas bien comment le fait de ranger mes déclarations d'impôt allait agir sur une réorientation professionnelle. J'ai cependant appliqué

a. Éditions First, Paris, 2015.

méthodiquement les propositions de Marie Kondo en rentrant chez moi. J'étais à quatre mois de notre emménagement dans notre nouvel appartement refait à neuf. C'était l'occasion de jouer les cobayes sans retenue.

J'ai commencé, comme Marie Kondo le recommandait, par les vêtements. J'avais dans mon armoire trois tailles différentes, oscillant du 38 au 42. J'étais en plein régime et je n'ai eu aucun mal à me débarrasser des habits trop grands que j'avais conservés depuis ma dernière prise de poids. Je me suis séparée de toutes les fringues qui me déplaisaient et que je gardais par respect pour les amies qui me les avait offertes. J'ai dégagé les pulls troués par les mites, les tee-shirts jaunis d'avoir trop attendu d'être portés, les pantalons trop petits dans lesquels je n'avais jamais réussi à glisser une hanche. Rayon livres, j'ai donné des kilos de beaux livres qui ne m'intéressaient pas mais que je gardais « au cas où ». Des ouvrages dédiés à la haute joaillerie offerts par des marques de parfums, des catalogues d'exposition que je n'avais jamais ouverts après une visite, des livres en double... Le pire se trouvait au-dessus de mon bureau dans des boîtes oubliées depuis plusieurs années. Une galerie de souvenirs anciens : vieilles sapes datant de mes années universitaires, sacs à main démodés, boîtes remplies de lettres signées de personnes dont le visage avait disparu de ma mémoire... Je voyais brusquement combien j'avais hérité du comportement exaspérant de ma grand-mère maternelle qui, traumatisée par la guerre d'Algérie et par son retour forcé en France, armée d'une simple valise, n'osait jamais rien jeter. Elle avait failli mettre le feu à son appartement plus d'une fois avec la quantité de sacs en plastique qu'elle accumulait derrière son réfrigérateur. Elle gardait les sucres qu'on lui donnait dans les brasseries, les micro-morceaux de savonnette usagée, les parts de gâteaux rassis préparés par sa voisine espagnole. « Au cas où, on ne sait jamais. » J'avais appris à conserver, sur les conseils de ma mère, les ordonnances médicales, les facturettes de carte bleue, les courriers officiels de tout type. J'ai rempli des sacs de cent litres les uns après les autres. Autant de témoignages de ma peur de manquer, de mon angoisse qu'il arrive « quelque chose ». J'ai donné, vidé, vendu en me posant systématiquement les deux questions suivantes : « Est-ce que je me sers régulièrement de cet objet ? Est-ce qu'il me donne de la joie ? » Je n'aimais pas beaucoup ce mot « joie », que je trouvais mal choisi par le traducteur du livre de Marie Kondo. La joie avait une connotation stupide à mes yeux. J'aspirais au bonheur total, non à la joie simple. Malgré tous mes préjugés, j'ai réussi à faire un tri phénoménal dans mes affaires. Je découvrais dans ma bibliothèque allégée des objets chéris que je ne voyais plus. Des lectures qui m'enthousiasmaient et qui n'avaient rien à voir avec la mode ou la beauté. Une chose m'a semblé évidente en regardant partir la benne à ordures : je n'allais pas pouvoir continuer à faire semblant d'être heureuse. Il allait bien falloir que je m'interroge sur ce que je devais changer pour être connectée à ma joie primitive.

L'automne 2015 a été rythmé par la mise en cartons de plus de dix ans de vie commune, les allers-retours entre la nouvelle école de ma fille située à côté de notre futur appartement et notre ancien quartier, mes articles à écrire et à rendre au magazine *M*, ceux pour mon blog que j'écrivais à l'aube ou la nuit, la surveillance des travaux qui avaient évidemment pris du retard, l'organisation du déménagement… Il ne restait plus aucun espace vacant. Chaque minute était rentabilisée à la nano-seconde près. On m'a alors proposé de partir à Kyoto pour le lancement d'une série de parfums inspirés par l'odeur du thé. Je venais de finir un numéro spécial beauté pour le magazine *M* qui avait absorbé mes dernières réserves énergétiques et ce voyage était la carotte dont je rêvais. J'ai décidé de partir quelques jours avant les autres invités de ce lancement olfactif afin de revoir mes amis français expatriés là-bas. J'ai décollé le vendredi 13 novembre 2015 à 16 heures. Ma fille était en classe verte dans le sud-ouest de la France. Mon mari seul chez nous au milieu des cartons. En montant dans l'avion, je me souviens du dernier post Instagram publié qui disait combien j'étais heureuse de repartir dans ce pays que j'affectionne tant. J'allais pouvoir ralentir et m'occuper de moi. Il devait être 3 ou 4 heures du matin en France lorsque j'ai atterri à l'aéroport d'Haneda. J'ai été l'une des premières à obtenir ma valise, privilège accordé aux voyageurs en classe *business*. Aucune information n'avait filtré pendant le vol et le pilote s'était bien gardé de nous annoncer les funestes nouvelles à l'arrivée. J'ai vaguement entendu un groupe de Français parler d'une fusillade derrière moi lorsque j'ai franchi la douane et je me suis demandé pourquoi ils avaient besoin de reparler de l'attentat de *Charlie Hebdo* à une heure aussi matinale. Je me suis dirigée vers la petite enseigne qui loue des appareils de wifi portables, j'ai connecté mon téléphone et, sans regarder mes messages, je me suis dirigée vers la sortie. Un chauffeur aux mains gantées de blanc m'attendait, une pancarte à la main. Mon téléphone s'est mis à vibrer bizarrement dans ma poche. J'ai suivi mon chauffeur dans l'ascenseur qui nous conduisait au parking. Qui pouvait bien m'envoyer des textos à 4 heures du matin ? « Où es-tu ? », « Tu es en sécurité ? », « Ne t'inquiète pas, je vais bien. » Je ne comprenais rien. « Il y a eu plusieurs attentats cette nuit. On a tiré sur des terrasses et dans une salle de concert. Claire était dans l'un des restaurants attaqués, elle va bien. » Je me suis connectée au site du *Monde*. J'étais toujours dans l'ascenseur. J'ai vu plusieurs vidéos tournées autour du Bataclan. Une foule qui courait. Des coups de feu. Je me suis écroulée dans l'ascenseur. J'ai senti une déflagration dans mon ventre. Le chauffeur japonais, qui n'avait pas du tout l'air d'être au courant de ce qui venait de se dérouler en France et qui ne parlait ni anglais ni français, était extrêmement embarrassé par mon comportement. Je suis montée dans sa voiture en continuant à sangloter. Je lisais sur Facebook le témoignage des uns, ceux qui recherchaient leurs proches, ceux qui pleuraient déjà leurs morts, notre amie Claire qui rassurait ses proches puisqu'elle était l'une des miraculées des restaurants visés. Je me suis branchée sur les chaînes d'information en continu et j'ai visionné plusieurs fois d'affilée tous les contenus qui n'avaient pas encore été modérés par les rédactions. Un flot d'images et de vidéos terrifiantes. Je me décomposais. Toutes les fondations qui me sécurisaient jusqu'alors, celles qui ne tenaient plus que par un fil fragile depuis les attentats de janvier 2015, se disloquaient. Plus rien n'avait de sens puisque de jeunes êtres humains ayant grandi dans le même pays que le mien avaient eu envie de tirer avec des armes de guerre sur des enfants, des femmes et des hommes en train d'écouter de la musique ou de boire un verre à une terrasse de restaurant. Je n'ai plus cessé de pleurer pendant les deux jours qui ont suivi. Je me réveillais comme tous les Français en espérant que ce soit un cauchemar.

J'étais loin des miens, soulagée que ma fille n'ait pas été mise au courant pendant sa classe verte, mais terriblement inquiète pour mon mari et tous mes proches parisiens. Et puis, il y avait les amis d'amis qu'on continuait à chercher sur Facebook sans succès. Ces connaissances lointaines qui donnaient un visage humain à ce massacre. La lenteur de Kyoto était sans doute l'un des meilleurs remèdes pour se souvenir que la beauté continuait à exister même dans un moment aussi difficile. J'ai assisté à des cérémonies du thé, visité des jardins extraordinaires, fait des vœux de paix devant des temples. J'avais hâte de retrouver ma famille, mais j'étais terrorisée à l'idée de retrouver la panique compacte de ma ville.

À mon retour, nous avons expliqué à notre fille ce qui venait de se passer avec les mots les plus simples que nous ayons trouvés. Il fallait aller faire des courses. Je suis sortie avec elle en serrant fort sa petite main. Je me souviens du silence dans la rue et de sa question :

— T'as peur ?

— Non, je n'ai pas peur.

— Alors pourquoi tu marches si vite, Maman ?

Évidemment que j'avais peur. J'étais effrayée. Cela faisait déjà des mois, depuis les attentats de *Charlie Hebdo*, que la porte principale du siège du *Monde* était fermée et que les employés devaient entrer par l'arrière en passant devant des hommes armés censés nous protéger en cas d'attaque. Le climat ne s'est évidemment pas amélioré après le 13 novembre 2015. Dans notre open space ou dans les couloirs du journal, j'entendais quotidiennement des journalistes partager leurs inquiétudes après avoir interviewé tel ministre ou enquêté sur le nombre de terroristes potentiels « nichés partout ». Ces conversations que je tentais de ne pas écouter ne cessaient d'alimenter ma peur. « Ça ne va plus s'arrêter et on va finir par s'habituer au pire », prévoyaient certains. J'avais perdu tout sentiment de sécurité. Je n'avais plus de socle.

Chaque jour qui a suivi le 13 novembre 2015, pendant quelques mois, je me répétais : « La vie n'a aucun sens. Ma vie n'a aucun sens. » Alors que je venais de perdre beaucoup de poids, je me suis mise à manger comme si chaque repas était potentiellement le dernier. Je n'avais plus aucune sensation de satiété. J'avais constamment faim. Juste avant mon emménagement en décembre 2015, j'ai également fait une découverte sur ma famille qui m'a bouleversée. Au fond, les attentats n'avaient fait que mettre au jour mon insécurité intérieure, que je pensais pourtant avoir suturée avec des années de travail analytique. La violence des événements faisait écho à des peurs enfouies mais toujours bien présentes. Je me sentais comme le chantier de mon appartement qui n'en finissait plus d'être prolongé : simultanément effondrée et au bord d'une reconstruction imminente. Jamais je n'avais autant ressenti l'urgence de me reconstruire.

COMMENT UTILISER LA MÉTHODE DE MARIE KONDO POUR TRIER SES PENSÉES ?

Entretien avec Zeva Bellel

Ancienne journaliste, Zeva Bellel a grandi à New York avant de s'installer à Paris il y a plus de vingt ans, à peu près au moment où nous nous sommes rencontrées. Après avoir écrit pour des publications comme *New York Times T Magazine* ou *Monocle*, participé à la création de cahiers de tendances prestigieux, elle a dirigé une équipe de vingt-cinq personnes avec qui elle a lancé la version française de la plateforme communautaire Yelp. Lorsque cette marque américaine a finalement décidé de fermer ses bureaux parisiens, Zeva a réalisé un rêve qu'elle couvait depuis longtemps. Elle a repris ses études et s'est formée au coaching professionnel. Désormais diplômée et installée dans un cabinet à Paris, elle reçoit exclusivement des femmes qu'elle accompagne afin qu'elles retrouvent confiance en leur potentiel. De rendez-vous en rendez-vous, elle transforme les blocages en objectifs atteignables. Parmi les outils qu'elle propose, il lui arrive d'utiliser la méthode de Marie Kondo. Pas pour pousser ses clients à ranger leur appartement, mais pour les aider à faire du tri dans leurs pensées limitantes…

Tu as été journaliste et tu as anticipé beaucoup de tendances avant de devenir coach. Pourquoi, selon toi, la méthode de Marie Kondo a-t-elle touché autant de lecteurs ?

Je l'ai découverte quand je travaillais pour Yelp. L'un de mes collègues, basé en Espagne, venait tout juste de lire son ouvrage et l'a envoyé à toute l'équipe à Paris. Je l'ai lu à mon tour et j'ai beaucoup aimé l'humilité de cette Japonaise et sa capacité à convertir un concept compliqué en une méthode accessible. Je l'ai trouvée attachante et pédagogique car, au fond, de quoi s'agit-il ? Permettre aux gens de prendre conscience de toutes les attaches qu'ils entretiennent avec des objets qui ne les rendent plus heureux. Mais aussi avec un environnement qui ne les satisfait pas et qui est tellement obstrué par ce qu'ils ont accumulé qu'ils ne perçoivent plus ce qui compte véritablement pour eux. Au lieu de conseiller de jeter une liste d'objets afin que la maison ait l'air parfaite, elle a préféré poser la question suivante : « Que souhaitez-vous vraiment garder ? » Ce léger détail change tout, car il nous rend acteurs d'un cheminement personnel.

Elle a aussi démocratisé le mot « joie » à un moment où l'on ne parlait que de « bonheur », alors que ce sont deux notions différentes…

La joie est immédiate et se ressent dans le corps, elle n'a pas besoin de passer par le mental. Alors que la quête de bonheur demande une construction intellectuelle avec une liste de cases à cocher (par exemple, le conjoint idéal, la maison avec un jardin, le job de rêve…) qui nous projette dans un futur lointain, inaccessible parce que la liste ne va jamais cesser de se rallonger. La joie est simple et abstraite. Elle est innée et innocente par nature. En grandissant, on se laisse conditionner par les messages qui nous entourent et nous déconnectent de notre joie initiale. Certains ont beaucoup d'aisance à s'y reconnecter. Pour d'autres, c'est plus difficile. Et c'est pourquoi la méthode de Marie Kondo se révèle aussi efficace. Parce qu'elle demande au lecteur de manifester une intention pendant le processus plutôt que de suivre bêtement ses recommandations. Du coup, il sait pourquoi il choisit de faire le tri.

Comment t'es-tu inspirée de cette méthode dans ta manière de coacher tes clientes ?

Ce que l'on comprend en appliquant les principes de Marie Kondo, c'est que les prises de conscience arrivent au cours du processus. Ainsi, contrairement à ce qu'on avait imaginé, les solutions n'arrivent pas une fois qu'on a terminé d'appliquer la méthode, mais pendant ! La solution est le processus ! Les clientes qui viennent me voir sont à un tournant de leur vie. Elles croyaient jusqu'ici qu'elles étaient obligées de faire un certain nombre de choses pour avoir du succès, pour combler leur famille ou être aimées de leur entourage. Et l'époque actuelle, à travers les médias, les partages sur les blogs ou les réseaux sociaux, se met à leur parler de « joie » comme d'un baromètre qui permet d'établir ce qui est vraiment important. Cela les trouble beaucoup car ce n'est pas avec ces croyances qu'elles se sont construites. Elles fonctionnaient jusqu'ici avec des « il faut que » – souvent contradictoires d'ailleurs –, mais jamais avec des « j'ai le droit ». Aujourd'hui, elles se sentent emprisonnées par ces injonctions et veulent se libérer.

Comment vas-tu les aider à faire le tri ?

D'abord, je les pousse à formuler leur intention. Pour ça, je leur demande : « À quoi ressemblerait votre vie si vous vous laissiez guider par votre joie ? Avec qui passeriez-vous du temps ? Quel genre d'atmosphère il y aurait dans votre maison ? Comment vous sentiriez-vous en vous habillant le matin ? » Cela permet de fixer un point de destination. Cela ne signifie pas que c'est l'endroit exact où l'on va arriver à la fin du coaching. Une fois l'intention posée, je chemine avec elles pour enlever les couches qui ne leur servent plus. Parmi ces couches, il y a énormément de pensées limitantes dans lesquelles nous croyons si fort qu'on n'a même plus conscience qu'elles existent. Elles nous conduisent à prendre des décisions sans laisser notre intuition s'exprimer. Mon travail est d'amener mes clientes à observer ces pensées. J'avance comme une spéléologue avec une lampe torche à la main et je leur demande d'explorer avec moi ces croyances. Par exemple, une de celles qui revient souvent est : « Il faut que je me fasse violence. » Je leur demande où cette phrase se manifeste dans leur corps, quelle est l'émotion liée, dans quel contexte elles se la répètent, quelles conséquences elle a dans leur vie. Au fil de notre exploration, elles prennent conscience de la nuisance de ces pensées négatives. Une fois qu'on l'a identifiée, on n'a plus du tout envie de conserver cette croyance. Un peu comme le tri dans le dressing proposé par Marie Kondo. Or, cette déprogrammation des croyances va permettre de découvrir de nouvelles options qui ne pouvaient pas être envisagées jusqu'alors. C'est pourquoi je ne donne pas de liste de carrières que mes clientes pourraient entreprendre. C'est en leur permettant d'investiguer sur ce qui les enthousiasme qu'elles trouvent ce qu'elles cherchent. Le tri sélectif permet de changer de narration et d'abandonner les petites histoires qui ne servent pas notre plus haut potentiel.

2. Comment je me suis disputée avec mon corps

L'arrivée, en décembre 2015, dans notre nouvel appartement entièrement rénové incarnait le nouveau départ que je souhaitais prendre. D'autant que notre adresse portait le mot « Blanche » à l'instar de la page immaculée que j'étais prête à ouvrir le premier janvier 2016. Les tee-shirts bien pliés dans mes tiroirs « marie-kondoïsés » me comblaient de bonheur et admirer la bibliothèque sur mesure du salon que j'avais passé des heures à décorer me détendait autant qu'un massage crânien. J'allais me sentir mieux dans cet appartement, c'était certain. Peut-être même que ce lieu qui nous permettait de réaliser plusieurs rêves simultanés suffirait à me faire retrouver le chemin de l'équilibre alimentaire et de l'épanouissement personnel auquel j'aspirais. Malheureusement, mon comportement ne semblait pas au diapason de mes espoirs. Les festivités de Noël et du jour de l'An avaient décadenassé mes dernières limites et je me vautrais sans pouvoir m'arrêter dans le beurre salé, le fromage, les restes de foie gras, les pâtisseries et les petits gâteaux secs confectionnés pour les réunions de famille. J'avais beau attendre que le sens commun me revienne comme par magie, chaque lendemain était ponctué de nouvelles occasions de dévorer des buffets de lancement presse. Aller au journal me prenait beaucoup plus de temps depuis que je m'étais installée dans le nord de Paris, ce qui m'en laissait peu pour faire les courses et organiser des repas sains. Certains soirs, je cédais à l'irrésistible appel d'un taxi que je finissais toujours par regretter amèrement. D'une part, cela me ruinait. D'autre part, cela m'immobilisait dans les embouteillages pendant des heures, ce qui m'épuisait encore plus. Je n'avais plus aucune sève créative pour imaginer un repas léger et je laissais mon mari aux commandes de pâtes carbonara et autres lasagnes surgelées. Mais comment faisaient toutes les filles minces que je regardais dans le métro ? Quel était leur secret ? Est-ce qu'elles souffraient comme moi ? Est-ce qu'elles passaient leur vie sous contrôle pour conserver leur silhouette ? Ou bien étais-je la seule à me sentir emprisonnée dans ce cauchemar quotidien ? Manger au-delà de ma faim était devenu le problème central de ma vie. Cela régissait mon humeur et mes émotions. Pourtant, il était hors de question que je partage ce problème avec qui que ce soit. Et surtout pas avec ma communauté sur Instagram ou sur mon blog, à qui j'essayais de faire croire que j'allais parfaitement bien. J'en avais déjà bien trop parlé chez les psys. J'en avais aussi beaucoup parlé à mon mari ainsi qu'à mes amis qui m'avaient vu changer de silhouette de nombreuses fois. J'espérais secrètement que tout rentre dans l'ordre naturellement, sans effort particulier. Et puis, au fond, c'était l'affaire de quelques kilos… trois ou cinq, tout au plus ? Combien de kilos avais-je déjà perdus en comptabilisant toutes les tentatives de perte de poids depuis le premier régime de mes seize ans ? Plus d'une centaine ! Je pouvais bien régler ce petit écart en l'espace d'un mois. De semaine en semaine, je repoussais encore le début d'un potentiel régime. Et je continuais à grossir sans m'en apercevoir.

M'habiller est vite devenu une épreuve. Forcément, j'avais viré toutes mes fringues trop grandes grâce à la méthode de Marie Kondo ! Il ne me restait qu'un jean noir suffisamment élastique pour accueillir tous mes excès. Après chaque lavage, je me disais que mon nouveau lave-linge l'avait encore fait rétrécir sans imaginer une seule seconde que c'était peut-être moi qui ne cessais de m'arrondir. Au journal, je me demandais constamment si mes collègues avaient remarqué que j'avais grossi. Est-ce que ça se voyait beaucoup ? Trois ou cinq kilos, ça ne se voit pas beaucoup. J'évitais scrupuleusement le pèse-personne dans la salle de bains pour ne pas être confrontée à la réalité : après tout, si j'avais pris plus, je n'aurais pas pu enfiler mon jean ! Lorsque je m'asseyais, j'étais obligée de tirer sur mon tee-shirt ou ma chemise pour m'assurer qu'on ne voie pas ma culotte qui dépassait. Le soir, lorsque je déboutonnais enfin mes vêtements pour enfiler un legging et un sweat, je découvrais mon ventre imprimé de rayures rouges puisque j'avais passé la journée à le comprimer comme un rôti de veau saucissonné avec une ficelle. Je haïssais mes cuisses. Je détestais mes genoux. J'avais en horreur mes chevilles gorgées d'eau. La seule partie de mon corps que je tolérais encore se situait au-dessus du menton avec une prédilection pour mes oreilles microscopiques. Dès qu'une nouvelle tentation calorique se présentait à moi, je me répétais que, de toute façon, « on allait probablement tous crever dans un attentat dans le métro » et que, « foutue pour foutue... », il n'y avait pas de raison de s'arrêter. Les effets secondaires de cette débauche calorique arrivaient toujours à point. Mon mental prenait les manettes de mon cerveau au moment de la digestion et je n'entendais plus que : « T'es vraiment une merde, t'as aucune volonté, tu crois que ça va arranger ton gros cul ? » Je n'avais pas besoin d'ennemis pour me dire des horreurs. J'étais championne toute catégorie pour en formuler moi-même.

Lorsque j'étais invitée à dîner, je passais mon temps à observer les autres manger. Celles qui disaient : « Ah non, j'en peux plus, pas de dessert pour moi, merci, je n'ai plus faim », de quelle planète venaient-elles ? Ceux qui me faisaient un clin d'œil en me proposant : « Lili, tu ne vas pas laisser cette dernière cuillère ! Allez, finis-moi ça, je sais que t'en as encore envie » espéraient-ils me voir grossir un peu plus ? Je me demandais sans cesse si on m'observait manger comme je scrutais les autres. Je me sentais jugée en reprenant le moindre morceau de pain. Pourtant, jamais ni mes amis proches ni mon mari ne m'ont fait la moindre remarque concernant la manière dont je m'alimentais à cette période. Jamais je n'ai été pressurée pour perdre du poids. Mon mari m'a toujours complimentée, même dans les périodes où je me trouvais moche, ce qui a d'ailleurs développé chez moi un autre doute : était-il capable de me voir telle que j'étais ? Lorsque tous nos copains se moquaient de la silhouette de Smoke, notre chat obèse, et qu'il répondait qu'il ne le trouvait pas si gros, je le soupçonnais d'avoir le même syndrome que Jack Black à l'égard de Gwyneth Paltrow dans la comédie *L'Amour extra-large*. Peut-être qu'il m'imaginait, comme le chat, beaucoup plus fine que je ne l'étais. Je ne voyais pas d'autre explication au fait qu'il puisse me trouver jolie. Parfois, je semblais atteinte du même trouble. Je m'imaginais encore très mince et je ne me reconnaissais pas lorsque je croisais mon reflet dans une vitrine. Je m'arrangeais toujours pour ne pas être prise en photo. À cette époque d'ailleurs, j'avais toujours des bleus sur les hanches et sur les cuisses, car j'avais une conception complètement erronée de mon propre volume : je n'arrêtais pas de me cogner contre les coins de table.

La dispute violente avec mon corps n'en finissait pas de se prolonger et ce sentiment de séparation entre mon mental et mon enveloppe physique virait au divorce. Que pouvais-je bien y faire, cette fois ? J'avais déjà tout essayé. J'ai quand même tenté, sur les conseils d'une amie, d'aller chez un thérapeute « psychocorporel ». Il avait la réputation de provoquer des libérations émotionnelles vraiment intenses. Je me suis donc rendue chez lui pendant plusieurs mois, toutes les deux semaines. La première séance, qui mélangeait massage, réflexothérapie, discussion, respiration et des trucs un peu plus bizarres comme le fait de courir les yeux fermés dans la pièce, ainsi qu'une pression ultra douloureuse de certaines parties du corps, m'a convaincue de revenir. Mais ce jeune thérapeute, qui n'était visiblement pas malintentionné, pensait qu'il était bon que je revive de manière frontale de vieux traumatismes de la petite enfance. Rapidement, les séances sont devenues cauchemardesques et je me suis enfoncée de semaine en semaine dans une grande déprime, sans comprendre ce qui m'arrivait. Il m'appuyait sur les mâchoires jusqu'à ce que je hurle de douleur en me criant : « Accueille, arrête de lutter ! » Je détestais tellement mon corps à cette période que j'avais fini par trouver normal qu'on le maltraite. Au printemps, mon mari, qui me voyait dépérir, a fini par me dire : « Tu devrais arrêter de voir ce thérapeute. À chaque fois que tu y vas, tu mets une semaine à t'en remettre. Ce n'est pas normal et aucune thérapie ne t'a jamais autant abattue. » Je ne suis jamais retournée chez cet homme.

Il aurait été simple de me lancer dans un nouveau régime, mais je m'en sentais incapable. Toutes les diètes avaient fini par échouer puisque je revenais toujours à la case départ. Combien de fois avais-je suivi le programme Weight

Watchers avec des feux verts, rouges ou orange, des « pro points », des « *smart points* », des étoiles tous les trois kilos perdus, des porte-clefs gagnés au bout de dix kilos, des réunions du désespoir anonyme, des applis pour comptabiliser ses journées, des grigris d'ancrage pour ne jamais oublier les efforts fournis pendant ces périodes d'amaigrissement et de stabilisation ? Combien de méthodes suivies à la lettre, de diètes frappadingues et de régimes dangereux pour ma santé ? On dit souvent que les personnes qui luttent contre leur surpoids manquent de volonté. Il me semble qu'elles ont, au contraire, une détermination hors du commun.

J'ai appris à détester mon corps toute petite. Je n'ai pas envie ici d'accabler mes parents en déballant l'histoire d'une famille dysfonctionnelle comme il en existe tant. J'ai adoré la raconter en boucle pour me présenter aux autres comme une victime dont on devait absolument prendre soin. J'ai fini par trouver cette armure lourde et grinçante. Puis carrément handicapante. La rupture avec mon corps s'est accélérée autour de mes seize ans, lorsque j'ai entamé mon premier régime alors que je n'avais aucun problème de poids. Je découvrais qu'en modifiant mon alimentation je pouvais avoir une action sur mon corps, aimanter l'attention, changer mon image. C'était comme si j'avais obtenu un super-pouvoir. Dépasser ma faim me grisait. Respecter des règles strictes me plaisait. Percevoir les résultats immédiats aussi. C'est l'époque où j'ai commencé à consommer des édulcorants pour remplacer le sucre, du Coca Light, du fromage blanc 0 %, du jambon de volaille sous vide, des bâtons de surimi, de la cancoillotte à la place du camembert, de la margarine allégée à la place du beurre et de la crème liquide 4 % en guise de chantilly… Je me moquais pas mal de savoir si c'était bon ou mauvais pour ma santé.

Comme je n'étais absolument pas accompagnée dans cette première expérience amaigrissante, j'ai cumulé toutes les erreurs à éviter : cultiver la faim, évincer tout ce que j'aimais manger, multiplier les carences, me couper de mes sensations naturelles. Résultat : j'ai vite repris les quelques kilos perdus et j'ai dû en gagner un ou deux supplémentaires au passage. Moi qui ne m'étais jamais souciée de la nourriture, elle est alors devenue une obsession. La suite est tristement banale. J'ai enchaîné les périodes d'amaigrissement avec les phases de gavage. Il m'a fallu des années pour connaître à nouveau la paix au moment des repas.

Régimes dissociés, diète chronobiologique, programme alimentaire lié au groupe sanguin, cure de trois jours de soupe lyophilisée parfaitement imbuvable, protéines de synthèse sous forme de milk-shake vaguement parfumé au chocolat… J'ai fait subir à mon corps les pires inventions amaigrissantes des années 1990. Forcément, ces expériences ont eu des conséquences beaucoup plus douloureuses que la simple prise de poids. J'avais à peine vingt ans et je souffrais terriblement. J'avais faim et je ne savais pas de quoi. Comme c'était d'estime de moi, je ne risquais pas de la trouver dans le frigo, mais je n'en avais pas du tout conscience. De toute manière, à l'instar de celles et ceux qui alternent des phases anorexiques avec des périodes de boulimie, je n'avais rien dans mes placards : j'étais incapable de gérer des réserves. Soit elles étaient avalées, soit elles me répugnaient. Il m'arrivait donc, les soirs ou les week-ends de solitude, de me rendre dans le supermarché le plus proche où j'achetais tout ce que je m'interdisais habituellement. Du pain de mie moelleux industriel et très sucré. Du beurre. De la crème fraîche. Du fromage. De la brioche tranchée. Des desserts avec de la chantilly.

Des barres chocolatées. Des noix de cajou salées. Des chips. Du pâté. Aucune logique nutritionnelle. Juste l'intention de me faire plaisir… et de me détruire. Je me promettais à chaque fois d'être raisonnable, comme si j'allais me préparer un repas normal. Je me souviens que j'achetais souvent de la salade verte sous vide pour créer l'illusion que le contenu de mes sacs n'avait rien à voir avec de la boulimie. Puis je commençais à manger seule et je ne m'arrêtais que lorsque je sentais mon estomac se tordre de douleur. Je m'endormais honteuse, soit en ayant eu le courage de me faire vomir, soit le ventre plein de culpabilité. J'imaginais tous ces aliments mixés en moi et je me disais que je ne valais pas mieux que cette bouillie de gras et de sucre en train de fermenter dans mes entrailles. J'étais un monstre au dedans, comme au dehors. J'en avais la preuve.

Le pire est que je comprenais parfaitement la mécanique de mes symptômes de l'époque. J'étais en analyse freudienne et je ruminais en boucle ce que j'avais vécu quand j'étais petite. Je connaissais les éléments déclencheurs, je savais ce que je rejouais… mais les troubles du comportement alimentaire demeuraient intacts. J'avais parfois la paix pendant quelques semaines, à l'instar des drogués qui sortent de cure de désintoxication. Puis ça repartait de plus belle. Mon analyste de l'époque n'avait pas grand-chose à me proposer. Il faut dire qu'il ronflait plus qu'il ne parlait et qu'il préférait me questionner par des « Oui ? » d'une neutralité énigmatique plutôt que de livrer la moindre hypothèse personnelle. J'ai cependant beaucoup appris sur les schémas instaurés pendant ma petite enfance. Plus tard, j'ai tenté l'hypnose, qui ne s'est pas révélée miraculeuse sur mon comportement alimentaire mais qui, contre toute attente, m'a permis de me débarrasser de toutes mes allergies respiratoires. Les crises se sont espacées et, même si mon comportement consistait encore à enchaîner restrictions et ouvertures des vannes, j'ai cessé de me faire vomir assez rapidement.

Ensuite, mon frère m'a parlé de l'EMDR, une technique à laquelle il venait de se former et qui lui semblait très prometteuse. Le principe est simple : on identifie une cible avec son thérapeute et on observe si, en parlant de ce souvenir, on ressent encore une émotion particulière ou s'il génère une gêne corporelle. Un léger mal de ventre, une nausée, une douleur lointaine, un goût dans la bouche ou un début de migraine. Le mental peut mentir, mais le corps en est incapable. Le patient se concentre sur la cible, l'émotion ou la sensation corporelle tout en regardant une baguette que le thérapeute agite de gauche à droite pendant quelques secondes. Le mouvement n'est pas forcément oculaire, il peut aussi se faire avec du son, de l'oreille gauche à l'oreille droite (un claquement de doigts), ou un tapotement léger du genou gauche au genou droit. Au bout de quelques secondes, on inspire profondément et on partage son ressenti avec le thérapeute. Cela vient généralement déloger l'émotion cachée et on avance ainsi pendant toute la séance. Quand on a une « bonne » cible, les résultats sont spectaculaires et immédiats. On ressort instantanément soulagé du cabinet de son thérapeute, si bien que les anciens adeptes de la psychanalyse qui atterrissent chez des praticiens EMDR se demandent pourquoi ils ont investi autant de temps et d'argent sur un divan.

J'étais impatiente de commencer, d'autant que je venais de rencontrer celui qui allait devenir mon mari. J'étais follement amoureuse et la vie semblait s'adoucir à ses côtés. J'avais envie de me délester de ce qui m'empêchait de réaliser des rêves professionnels que je n'arrivais même pas à identifier. Je me suis rendue chez une thérapeute qu'on m'avait recommandée et je lui ai demandé de faire son « truc avec la baguette magique ». Elle m'a d'abord demandé de contextualiser ma venue et de lui raconter mon histoire familiale. Ah non ! Pas encore ! J'avais déjà tout livré sur le divan… « Mon père est mort quand j'avais treize ans, j'ai coupé les ponts avec ma mère. Voilà, vous savez tout, on peut commencer ? » Je ne lui ai pas parlé de mon alimentation car, à cette époque, j'avais l'impression que tout était derrière moi. J'étais amoureuse, je n'avais pas faim, il me trouvait sublime, j'étais plus mince que jamais, c'était réglé ! Elle m'a posé deux ou trois questions et, à la fin du rendez-vous, elle m'a demandé de remplir un petit carnet alimentaire dans lequel je devais noter tout ce que j'allais manger pendant la semaine qui nous séparait du prochain rendez-vous. La plaie ! J'avais déjà fait ça avec Weight Watchers. J'avais aussi tout pris en note lorsque j'avais tenté une courte thérapie comportementale et cognitive avec un psychiatre (poser sept fois ma fourchette entre chaque bouchée avait eu raison de ma volonté).

En bonne élève, je suis revenue la semaine suivante avec un carnet parfaitement tenu. « Une cuillère à café rase d'huile d'olive, un filet de cabillaud de cent vingt grammes, des haricots verts, quatre cuillères à soupe de riz cuit… » Elle m'a regardé les yeux écarquillés :

— Vous mangez toujours comme ça ?

— Oui. Enfin, en ce moment, oui.

— Mais personne ne peut s'alimenter à longueur d'année avec une telle rigueur. On dirait que vous êtes au régime ?

— Non, je fais juste attention. Si je ne me contrôle pas, je prends du poids, je suis du genre à grossir juste en regardant une pâtisserie dans une vitrine, donc je fais gaffe.

— On vous a déjà parlé des troubles du comportement alimentaire ?

En fait non, personne n'avait jamais véritablement posé un diagnostic sur mon dysfonctionnement. La disparition des crises de boulimie m'avait donné l'impression que j'étais guérie puisque cent pour cent des femmes de mon entourage étaient sous contrôle alimentaire : j'étais comme elles, tout simplement ! J'avais juste des variations de poids plus grandes que les autres.

Lorsque cette thérapeute m'a expliqué que j'avais le fonctionnement mental d'une anorexique, j'ai éclaté de rire. Elle était pourtant très sérieuse. Je cochais toutes les cases du trouble sans en avoir l'apparence physique. On a amorcé un long travail avec de grosses séances d'EMDR qui m'ont permis d'évacuer des sacs d'émotions refoulées, de honte, de culpabilité, de peurs et de colère.

Elle m'a fait lire *Imparfaits, Libres et Heureux,* de Christophe André[a], *Guérir le stress, l'anxiété, la dépression sans médicaments ni psychanalyse,* de David Servan-Schreiber[b] mais aussi *Dictature des régimes. Attention !* de Gérard Apfeldorfer et Jean-Philippe Zermati[c]. Elle m'a parlé de « grossophobie » et m'a permis de me rendre compte que j'en souffrais également. Je me suis livrée à de nombreuses expériences avec son soutien. J'ai accepté de grossir et d'arrêter toute forme de contrôle alimentaire pour me réapproprier mes

a. Éditions Odile Jacob, Paris, 2009.
b. Éditions Pocket, Paris, 2011.
c. Éditions Odile Jacob, Paris, 2008.

sensations de faim et de satiété. J'ai même connu une période de répit total, stable et sans régime pendant près d'un an lorsque je suis tombée enceinte en 2007. Pour la première fois de ma vie, j'ai écouté scrupuleusement mon corps à l'intérieur duquel les sensations pulsaient du matin au soir. Je me surprenais à m'arrêter sans effort lorsque je n'avais plus faim. Je mangeais raisonnablement de tout. J'avais envie de faire du bien au bébé qui grandissait en moi. Je prenais si peu de poids que certaines de mes copines s'en inquiétaient. Finalement, j'ai mis au monde une fille de 4,490 kg et j'étais plus mince en accouchant qu'avant de tomber enceinte. J'avais bien fait d'écouter uniquement les besoins de mon corps.

Après l'arrêt de l'allaitement et le retour au travail, je me suis pourtant remise à me battre contre mon poids. J'avais choisi de travailler dans un milieu qui ne faisait qu'activer mes névroses, puisque la mission d'une « rédactrice beauté » consistait à enquêter sur les dernières solutions pour embellir : se muscler, maigrir, lifter les chairs bedonnantes, agrandir le regard d'un trait de liner, lisser les rides et le sillon nasogénien, effacer les taches pigmentaires… Ma spécialisation dans le domaine olfactif me rendait prétentieuse, car je me croyais au-dessus de ces sujets. N'empêche que je les écrivais aussi, ces articles dédiés à la minceur, à l'anti-âge, à l'épilation et aux coulisses des défilés de mode. J'avais réussi à échapper à la nécessité de travailler au sein de la rédaction du magazine *Vogue* – j'écrivais de chez moi – mais, à chaque fois que je devais me rendre dans les bureaux de la rue du Faubourg-Saint-Honoré, je me fissurais. Je me trouvais trop grosse, pas assez élégante, mal habillée, mal coiffée, mal chaussée. Les journalistes y étaient si fines, si élancées… J'avais l'impression d'être un hippopotame boueux au milieu de girafes aux cils kilométriques. La rédactrice en chef était elle-même filiforme et je n'avais qu'une crainte : qu'elle finisse par mettre un corps sur mon nom (on ne se croisait jamais, ou presque) et qu'elle découvre à quel point j'étais laide. Je m'imaginais crucifiée par son regard perçant et virée dans l'heure. Je ne me sentais pas plus à l'aise dans les lancements presse où je retrouvais mes collègues journalistes beauté qui travaillaient pour d'autres médias. La plupart d'entre elles étaient très minces et celles qui ne l'étaient pas passaient leur existence à tester des solutions drastiques pour perdre du poids. Tout le monde – ou presque – était au régime, de façon cachée ou assumée, et on valorisait la minceur sans retenue en complimentant celles qui avaient perdu du poids. Les nutritionnistes à la mode changeaient d'une saison à l'autre. Une année, c'était la méthode hyper protéinée qui se hissait au sommet de nos conversations, même si tout le monde reconnaissait que manger autant de protéines animales générait une haleine de cave. Quelques mois plus tard, on ne parlait plus que d'une diététicienne qui faisait maigrir tout Paris avec des bols de quinoa au petit déjeuner et une tisane le soir en guise de dessert. Et quand il ne s'agissait pas de nutritionnistes, on discutait aussi des lasers, des injections et des machines à faire miraculeusement fondre le gras. Je me prêtais volontiers à tous ces tests et j'étais ravie qu'on m'offre une thérapie aux ultrasons pour venir à bout de ma cellulite, qu'on m'emballe comme un rouleau de printemps dans de l'argile et de la cellophane, qu'on fasse rouler des instruments de torture sous mes fesses et qu'on me fasse transpirer pour venir à bout du gras de poulet sous mes bras. Même quand je n'étais pas en demande de conseils ni de diagnostics, les masseuses en institut ne pouvaient s'empêcher de m'alerter sur ma cellulite de type 3 « indéboulonnable », ma rétention d'eau aggravée et la nécessité imminente de me remettre à une activité physique régulière. J'avais trouvé le job idéal pour continuer à me détester.

De 2008 à début 2016, les variations de poids se sont cependant réduites. Je ne me nourrissais pas librement, mais je réussissais à rester stable sur de plus longues périodes. J'alternais toujours excès et restriction, néanmoins je paraissais plus raisonnable. Je ne testais plus aucun régime strict et je revenais souvent à la méthode Weight Watchers qui me semblait être la plus compatible avec ma vie sociale. C'est d'ailleurs grâce à elle que j'ai maigri avant les attentats de novembre 2015.

Mon arrivée au journal *Le Monde* en 2012 m'a permis d'être moins obsédée par mon apparence, car on y attachait nettement moins d'importance que dans un magazine de mode. Cependant, j'avais des problèmes de dos, d'insomnie et de manque d'énergie qui ne trouvaient pas de solutions et j'ai donc été fortement incitée à maigrir par mon médecin traitant pour soulager mes lombaires.

Quelques mois plus tard, un autre médecin, acupuncteur et homéopathe, a exigé que j'arrête le gluten, le lait de vache et les produits laitiers pendant plusieurs mois pour mettre fin à des malaises à répétition. Pendant un temps, ces diètes ont été miraculeuses sur ma santé et sur mon poids. En revanche, ces périodes de privation et de sélection alimentaire drastique n'ont jamais duré bien longtemps et se sont toutes soldées par des « décompressions » à base de baguette chaude et de beurre salé. En ce début d'année 2016, je me sentais incapable de tenir à nouveau une comptabilité des aliments que je mangeais. Je ne voulais plus vivre la même boucle une énième fois.

Un soir de février 2016, alors que je tentais de supprimer le trop-plein de photographies stockées dans mon téléphone, je me suis aperçue qu'il n'y avait plus aucune image de moi. Juste des clichés de buffets somptueux, de pâtisseries divines et de plats stylisés avec raffinement. Les photos mettaient l'eau à la bouche. On aurait cru qu'il s'agissait du *mood board* d'un traiteur expert en mariages. Mon doigt faisait défiler les mini-religieuses et les Saint-Honoré, les *cup cakes* et les pièces montées. Autant de gourmandises délirantes réalisées spécialement pour des événements presse qui me valaient des tonnes de likes sur les réseaux sociaux. Je me suis installée dans mon lit, l'ordinateur sur les genoux et je me suis mise à écrire avec le cœur, sans réfléchir. Il était temps de dire la vérité à la communauté qui me suivait. Ces images si légères se situaient à des années-lumière de ce qui se déroulait profondément en moi : j'étais perdue. J'étais triste. Je n'avais aucun happy end à proposer. Juste un désarroi à partager. Pourquoi ce soir-là, alors que j'allais me coucher ? Pourquoi cette urgence ? Je ne peux toujours pas répondre à cette question. Une force plus grande que mon mental a décidé qu'il le fallait. En quelques clics, j'ai publié un article qui a complètement transformé la nature de mon blog : « Comment je me suis disputée avec mon corps ». Une mise à nu sans tricherie. Un saut dans le vide. Un pas essentiel sur le chemin de ma guérison.

QU'EST-CE QU'UN TROUBLE DU COMPORTEMENT ALIMENTAIRE ?

Entretien avec Monika Miravet

Installée à Paris, Monika Miravet est psychologue clinicienne. Nous nous sommes rencontrées quand je travaillais pour le magazine *Vogue*. C'est la première personne à m'avoir aidée à identifier le trouble du comportement alimentaire dont je souffrais. Membre de l'équipe pédagogique de l'Institut français de formation à la thérapie EMDR et au psychotraumatisme, elle est aussi thérapeute cognitivocomportementaliste, praticienne et superviseur EMDR pour l'Europe. Le travail que nous avons entrepris ensemble m'a permis de prendre conscience de l'impact de traumatismes anciens, mais surtout de me libérer des émotions liées grâce à des séances de désensibilisation en thérapie EMDR.

Quels sont les principaux troubles du comportement alimentaire ?

Le plus connu est l'anorexie mentale qui consiste à restreindre ses apports énergétiques par peur intense de prendre du poids. Les symptômes sont aussi une altération de la perception du corps avec une perte de poids significative. Mais pas toujours : parfois, la restriction peut être associée à des accès hyperphagiques purgatifs (en mangeant avec excès sur une courte période suivie de vomissements, de prise de laxatifs ou d'exercices physiques pratiqués à outrance). Le poids peut alors se maintenir, voire être au-dessus des normes. La boulimie est une survenue récurrente d'accès hyperphagiques : manger beaucoup trop sur une courte période avec un sentiment de perte de contrôle pendant la durée de la crise. Ces crises peuvent survenir d'une fois par semaine jusqu'à plusieurs fois par jour. Certaines sont accompagnées de vomissements ou d'usage de laxatifs. Le cas échéant, il peut y avoir des comportements compensatoires comme le jeûne ou l'exercice physique excessif. Lorsqu'il n'y a pas de comportement compensatoire, on parle d'« hyperphagie » ou de « *binge eating disorder* ». L'orthorexie concerne les personnes en proie à une véritable obsession de manger sainement. Elles vont par exemple scruter toutes les étiquettes des aliments, les bienfaits nutritionnels et ne peuvent pas sortir des règles qu'elles se sont fixées sans ressentir une profonde angoisse. Tous ces troubles sont liés à une problématique d'estime de soi.

Comment reconnaître les symptômes d'un trouble du comportement alimentaire ?

Lorsqu'on pense à son apparence plusieurs fois par jour, qu'on se pèse scrupuleusement chaque matin ou, au contraire, qu'on craint de monter sur sa balance, qu'on évite les miroirs ou qu'on passe des heures à s'observer, il faut commencer à s'interroger. Ensuite, les signes qui ne trompent pas sont : ne pas manger assez, manger très peu ou tout faire pour éviter de manger. C'est difficile à évaluer car le déni est souvent opérant : « Mais si, je mange comme tout le monde ! » Trop manger – par crises – est généralement plus facile à repérer. Un autre symptôme est la déconnexion des signaux envoyés par le corps : on ne sait plus si on a faim ou si on a assez mangé. On ne sait pas de quoi on a envie ni de quoi on a besoin. Le corps est malmené, il devient une sorte d'ennemi. La déconnexion peut aller jusqu'à ne plus sentir son corps. Et bien sûr un profond malaise en lien avec son apparence et une forte mésestime de soi.

Pourquoi sortir de ces troubles paraît plus difficile que de se libérer de la drogue ou de l'alcool ?

Contrairement à la drogue ou à l'alcool, manger est un besoin physiologique primaire. On ne peut pas s'en passer et on est confronté plusieurs fois par jour à de nombreux repas. La vie active ne permet pas toujours de prendre le temps de se poser, de cuisiner et nous sommes sans cesse confrontés à des messages à propos de notre alimentation.

D'où viennent ces troubles du comportement alimentaire ?

Les TCA sont souvent liés à des histoires de vie difficiles, des traumatismes complexes. Ils peuvent venir en défense de carences affectives, de négligences, de violences. Des problématiques d'attachement sous-tendent parfois ces troubles : pour connaître un développement social et émotionnel normal, un bébé a besoin de nouer une relation d'attachement avec au moins une personne qui va prendre soin de lui de façon cohérente et continue. Il arrive que la figure d'attachement soit absente, déprimée, anxieuse, ambivalente pour de multiples raisons. Il est aussi important de prendre en compte l'impact des traumatismes transgénérationnels. Attention néanmoins à ne pas caricaturer les TCA en en faisant porter la responsabilité sur les parents uniquement et sur la mère en particulier. Ce serait réducteur et contre-productif dans le processus de guérison. L'essentiel est de définir de quoi on souffre, de faire le lien avec son histoire et de prendre le chemin de la guérison.

Justement, comment vaincre ces troubles ?

Lorsque les troubles du comportement alimentaire sont installés depuis longtemps, il faut de la patience pour les désamorcer. C'est très difficile à entendre parce qu'on voudrait que tout s'arrange d'un coup de baguette magique. La prise de conscience et le travail sur soi sont indispensables. Le travail par le biais du corps est important. Je collabore avec un kinésithérapeute formé en médecine chinoise (pharmacopée et acupuncture), mais aussi avec des outils comme la méditation en pleine conscience, le yoga. Il faut partir du principe qu'on va mettre du temps et que le chemin n'est pas linéaire. Un peu comme les enfants qui donnent l'impression d'avoir oublié tout ce qu'ils ont appris, puis qui dépassent d'un coup l'acquisition des premières notions. En thérapie, c'est pareil, on adapte et on chemine.

Quelles thérapies sont efficaces ?

Les thérapies comportementales et cognitives permettent de rompre avec les idées reçues comme « les biscuits font grossir et les légumes font maigrir ». Il est important d'informer les patients sur leurs cognitions (pensées) négatives ou automatiques et de les aider à remplacer la notion de poids idéal par celle de poids de forme. Une fois que le travail psychologique et corporel est avancé et qu'on a renforcé les ressources du patient, on peut utiliser l'EMDR, qui va permettre de faire le lien entre le présent et le passé douloureux. On va ainsi « désensibiliser » les souvenirs traumatiques ou non digérés émotionnellement.

Comment se déroule une séance d'EMDR ?

Lorsque le patient est prêt et qu'on a ciblé un souvenir traumatique à « déprogrammer », on applique un protocole qui prend notamment en compte les pensées du patient, les messages du corps (une gêne, une douleur même fugace…) et l'émotion en présence lorsqu'il repense au traumatisme, tout en le stimulant sensoriellement de droite à gauche. On utilise ensuite les mouvements oculaires. Mais on peut aussi travailler avec des stimuli auditifs d'une oreille à l'autre ou des tapotements légers et alternés. Je précise que le patient n'est pas sous hypnose, il garde un pied dans le présent, l'autre dans le passé. Au fil des séances, on se libère des blocages qui étaient non résolus. On réapprend à se faire confiance et à s'aimer comme on est.

La cohérence cardiaque est-elle aussi utile pour la gestion des émotions ?

Oui, c'est une technique qu'on peut facilement adopter. Il s'agit d'inspirer sur cinq secondes, d'expirer sur cinq secondes et de respecter ce cycle pendant cinq minutes plusieurs fois dans la journée et en particulier autour des repas.

Quels sont les écueils à éviter ?

Attention à l'éviction totale de groupes d'aliments (y compris le sucre dont on dit tant de mal), car cela risque d'augmenter les compulsions. Enfin, il ne faut pas perdre espoir dans la guérison. Mieux vaut se méfier des méthodes dites « miraculeuses ». C'est une conjonction de facteurs, dont le travail sur soi accompagné par les bonnes personnes, qui vont finir par porter leurs fruits. Enfin, il est essentiel de garder espoir dans la guérison.

3. Jusqu'à l'asphyxie

La publication de l'article sur mon comportement alimentaire et la dispute avec mon corps a généré un déferlement de réactions. En plus des commentaires en ligne, j'ai reçu des centaines de messages privés. Des femmes minces, grosses, maigres, rondes, anorexiques, boulimiques partageaient à leur tour leur calvaire quotidien. Je n'étais pas seule. Nous étions des milliers, partout en France ainsi qu'à l'étranger. On s'est mis à m'arrêter timidement dans la rue pour me parler avec émotion de cet article. J'étais frappée par la pluralité des témoignages dont certains étaient accompagnés de photographies prises devant un miroir. Certaines femmes avaient des corps de mannequin, ce qui ne les empêchait pas de haïr chaque millimètre carré de leur chair. J'ai reçu des lettres dont l'encre était diluée dans les larmes. Le flot de souffrance partagée semblait ininterrompu. On me remerciait d'avoir dévoilé ma douleur. Pourtant, je n'avais aucune solution à proposer pour aller mieux. Le simple fait d'avoir fait l'aveu de ma vulnérabilité réconfortait. Jamais je ne m'étais sentie aussi liée à mes lectrices. Nous ne faisions qu'une. Même si cette « une » semblait n'être qu'un chœur sanglotant. La libération des femmes était un sujet qui me passionnait depuis l'adolescence et j'ai pris conscience que la première des libertés que nous devions reconquérir était celle du corps. Haï, confisqué, aliéné, insulté de l'intérieur, étouffé, comparé, noté, incarcéré dans des vêtements trop serrés, le corps de nombreuses femmes souffrait. Je ne savais pas par où commencer mais, à la lecture de ces courriers, je me suis promis d'explorer tout ce qui pourrait, en dehors des restrictions alimentaires, me réconcilier avec mon corps.

Le mois de mars 2016 venait de commencer, j'enquêtais déjà pour le prochain numéro spécial beauté du magazine *M* et je ne rêvais que d'une chose : travailler moins. J'espérais convaincre ma rédactrice en chef de changer mon contrat pour un mi-temps, afin de consacrer plus de temps à mon blog, que j'avais envie de monétiser. J'étais très attachée au magazine ainsi qu'à son équipe. Néanmoins, j'étais obligée de reconnaître que quelque chose ne tournait pas rond puisque seuls les vendredis soir me réjouissaient et que j'étais épuisée dès le mardi après l'heure du déjeuner par la rafale d'e-mails auxquels je devais répondre. Je n'étais plus heureuse de ce que je faisais et j'étais terrorisée à l'idée des conséquences si je l'avouais haut et fort. Je ne savais même pas de quoi précisément j'avais envie à part bloguer. Encore fallait-il trouver un moyen de monétiser les contenus que je créais, puisque je refusais de jouer le jeu du placement de produit, des articles sponsorisés, et que je ne me sentais pas suffisamment à l'aise avec ma silhouette pour m'exposer autrement qu'avec des filtres Snapchat plaqués sur le visage… En outre, la professionnalisation de mon blog semblait peu compatible avec les règles de déontologie du journal *Le Monde*… À force de retourner le problème dans tous les sens, j'ai fini par prendre la décision qui me faisait frissonner : il me fallait démissionner. C'était l'année de mes quarante ans et je refusais d'entamer cette nouvelle décennie dans la plainte. J'ai donc annoncé ma décision en mars et j'ai quitté la rédaction fin avril. Les premiers jours de mon préavis, j'étais folle de joie d'avoir osé sauter du grand plongeoir. Mais plus l'échéance approchait, plus j'avais peur. Qu'est-ce que j'allais faire sans chômage ni plan B ? Comment allais-je gagner ma vie ?

Ce n'était pas la première fois que je quittais un poste salarié sans savoir ce que j'allais précisément faire par la suite. Je savais que cette prise de risque me réussissait plutôt bien et je n'avais pas d'inquiétude quant à ma capacité à retrouver un autre emploi en presse écrite. Sauf que, cette fois, je ne voulais plus être journaliste. Ni pour un quotidien, ni pour un magazine, ni même pour la télévision qui m'avait approchée. Ma lassitude n'était d'ailleurs pas circonscrite au domaine de la beauté. Je n'avais plus envie d'analyser les raisons qui poussaient les gens à acheter des cactus, à boire des matchas *latte* ou à afficher leurs photos de vacances sur Instagram. Même les grandes enquêtes qui m'avaient jusqu'alors passionnée me tordaient le ventre d'angoisse. Je n'étais pourtant pas totalement prête à les abandonner puisque j'avais décidé de continuer à écrire ponctuellement pour *M* à la pige. La raison véritable : j'avais la trouille de disparaître du milieu où j'étais reconnue depuis une quinzaine d'années. J'étais terrifiée à l'idée de ne plus « en » être. Je me plaignais constamment de recevoir trop de produits à tester chez moi. Pourtant, j'avais peur d'être rayée des listes d'envoi. J'étais fatiguée de voyager sans cesse pour assister à des lancements presse, mais j'étais accro au décompte des miles sur ma carte de fidélité Air France, qui nourrissaient mon fantasme d'être une « VIP ».

Et puis, il y avait l'image impeccable de ce magazine à laquelle on m'associait. Son nom était la caution indéfectible de mon intelligence. De ma valeur. J'étais tiraillée entre l'envie de prendre mon envol sans filet et la peur de m'écraser, menton et genoux contre le sol. J'avais déjà bien connu cette sensation lorsque j'avais quitté la boutique Colette en 2002. J'avais alors eu le désir d'écrire un spectacle et de me mettre seule en scène. Mais à peine avais-je annoncé mon départ qu'on me faisait une proposition d'embauche trop alléchante pour que mon ego ose la refuser. Idem fin 2011, lorsque mon contrat avec le magazine *Vogue* s'était arrêté. J'aurais très bien pu profiter de ma rupture conventionnelle et de mes allocations-chômage pour prendre le temps de réfléchir à mon avenir professionnel. Ou juste créer ma propre société et développer mon blog, qui existait déjà. J'ai préféré accepter tous les articles qu'on me proposait d'écrire à la pige tout en publiant en ligne un article quotidien, au point de m'épuiser à la tâche et d'avoir le dos bloqué pendant des mois. C'est dans cet état que j'avais commencé à collaborer au magazine du *Monde* début 2012. Sans m'accorder la moindre trêve.

J'étais donc déterminée à ne pas répéter les mêmes erreurs. Cette fois-ci, je dirais non à toutes les offres d'emploi et je monterais ma propre boîte.

« Qu'est-ce que vous voulez inscrire comme raison sociale ? » m'a demandé l'experte-comptable qui m'aidait à monter les statuts de mon entreprise. Je n'en avais aucune idée. Quels étaient donc les services que ma société allait bien pouvoir rendre ? Chaque jour apportait son lot de questions fraîches. « Quel est le montant du capital que vous souhaitez investir dans votre société ? », « SARL, SAS, EURL, SASU ? », « Avez-vous pensé à ouvrir un compte en banque professionnel ? », « Quelle est l'adresse de votre siège social ? », « Avez-vous pensé à faire des projections de revenus ? » « Combien de mètres carrés dédiez-vous à votre activité professionnelle chez vous ? »

Il y avait des cartons débordant de produits de beauté dans toutes les pièces de mon appartement, des piles de dossiers de presse à côté de mon lit, un bureau installé au milieu de ma cuisine, des carnets de notes sur ma couette entre le téléphone et mon ordinateur… Chaque interrogation me mettait dans un état de panique effroyable. Je m'apercevais que c'en était fini du salariat, des fiches de paie mensuelles, de la Sécurité sociale générale, de la réserve de stylos gratuits… Car même l'achat de fournitures de bureau m'angoissait brusquement ! J'ai aussitôt commencé à proposer mes talents de conceptrice rédactrice auprès des marques de parfums qui me connaissaient en tant que journaliste et je me suis mise à écrire des centaines de dossiers de presse. J'ai accepté tellement de missions au printemps 2016 que je me demande comment mes reins ont tenu : je ne prenais même plus le temps d'aller faire pipi dans la journée. Quant à ma respiration, je la maintenais en apnée permanente. En dehors des quatre ou cinq heures de sommeil que je m'accordais, j'étais constamment occupée.

Au cours du mois de mai 2016, j'ai décidé d'ajouter une couche supplémentaire à cet ensemble déjà bien dense en proposant à mon ancien employeur, le magazine *M*, de mener une enquête sur l'utilisation de la ville de Grasse par les marques de parfums de luxe. Cela faisait à peine un mois que j'avais quitté le journal et je craignais déjà qu'on m'oublie. Mon alimentation était le cadet de mes soucis. Je n'étais focalisée que sur une chose : faire entrer de l'argent dans les caisses de ma toute jeune société et ne pas écorcher ma réputation dans le milieu de la beauté.

Pour tenir ce rythme infernal, je carburais à cinq repas par jour : un goûter gigantesque en plus des trois repas habituels, plus un grignotage sans fin vers 23 heures, histoire de me faire tenir jusqu'à 2 heures du matin devant l'ordi. Ce n'était pas exactement la vie d'entrepreneuse dont j'avais rêvé, cependant, je ne voyais pas comment je pouvais faire autrement. Je me réconfortais en me disant que je n'avais plus d'horaires fixes (forcément, je travaillais sans interruption du lundi matin au dimanche soir !). Pour arranger le tout, la baby-sitter qui gérait les sorties d'école et les devoirs de ma fille n'arrêtait pas de nous faire faux bond à la dernière minute, pile au moment où mon mari commençait un énorme tournage publicitaire qui allait l'éloigner de Paris pendant six semaines. La jeune fille a fini par se volatiliser au moment où je partais passer deux jours à Grasse en reportage dans un appartement sordide loué sur Airbnb. La chambre où je dormais sentait l'urine de chien – la propriétaire en avait trois – et, lorsque je suis sortie en quête d'un restaurant pour dîner en tête-à-tête avec mon téléphone portable, la ville si joyeuse et remplie de touristes dans la journée semblait avoir été entièrement désertée. La boulangère qui baissait les grilles de son commerce m'a dit d'un air désolé : « Ma pauvre enfant, rentrez chez vous, il n'y a pas de restaurant ouvert ce soir ! » Je me suis endormie ce soir-là en sanglotant dans la puanteur canine, j'étais à bout de forces.

Ma fille, qui s'imprégnait soigneusement de l'état de panique de sa mère, était plus en demande d'attention que jamais. Mon mari, doté d'une admirable patience pour les devoirs, se trouvait en *shooting* au Portugal. Je ne pouvais pas vraiment lui en vouloir : cela faisait quinze ans qu'il assumait pleinement le quotidien à la maison pendant mes nombreux voyages professionnels. La roue avait tourné et ce projet lui tenait à cœur.

Aucun mois de juin ne m'a jamais paru aussi long ! La pression était si forte que je n'arrivais absolument pas à garder mon calme pour expliquer à notre enfant la différence entre une soustraction et une addition. Les crises, les larmes et les hurlements rythmaient donc chaque fin de journée d'école. Je commençais à regretter sévèrement mon open space des locaux du *Monde*, dans le treizième arrondissement.

Au téléphone avec mes amies proches ou lointaines, je n'étais qu'une nausée plaintive. Je rêvais qu'un miracle se produise et qu'on vienne me chercher pour m'emmener loin de tout. Je ne pouvais plus supporter la vue d'une *to-do-list*, les SMS de mes clients venant aux nouvelles pour comprendre le retard de mes textes me donnaient le vertige, le sac à linge sale débordait et il y avait tellement de colis beauté dans mon entrée qu'on pouvait à peine ouvrir la porte.

J'étais envahie. Assiégée. Même le mot « Mamaaaaaan » scandé par ma fille pour me demander de lui apporter un verre d'eau après s'être couchée me faisait l'effet d'une balle dans le ventre. Je ne voulais plus qu'on m'appelle. Je ne voulais plus être mère ; je ne voulais plus être épouse ; je ne voulais plus être chef d'entreprise ; je ne voulais plus être une amie ; je voulais me dématérialiser, disparaître et oublier toute forme de responsabilité. C'est d'ailleurs le discours que j'ai tenu à mon mari lorsqu'il est enfin rentré de son long tournage dans l'Algarve. Je me souviens de son regard ahuri. Il avait quitté une battante en pleine création de société un mois et demi plus tôt. Il retrouvait une ombre dépressive à son retour. « Tu es juste fatiguée.

Va te coucher, je vais remettre la maison en ordre. Ça va aller, je te le promets », a-t-il murmuré.

Personne ne se doutait du désarroi qui m'habitait. Ni mes proches, qui pensaient qu'il s'agissait juste d'une petite déprime passagère. Ni ma communauté, à qui je m'adressais uniquement *via* Snapchat affublée des oreilles d'un filtre rajeunissant « oreilles et truffe de chien » qui en disait pourtant long sur le statut de victime que j'avais choisi d'endosser. Pas question de jouer les tragédiennes en public. Je savais que j'étais suivie par des femmes travaillant dans des conditions insoutenables avec, à leur charge seule, plusieurs enfants en bas âge. Par pudeur et par respect pour elles, je n'osais pas confier combien je souffrais. Ni même faire un point sur mon corps dont je ne reconnaissais plus aucun contour. Où s'étaient donc évanouies mes résolutions de février ?

COMMENT VAINCRE SA PEUR DE CHANGER DE CARRIÈRE ?

Entretien avec Emily Weiss

Alors que je travaillais encore pour le magazine *Vogue*, j'ai découvert en 2010 un blog américain qui m'a fait l'effet d'une claque : *Into The Gloss*. Cette plateforme numérique, lancée par Emily Weiss, m'a fait prendre conscience que les rubriques beauté des magazines féminins telles que je les avais connues étaient condamnées à se métamorphoser en profondeur sous peine de désintéresser leur lectorat. En se rendant dans la salle de bains des professionnels de cette industrie, en les faisant parler et en les montrant sans retouches, Emily a démocratisé des informations rarement divulguées et a ainsi pu ouvrir une discussion avec des lectrices à qui on ne donnait pas la parole auparavant. J'ai aussitôt pris contact avec elle. Elle se rendait justement à Paris pour la Semaine de la mode, sans avoir la moindre invitation aux défilés. Nous nous sommes rencontrées le lendemain dans un café et, en observant comme elle rayonnait à seulement vingt-quatre ans, je me suis demandé de quelle planète elle débarquait. Elle était déterminée à rêver grand et a immédiatement manifesté son ambition. Nous sommes devenues amies et je l'ai vue faire sa première levée de fonds pour créer sa marque de cosmétiques, Glossier. Lancée en 2014, la marque a été évaluée au printemps 2019 à un milliard deux cents millions d'euros. Néanmoins, son succès financier n'est pas ce qui m'impressionne le plus chez elle. C'est sa liberté d'être. Elle m'a beaucoup aidée à décadenasser mes désirs professionnels et à me laisser guider par mon intuition.

Sans le savoir, elle m'a boostée lorsque j'ai quitté le salariat pour l'entreprenariat.

Je t'ai toujours connue sans peur. D'où te vient cette absence d'inquiétude ?

Un de mes proches m'a dit la même chose, il y a peu de temps, et j'étais furieuse car je ne suis pas « sans peur ». J'ai plein de peurs différentes, mais j'ai le courage de leur faire face, c'est très différent de l'absence de peur. Je fais les choses malgré la présence de ma peur. Depuis la création d'« Into The Gloss » il y a dix ans, je me demande souvent ce qui me motive lorsque je commence un projet. Qu'est-ce qui me pousse à aller dans une direction plutôt qu'une autre ? Chacun entreprend pour des raisons différentes. Certains pour impressionner leur entourage. D'autres pour gagner de l'argent ou prouver qu'ils ont une place au sein de leur famille. Il n'y a pas de bonne ni de mauvaise raison. En ce qui me concerne, ma créativité part toujours d'une intuition. À la manière d'un animal qui va instinctivement trouver la rivière pour étancher sa soif, je dois respecter ce qui vibre en moi. Si je vais à l'encontre du mouvement de l'eau, alors je me trompe. Il me semble que les femmes ne font pas suffisamment confiance à leur intuition, qui est le talent avec lequel elles sont nées. Quand je me sens en phase avec moi-même, quand mes actions sont alignées sur ma joie, alors je sais qu'il n'y a pas d'autre choix. Je gravite autour de ce principe de joie. Du coup, même quand la vie paraît difficile, les décisions paraissent beaucoup plus faciles à prendre. J'accueille la difficulté telle qu'elle est, car je sais que c'est le seul moyen d'honorer mon talent. Cela ne signifie pas pour autant que je réussisse tout. Il y a un million de choses que je ne sais pas faire. Je n'ai pas un don dans tous les domaines, loin de là. Mais il y a une poignée de choses que je sais faire et je suis encore meilleure lorsque je respecte ma joie intérieure. J'échoue systématiquement lorsque j'essaie d'être quelqu'un d'autre.

Suivre ton intuition te conduit-il toujours à faire les bons choix ?

Non ! Je n'ai, par exemple, aucune capacité d'anticipation. J'ai beaucoup de mal à évaluer les enjeux et les risques. Il y a des personnes cérébrales qui peuvent tout planifier à l'avance. Moi, je me laisse guider par les battements de mon cœur et je me sens obligée de faire l'expérience des choses qui m'attirent pour les comprendre. Je plains ma pauvre mère qui a été obligée de supporter tous mes élans lorsque j'étais enfant. J'étais si têtue que rien ne pouvait m'arrêter. Du coup, j'ai vécu mille vies en seulement trente-quatre ans. J'ai été à fond dans le sport. J'ai travaillé dans la mode. J'ai lancé une ligne de bijoux. Je n'ai porté que du noir et des vêtements de motard pendant trois ans. Je me suis mise à la photographie. Je me suis rasé l'arrière de la tête. Je me suis prise de passion pour Paris. Puis je me suis immergée dans la culture danoise. Je suis sortie avec des mecs. Je suis sortie avec des filles. Je me suis mariée. J'ai divorcé… Et tout ce que j'ai fait a toujours été motivé par ma curiosité pour les autres. Cela ne veut pas dire que je sois altruiste et sans jugement. Je ne crois pas que je sois la fille la plus gentille du monde. Néanmoins, observer la manière dont les autres fonctionnent et évoluent me fascine.

Est-ce que tu avais peur du jugement lorsque tu as lancé *Into The Gloss* ?

Pas du tout. Personne ne me connaissait. Personne n'attendait quoi que ce soit de moi. Je n'avais pas conscience de la critique. C'est pourquoi je recommande toujours aux plus jeunes d'essayer le maximum d'expériences. C'est beaucoup plus difficile de garder cette légèreté à présent que près d'un demi-million de personnes sont abonnées à mon compte Instagram et que la marque que j'ai créée emploie plus de deux cents salariés.

Avec ce blog, tu as entamé une conversation sur la construction de l'estime de soi dans l'intimité de la salle de bains. Et c'est au fond ce que tu souhaitais prolonger avec la création de ta marque. Pourquoi est-ce que la beauté t'intéressait autant ?

Parce que c'est un incroyable moyen de se relier à l'autre. Même si l'on n'a rien en commun avec une femme assise dans un train et qu'elle semble fermée, quels que soient son milieu social, sa culture ou son âge, il suffit de lui demander quel est son mascara préféré pour enclencher une discussion. Au cours de cet échange, elle va forcément s'ouvrir et parler d'elle. Contrairement à ce que l'industrie cosmétique nous a fait croire pendant longtemps, nous avons des points de vue très affirmés. L'industrie perpétue une croyance limitante qui se résume à : « Vous ne savez rien et on va vous expliquer les règles à suivre. » J'ai toujours été convaincue du contraire. Nous sommes les propres expertes de nous-mêmes. C'est nous qui avons habité le plus longtemps en nous et on se connaît bien mieux que ce que l'on imagine. Les discussions en commentaires des articles d'*Into The Gloss* n'ont fait que confirmer mes certitudes. Et c'est ce qui continue à me passionner dans le développement de la marque que j'ai imaginée.

Quand je t'ai rencontrée, j'étais estomaquée par ton ambition affichée. Ta manière de demander ce qui paraissait impossible à obtenir, ta façon de partager ouvertement tes rêves, tout cela me choquait. Je me souviens d'un jour où je me plaignais de ne pas avoir beaucoup de lecteurs sur mon blog. Tu m'as répondu : « Il reste petit parce que tu le penses petit. Pense-le beaucoup plus grand. » D'où vient ta détermination ?

Laisse-moi te poser une question : est-ce que tu te serais demandé la même chose au sujet de mon ambition si j'avais été un homme blanc ?

Euh… je réfléchis. Non, je crois que non.

Voilà. Les femmes sont pénalisées et pointées du doigt dès qu'elles se montrent ambitieuses, dès qu'elles s'autorisent à sortir du cadre dans lequel on leur a appris à rester. J'en ai seulement pris conscience ces deux dernières années. Quant au fait de penser les choses en grand, c'est très lié au pays dans lequel j'ai grandi et à la culture du rêve américain qui nous est proposée. Croire que tout est possible et qu'on peut partir de rien pour arriver où l'on veut. Cependant, j'ai conscience que je fais partie de la deuxième catégorie la plus privilégiée des États-Unis après celle des hommes blancs : je suis une femme blanche. J'ai eu de la chance de pouvoir croire dans ce rêve américain. Mais ce n'est pas facile d'y croire lorsqu'on vit en dessous du seuil de pauvreté, ce qui est le cas d'un grand nombre de citoyens américains. En tout cas, pour répondre à ta question sur l'origine de ma détermination, je crois qu'elle est nourrie par une mission de vie qui consiste à rassembler les gens dans la joie.

Aujourd'hui, on place l'entreprenariat sur un piédestal, laissant croire qu'il est synonyme de plus de liberté et d'emploi du temps aménagé. La réalité est-elle plus compliquée ?

Beaucoup d'idées fausses circulent au sujet de la création d'entreprise. On glorifie le fait d'être à la tête d'une société. C'est devenu l'ambition ultime de l'époque actuelle et je pense que cela ne reflète pas la vérité. Le plus important n'est pas d'être entrepreneur, mais de trouver l'endroit où l'on se sent le plus utile. Il y a des entreprises incroyables où l'on peut s'épanouir en tant que salarié. Si l'on ne trouve pas cet endroit, alors pourquoi ne pas le créer, en effet ? Mais il faut garder à l'esprit que l'entreprenariat est risqué et qu'on n'est pas obligé d'inventer ce qui existe déjà. On parle toujours de ceux qui réussissent, rarement de la grande majorité des start-up qui échouent. Je ne me suis pas salariée les deux premières années d'existence de ma boîte et j'ai vécu sur les revenus publicitaires que j'arrivais à récolter sur mon blog. La réalité est que je ne m'arrête quasiment jamais de travailler. Certes, j'ai plus de flexibilité dans mes horaires qu'un employé, mais je bosse non-stop. Quand on monte une entreprise, il faut tout construire en partant de zéro, sans infrastructure ni procédé d'exécution, encore moins de bras droit sur qui se reposer. C'est comme si on devenait mère célibataire du jour au lendemain.

Est-ce qu'il t'est déjà arrivé de perdre ton enthousiasme ?

En fait, comme beaucoup de chefs d'entreprise, je navigue constamment entre l'idée que tout va s'effondrer et l'espoir que ce sera un succès phénoménal. Je perds mon enthousiasme quand je m'investis dans ce qui dévore mon énergie, quand je ne veux pas lâcher quelque chose que j'aurais dû accepter de déléguer. Or, il est essentiel de faire des choses qui nous donnent de l'énergie, sinon, on ne tient pas sur la longueur. Mais attention, le travail est comme une relation de couple : ça ne peut pas tous les jours être rose et joyeux, peu importe qu'on soit salarié ou entrepreneur. On ne peut attendre de son travail qu'il nous apporte tout ce dont on a besoin vingt-quatre heures sur vingt-quatre. Réévaluer ses attentes permet d'arrêter de croire que l'herbe est plus verte ailleurs et de profiter du meilleur à l'instant présent.

4. Reconnexion avec le cosmos

À bout de souffle et d'envie, je suis tout de même partie en reportage pour mon blog au tout début du mois de juillet 2016. On m'invitait à découvrir un lieu qui venait d'ouvrir : La Ferme du Vent d'Olivier Roellinger. Je ne sais toujours pas pourquoi ce chef auréolé de succès et d'étoiles avait décidé d'inviter une blogueuse à découvrir cet espace avant la presse écrite. Travaillant sans bureau de presse pour le conseiller, ce Breton ne fonctionne qu'à l'instinct et ne prend pas ses décisions selon le degré de prestige du statut ou de la fonction. Une simple recommandation amicale lui avait suffi à prendre le risque de me convier dans cet espace de bien-être au bord de la mer. Il avait même accepté que je vienne avec ma fille, qui avait elle aussi grand besoin de changer d'air pendant que mon mari fignolait les dernières retouches de sa campagne publicitaire.

À l'arrivée à la gare de Saint-Malo, je m'attendais à trouver un chauffeur avec une pancarte à mon nom. Je reconnus Olivier Roellinger nous guettant au bout du quai. J'étais soufflée. J'en avais fait, des voyages dans des endroits luxueux mitraillés d'étoiles ! Jamais un chef n'était venu en personne me chercher. L'attention était si touchante… Il nous a conduites jusqu'à sa voiture qui ne ressemblait ni à un carrosse ni à une berline flambant neuve. On a dû pousser ses affaires à l'arrière pour installer ma fille. Cette familiarité immédiate m'a beaucoup touchée. Elle me mettait à l'aise et me coupait toute envie de tricher à mon tour. Olivier nous a laissées découvrir notre chambre qui surplombait le bain celte et le champ devant la mer. Nous étions folles de joie. Le vent jaillissait d'un bout à l'autre de l'espace, s'engouffrait dans chaque ouverture comme s'il voulait gonfler la voile invisible d'un départ imminent. J'inspirais à pleins poumons pour la première fois depuis des mois. Pendant que ma fille disposait religieusement ses affaires sur la table basse, je passais en revue les détails soignés. Le savon bio spécialement conçu pour le lieu, les biscuits maison au beurre salé à peine sortis du four, le parfum des draps en lin fraîchement repassés. Sur l'oreiller, quelques lignes manuscrites m'attendaient :

Bienvenue, chère Lili,

Ici, vous allez vous reconnecter à la puissance du vent, au chant de la mer, à la beauté des astres et de la lune ainsi qu'au cosmos tout entier.

Olivier

J'ai souri, amusée. Je ne regardais presque jamais la lune, je ne connaissais pas son calendrier et j'avais le plus grand mépris pour l'astrologie. Je recevais la poésie du texte, mais dans ces mots ne s'incarnait aucune réalité tangible à mes yeux. Je sous-estimais encore la puissance énergétique des éléments sur mon équilibre tout entier.

Quelques minutes après notre installation, ma fille et moi avons traversé le champ qui nous séparait de Château Richeux où le fils d'Olivier, Hugo Roellinger, s'affairait en cuisine pour honorer la carte étoilée du restaurant. Je ne connaissais pas bien cette famille que j'avais seulement croisée de loin, deux ans plus tôt, lors d'un événement presse organisé par la maison Hermès au sommet du mont

Saint-Michel. Olivier Roellinger était alors aux commandes de la réception. Béni par « les fées de la baie », comme il aime à le dire, le chef avait réussi à venir à bout des prévisions météorologiques les moins clémentes, nous offrant le spectacle de ses spécialités accompagnées d'un soleil radieux pour un dîner sur le parvis de l'abbaye. Le lendemain, nous avions partagé un déjeuner inoubliable dans les herbes folles de la baie. J'ai encore en bouche la saveur des petits pois frais de cette journée. Une merveille.

Au restaurant de Château Richeux, le serveur est venu nous voir et nous a expliqué la carte comme on raconte une épopée à des enfants qui ne veulent pas dormir. Au lieu de nous parler des recettes, il nous a décrit les producteurs locaux, l'origine des légumes qui poussent dans la région, la manière dont les coquillages sont ramassés, les bateaux qui rapportent les épices infusant la chair des poissons... Devant la fenêtre où nous étions installées, un autre repas avait déjà commencé : celui des yeux. Inondées de turquoise, nos pupilles étaient happées par le sommet du mont Saint-Michel qui semblait sortir miraculeusement de l'eau à marée haute. Le ciel était en train de se couvrir, la mer se retirait sous nos yeux et le métal gris du sable à découvert commençait à grignoter le bleu des îles. Des Maldives, nous embarquions pour la Lune. Les premiers plats sont arrivés tandis que l'horizon s'irisait. Avant même de saliver devant les huîtres parfumées aux algues et aux graines de sarrasin, je me sentais nourrie par l'éclatante beauté des lieux. Au lieu de me jeter sur mon assiette, j'ai pris le temps d'inspirer et d'expirer à chaque bouchée. Je voulais profiter de chaque instant. On n'entendait plus que des « mmmmh » et des « oooooohhh » de satisfaction feutrer la salle de Château Richeux. Des habitués célébraient ici une remise de diplôme, là des fiançailles ou encore des retrouvailles avec des parents éloignés. Personne ne « mangeait ». Chacun savourait. Je retrouvais le sens premier du repas partagé. La convivialité. L'émotion du présent, ici et maintenant. Sans le savoir, je venais d'expérimenter une méditation en pleine conscience.

Au fil du repas, je me suis surprise à ne pas pouvoir terminer tout ce qu'on me proposait. J'étais si habituée à me jeter sur le pain et à le tartiner de beurre frais s'il se trouvait sous mes yeux ! Ayant appris très tôt à finir mon assiette en toutes circonstances et à me forcer à manger même lorsque je n'avais plus faim, j'étais rarement capable de laisser un plat repartir à moitié plein. Ce jour-là, je n'avais pas envie de faire de mon corps une poubelle. Je voulais garder un peu d'espace dans mon estomac pour profiter de chaque mets. La gourmande que j'étais se métamorphosait en gourmet. Je remarquais aussi que je n'avais aucune crainte en observant les aliments dans mon assiette. Les questionnements légitimes de notre époque concernant l'origine des denrées, les pesticides vaporisés sur les champs de légumes, les antibiotiques dans le lait, le bilan carbone des aliments importés du bout du monde, les hormones dans l'eau, les métaux lourds incrustés sous les écailles des poissons, les farines animales dans la viande, l'appauvrissement des sols, la déforestation au profit d'une agriculture intensive avaient fait naître en moi un dégoût de tout. Certes, je mangeais trop à cette époque et c'est ce qui m'avait fait grossir. Mais, en plus d'avoir de la répulsion pour mes cuisses, mes fesses et mon ventre, j'avais également l'impression de m'empoisonner à chaque bouchée. Or, lors de ce premier déjeuner, je ne me suis posé aucune question de cet ordre. Je savais que je pouvais apprécier mon repas sans crainte.

Après le repas, j'ai rejoint Olivier Roellinger sous les pins au bord de l'eau. Ma fille jouait plus loin dans ce jardin extraordinaire où les balançoires se cachent derrière mille variétés d'herbes aromatiques. Le soleil était revenu et avec lui le bourdonnement des abeilles butinant les fleurs à l'entrée du Château. Je voulais qu'Olivier me raconte l'histoire de ce lieu. J'étais plutôt intimidée. Il m'a d'abord parlé de la sublime maison où il a grandi à Cancale, celle qui, bien avant de devenir le laboratoire où il compose ses mélanges d'épices, a été le restaurant où il a décroché ses étoiles. La maison qui recèle tous les rêves de trésors cachés, les explorations dans les moindres recoins, les premières joies, les serments qu'on se fait pour la vie, les jeux de pirates autour du bassin dans lequel il ne faut pas tomber. La maison qui initie aussi au chagrin et aux premières blessures d'âme. À l'âge de treize ans, Olivier Roellinger a été abandonné par son père, médecin, qui a quitté le domicile conjugal pour s'installer avec une autre femme. Un départ d'une grande violence qui l'a plongé dans une infinie tristesse sur laquelle il a bâti sa rage de vivre. Quelques années plus tard, en 1976, le jeune homme de vingt et un ans qui croisait parfois son père dans les rues de Cancale, sans échanger avec lui le moindre mot, rêvait d'aventures à moto et de traversées en bateau. Un soir, alors qu'il sortait d'une fête et rentrait se coucher, sa vie a basculé au coin d'une rue sombre de la ville portuaire. Cinq mineurs l'ont attaqué sans raison et se sont livrés à un remake du film *Orange mécanique*, le rouant de coups et le laissant pour mort sur le bitume. Cette tentative d'homicide fut d'une si grande violence que la mémoire d'Olivier Roellinger a refusé d'en archiver les images dans son cerveau. Suivirent des mois d'hospitalisation, de fauteuil roulant, d'opérations de survie à coups de vis dans les jambes et de greffes osseuses à répétition. L'horreur brute martelée à même le squelette.

C'en était fini des rêves de bateau et d'école d'ingénieurs pour construire des moteurs de deux-roues. Terminé le vent qui fouette le visage à bord d'une mobylette lancée à vive allure. Plus de fête avec les copains ni même de promenades sur le sable. La seule perspective était celle de l'hôpital et probablement du fauteuil roulant à vie. Que fait-on d'un drame pareil ? Comment se réconcilier avec la vie lorsqu'elle atomise nos rêves ? « Je me suis fait une promesse : ne jamais desserrer la main de l'enfant que j'ai été », m'a-t-il répondu. J'ai serré fort mes molaires pour éviter de pleurer devant lui. Cette phrase… je l'ai relue mille fois depuis. Elle était si pleine dans une époque qui me paraissait si vide après les attentats. Ces mots me remplissaient d'espoir.

De retour dans sa maison d'enfance après des mois d'hospitalisation, Olivier Roellinger reçut les visites de tous ses amis qui se pressaient pour lui tenir compagnie. Chacun apportait les légumes, les viandes et les poissons dont il disposait en guise de soutien. C'est ainsi qu'Olivier se mit à cuisiner et à célébrer la joie d'être en vie. Avec ce que Cancale lui offrait : son terroir et sa réserve d'épices rapportées par les plus grands explorateurs au fil de leurs découvertes en mer. Olivier Roellinger n'avait alors aucune formation en cuisine et ne disposait pas de réseau pour entrer en contact avec les plus grands chefs. Il passa un CAP à Rennes et enchaîna les stages partout où on voulait de lui. Sa femme, Jane, qui venait de finir ses études en pharmacie, a tout quitté pour le soutenir dans cette aventure. C'est avec elle qu'il a posé chaque pierre de sa reconstruction. Il ne cesse de le rappeler : « N'écrivez pas "Olivier Roellinger", dites plutôt "la famille Roellinger". »

Dans la maison de sa mère transformée en table d'hôtes, il s'est fié à son instinct pour composer ses recettes. Avec le saint-pierre, le chou et les pommes de terre nouvelles, il a raconté l'histoire de son pays. Et puis, il y a ces poudres qui métamorphosent la chair des tourteaux, le croquant des légumes et dont les clients raffolent. Poudre des Fées, poudre des Alizés, Poudre de Neptune, Poudre des Bulgares : autant de compositions épicées qu'il offrait souvent dans des petits sachets à la fin du repas. Au fil des demandes, il a compris qu'il fallait commercialiser ces créations désormais reconnues mondialement pour leur qualité. Année après année, malgré la critique virulente de ceux qui se croient garants de la tradition culinaire française et qui fustigeaient la fusion des épices avec la Bretagne, Olivier Roellinger et sa femme Jane ont agrandi leur entreprise, ouvert Château Richeux à Saint-Méloir-des-Ondes, l'actuel restaurant étoilé où Hugo, leur fils, a pris les commandes de la cuisine, ainsi que quelques chambres d'hôtel avec vue sur la baie du mont Saint-Michel. Désormais, la famille entière œuvre quotidiennement au maintien et au développement de ce que Jane et Olivier ont créé ensemble. Avec cette même joie communicative.

En rentrant vers notre *kled* de La Ferme du Vent où ma fille m'attendait, j'étais bouleversée par la discussion que je venais d'avoir avec Olivier. À aucun instant cet homme ne s'était plaint de ce qui lui était arrivé. Il m'avait livré son histoire sans masque, sans pathos inutile ; jamais je n'avais rencontré une personne aussi authentique, ne cherchant ni l'approbation ni l'amour extérieur. Il était juste présent à lui-même. Il *était*. Contrairement à lui, j'avais toujours fait de mon enfance accidentée une carte d'identité que je brandissais à chaque fois que je souhaitais attirer l'attention sur moi. Dès que j'avais besoin d'amour, il me suffisait de raconter la séparation de mes parents lorsque j'avais six ans, le départ de mon père au Canada, sa mort prématurée l'année de mes treize ans, les conflits permanents avec ma mère pour obtenir clémence et affection. Si ça ne suffisait pas, je racontais les détails les plus sombres, les scènes d'injustice, la maltraitance, et je parlais ensuite des violences subies par les femmes de ma lignée, ainsi que des fantômes de mes deux grands-pères morts bien avant ma naissance, qui ont hanté mes premières années. L'énergie de résistance et de lutte que j'avais dû déployer pour surmonter ces épreuves – incomparables avec la tentative de meurtre d'Olivier Roellinger – suscitaient toujours l'admiration et m'excusaient de tout. Contrairement à lui au moment de notre rencontre, je n'avais pas encore compris qu'il ne s'agissait plus de se battre ni de se plaindre, mais d'accepter tout mon passé tel qu'il était, de me l'approprier pleinement et de me sentir chanceuse des transformations qu'il avait inaugurées très tôt en moi.

J'ai passé le reste de l'après-midi à nager avec ma fille dans la piscine de La Ferme du Vent, qui dispose d'une vue sur la baie du mont Saint-Michel. Je me sentais légère pour la première fois depuis des mois. Mon corps flottait à la surface de l'eau, massé par des jets cachés dans les pierres celtiques. Le bassin est couvert, mais une petite ouverture permet de nager vers la terrasse. Il faisait suffisamment chaud pour laisser sa peau humide sécher au soleil. Au loin, la mer remplissait à nouveau la baie. Aussi ignorante sur le plan scientifique que peu curieuse en la matière, j'étais incapable d'expliquer le phénomène des marées à ma fille. Google s'est donc chargé de faire notre éducation. J'ai trouvé une vidéo montrant l'effet de l'activation gravitationnelle de la Lune et du Soleil sur la mer. J'avais déjà entendu parler des liens étranges entre Lune et cycle menstruel. Si ce satellite de la Terre était capable d'écarter la mer du paysage que nous regardions, comme par magie, que pouvait-il bien faire sur les liquides à l'intérieur de mon corps ? Sur mon énergie ?

J'ai dormi d'un sommeil profond, cette nuit-là. Au réveil, j'avais l'impression d'avoir reçu un soin. Mes tensions corporelles s'étaient évanouies dans la baie du mont Saint-Michel. Nous sommes parties nous promener sur les chemins côtiers après avoir dégusté des crêpes délicieuses en regardant le soleil se lever. Je me souviens du craquement des coquillages qui se brisaient sous nos pas sur la côte, des pieds noirs de gadoue de ma fille, du goût salé des salicornes ramassées sur le chemin, de Fenouillette, la chatte de Château Richeux, qui nous a suivies pendant la balade, un mulot mort dans la gueule. J'avais envie que ces deux jours durent toute la vie tellement je me sentais bien. L'après-midi, j'ai retrouvé Gwenn Libouban, réflexologue installée à Cancale et « fée » officielle des bains celtiques de La Ferme du Vent. J'avais rencontré Gwenn en 2007, juste après la naissance de ma fille. Elle a compris que je venais d'accoucher bien avant que je le lui dise. C'est en me massant les pieds qu'elle a perçu la cicatrice de ma césarienne, une rupture énergétique entre le haut et le bas de mon corps. À l'époque, elle travaillait dans le neuvième arrondissement de Paris. Le premier soin qu'elle m'avait donné m'avait complètement bluffée. J'étais du genre sceptique, avec un grand besoin de comprendre ce qui n'était pas tangible. Gwenn Libouban m'avait poussée à réévaluer mes croyances cartésiennes en l'espace d'une heure. Il y avait de l'invisible et de l'immatériel que je ne comprenais pas, mais qui semblait bien exister puisque j'en faisais l'expérience avec elle. Cette femme qui utilise les correspondances entre les organes et les points d'acupression sous les pieds ne se sert pas uniquement de ses cinq sens pour travailler. Elle a su développer un système sensoriel que la plupart d'entre nous n'ont pas appris à déployer. En posant délicatement ses mains sur les extrémités, elle reçoit une multitude d'informations sur notre état. Elle voit comment l'énergie circule, elle voit les zones de fatigue, elle voit les nœuds et la qualité du flux dans le corps tout entier. Elle reçoit parfois d'autres informations, des images, des impressions qu'elle partage avec beaucoup d'humilité. Elle pianote, décode, reprogramme la voûte plantaire afin de libérer le corps de tout ce qui l'encombre. Le jour de mon passage à La Ferme du Vent, où elle dispose d'une grande cabine avec vue sur la mer, elle m'a reçue avec la douceur qui la caractérise. Elle a perçu les zones de faille émotionnelle. L'éparpillement de mes facettes comme des morceaux de puzzle dans une chambre d'enfant. Ses gestes ressemblaient à ceux d'un potier qui cherche à rassembler la matière vers le centre. Elle suturait, réunissait, réalignait. Nous avons beaucoup parlé, ce matin-là, et elle m'a rassurée : même si je me sentais brisée, j'allais aller mieux. J'avais besoin de l'entendre et de me le répéter : à présent, *tout allait s'arranger*.

LA NATURE PEUT-ELLE NOUS ENSEIGNER LA GUÉRISON ?

Entretien avec Olivier Roellinger

Olivier Roellinger n'a pas besoin de pratique spirituelle pour se sentir lié aux éléments qui l'entourent. La connexion avec le cosmos, il l'a toujours ressentie en profondeur. C'est sans doute d'ailleurs ce qui l'a sauvé lorsque la vie lui a joué de mauvais tours. Créateur de plusieurs hôtels qu'il a bâtis avec son épouse Jane, compositeur de mélanges d'épices qui l'ont rendu célèbre, chef étoilé fondateur du restaurant Le Coquillage à Saint-Méloir-des-Ondes en Bretagne, auteur de plusieurs livres, Olivier Roellinger est un transmetteur. Passeur de résilience, militant engagé dans la défense des semences libres et dans la protection de l'environnement, orateur inspirant, il est aussi le père du talentueux chef Hugo Roellinger, doublement étoilé, qui a repris la cuisine du Coquillage, et de Mathilde Roellinger, qui a rejoint l'entreprise familiale et s'occupe désormais du développement des épices. À chaque fois que j'ai eu la chance de lui parler, j'ai été galvanisée par nos échanges. La plainte ne fait pas partie de son vocabulaire. Il préfère se concentrer sur le frémissement des pavots au contact du soleil, sur l'eau de pluie qui ruisselle contre les pierres celtes de sa Ferme du Vent et sur la toute-puissance d'une lune ascendante.

Mon séjour chez vous en 2016 m'a permis de me reconnecter au cosmos. Je ne savais pas, alors, que les éléments comme le vent, la mer ou la lune pouvaient agir sur moi, à mon insu. À quel moment avez-vous pris conscience du pouvoir de la nature sur vous ?

Je devais avoir une dizaine d'années. Je descendais le chemin des blés en herbe où habitait Colette. C'était la première fois que j'étais attentif aux senteurs et aux sons. Sur ce chemin, on est encore à la campagne, mais on entend déjà la mer. Dans le sol, on sent la vibration du ressac sur la plage. Puis, elle apparaît. Je me souviens des parfums de troène, de pin, de fougère et de petites roses sauvages. Et puis les circonstances ont fait que j'ai été un peu écorché par la vie… Au fond, j'ai toujours eu le sentiment que ces éraflures, ces bleus à l'âme m'ont permis d'avoir des récepteurs encore plus affûtés à cette connexion avec le cosmos. On a l'illusion que l'on vit dans une bulle déconnectée de ce qui nous entoure. On fait pourtant partie d'un tout, mais on ne s'en rend plus compte. On peut même se fermer au monde et à soi-même. J'ai eu la chance d'avoir ces récepteurs ouverts par les épreuves que j'ai traversées.

Comment ?

D'abord, parce que j'ai connu plein de moments où j'ai été forcé de ne rien faire. Quand on a vingt ans, qu'on est au pic de son énergie et qu'on est cloué dans un lit de clinique ou d'hôpital, pendant des journées entières, puis des mois, on n'a pas d'autre choix que d'ouvrir ses récepteurs. Naturellement, ces choses, je les ai cultivées par la suite. Cela va paraître un peu fou, mais, par moments, j'ai même eu l'impression d'avoir été chanceux.

On vous a éduqué à cette réceptivité ?

Pas du tout. J'ai eu la chance d'avoir une mère merveilleuse. Une femme effondrée, abandonnée par son mari. Je me suis retrouvé seul avec elle à l'âge de treize ans et nous avons tissé des rapports d'amitié, de confiance, de confidence. J'étais un voyou de la plage et elle me retenait. Je me contentais de bien travailler à l'école pour lui faire plaisir. Elle m'a permis d'avoir une connexion particulière avec le féminin. J'ai eu cette chance, en ayant été abandonné par mon père, de ne pas avoir de carcan ni de modèle masculin. Je dis toujours que personne ne m'a appris à faire de nœud de cravate. C'est une symbolique très forte. Alors, j'étais un peu livré à moi-même, tout le temps dehors. Comme la cellule familiale avait explosé, je passais mes journées avec les copains, puis les copines. Ma vie, c'était la mer, les bateaux, les voyages en mobylette. Beaucoup la fête. Parfois un peu trop la fête.

La navigation a-t-elle amplifié votre connexion avec les éléments ?

J'ai toujours été passionné d'histoires d'aventures maritimes, de courses en solitaire. L'un de mes livres de chevet était *La Longue Route* de Bernard Moitessier. En 1968, vingt-quatre heures avant de remporter sa première course autour du monde en solitaire, il renonce à franchir la ligne d'arrivée et enchaîne sur un autre tour du monde. Je comprends cette fascination pour la traversée. Lorsqu'on est en bateau, la nuit, on n'a que la voûte céleste comme éclairage et le vent dans les oreilles. Au-dessus de nous, la clarté de la lune, en dessous, les abysses. Les ténèbres. On est chahuté par les vagues. On n'est plus qu'un tout petit confetti sur l'eau. J'ai toujours eu l'impression d'avoir une dimension à la fois minuscule et essentielle. Lorsqu'on fait l'expérience de l'harmonie avec la nature, on se sent indispensable au grand tout et c'est alors qu'on trouve vraiment sa place. La vie n'est pas une règle. C'est une formidable exception dans le cosmos.

Vous parlez de ce qui vous est arrivé comme d'une chance. Les épreuves de la vie peuvent-elles nous sauver ?

Oui, à condition de ne pas oublier ce qu'on a appris au cours de ces épreuves. Sinon, on se laisse enfermer à nouveau. Les moments les plus merveilleux de la vie sont ceux où l'on commence à comprendre que nous sommes vraiment vivants. C'est la vie elle-même qu'on oublie. On perd conscience de la rosée du matin, du chant de l'oiseau et de tous ces détails qui font la magie de l'existence. Il faut laisser la porte entrouverte en permanence. Cultiver l'émerveillement de l'enfance. J'ai cette image d'une mère qui passe la main sur les cheveux de son enfant endormi et lui chuchote : « Réveille-toi, c'est l'heure de vivre ! » On voudrait nous faire croire qu'être adulte, c'est devenir sérieux. Je suis convaincu du contraire.

Vous avez une relation singulière avec la lune, vous pouvez m'en parler ?

Les hommes ont l'audace de croire qu'il existe quelque chose après la mort. Et donc qu'il y aurait une âme à l'intérieur du corps et qu'elle pourrait s'élever. Il m'arrive moi aussi d'avoir l'audace de croire. Alors je pense à la lune comme à une déesse. Un ventre. Une matrice où la vie peut éclore.

Ici, à Saint-Méloir-des-Ondes, devant la baie du mont-Saint-Michel, on ne peut pas passer à côté de sa puissance. C'est elle qui change le paysage toutes les six heures !

Depuis que je suis tout petit, cette alternance entre un désert de sable argenté et l'abondance de la mer qui remplit à nouveau la baie me fascine. Je ne peux pas m'empêcher de me demander : mais où vont les 250 millions de mètres cubes d'eau de mer ? Comment peuvent-ils entrer et sortir de la baie ? Cette force gravitationnelle de la Lune qui provoque les marées, c'est de la magie pure. Imaginez ce que la Lune provoque en nous qui sommes composés à 70 % d'eau !

Est-ce cette connexion avec la nature qui vous a poussé à valoriser autant ceux qui travaillent la terre, à parler des producteurs et des paysans avec lesquels vous travaillez ?

Dans les années 1980, on se battait entre chefs pour une botte de cerfeuil à Rennes. On se gardait nos producteurs rien que pour nous, histoire d'être certains d'avoir un menu unique à proposer, chacun enfermé dans sa tour d'ivoire, moi comme les autres. La vie des restaurants était rythmée par la sortie du Guide jaune, puis celle du Guide rouge. Et on n'avait qu'une crainte : perdre nos étoiles. Cette époque de compétition est révolue. C'est la complémentarité qui la remplace aujourd'hui et on doit faire connaître nos fournisseurs qui font un travail d'exception. Au début des années 2000, je faisais la présentation d'un de mes livres dans un amphithéâtre. Le lieu était plein à craquer et je pensais que les personnes qui s'étaient déplacées étaient mes clients. Une femme dans la salle m'a interpellé et a déclaré : « Moi, je n'ai pas eu la chance de goûter votre cuisine. D'ailleurs, qui ici a déjà eu le privilège d'aller dans votre restaurant ? » Un quart de la salle a levé la main. Ce qui signifiait que tous les autres me connaissaient sans avoir fait l'expérience de ma carte. Il m'est apparu que je ne pouvais pas mettre cette notoriété uniquement au service de mon entreprise. J'étais en harmonie avec le cosmos mais il fallait aussi que je sois connecté avec la rue, avec les gens. Du coup, j'ai commencé par m'occuper de la mer en défendant une pêche digne et durable, puis de la terre avec les semences libres. Il y a trois grands sujets qui m'animent : quel air allons-nous respirer demain ? Comment allons-nous pouvoir nous hydrater quand on sait que 80 % des sources sont détenues par des compagnies privées ? Quelle alimentation pour nourrir le monde ?

Qu'est-ce qui vous rend si optimiste alors que la connexion entre les humains et la terre peine à se faire ?

On est entre deux mondes. Et bientôt, je suis sûr qu'il n'y aura plus qu'une question politique : les « terriens » et les « anti-terriens ». Antonio Gramsci écrivait : « Le vieux monde se meurt, le nouveau monde tarde à apparaître et dans ce clair-obscur surgissent les monstres. » Mais je reste confiant quand je rencontre la jeunesse engagée, pleinement consciente de ces enjeux. Et sur tous ces sujets, il faut mettre en avant le plaisir. On ne mobilisera pas les populations en les culpabilisant.

Et puis, si vous manquez d'énergie dans votre combat, la baie du mont Saint-Michel saura vous en donner !

Ce mont n'a pas été planté là par hasard. C'est un lieu spirituel depuis la nuit des temps, bien avant l'arrivée du christianisme. Planté en plein cœur d'un vortex. Mais, vous savez, tous les endroits au monde où le ciel, la terre et la mer se confondent sur une même ligne donnent une impression d'apesanteur, de flottement. Comme si on avait déjà gagné quelques centimètres pour s'élever jusqu'aux étoiles.

5. Le choc et la gratitude

Je flottais encore à la gare Montparnasse lorsque ma fille et moi avons repris le chemin de notre quotidien parisien. J'avais bon espoir de faire tenir cette sensation de légèreté jusqu'au début des vacances en août. J'avais oublié que je devais honorer tous les engagements que j'avais pris au printemps et rendre une tonne de textes à mes clients avant que les services marketing ne prennent leurs trois semaines de congé annuelles. Le temps d'un week-end, j'avais relâché toute la pression qui m'épuisait. La réouverture de mon ordinateur et la lecture de mes six cents e-mails en attente piétinèrent la beauté de mon séjour chez Olivier Roellinger. J'avais toujours fonctionné de cette manière : les instants de repos véritable étaient toujours ternis par le retour à mon rythme habituel de bulldozer. Et comme tout mon entourage agissait de la même manière, espérant le vendredi soir avec impatience chaque semaine et comptant les mois précédant l'été dès le 1er janvier, je ne voyais pas comment il pouvait en être autrement. Je me suis donc engouffrée dans ces derniers jours de labeur en oubliant toutes mes bonnes résolutions de Cancale, sans une seconde pour reprendre mon souffle, sans une minute pour aller faire les courses ni cuisiner des repas sains. Ma logique était simple : engranger le maximum de revenus pour pouvoir buller les orteils en éventail pendant tout le mois d'août sans une once de culpabilité. Pour tenir à distance les émotions négatives liées à cette surcharge de travail et supporter le manque de sommeil, je m'autorisais à manger à nouveau en trop grande quantité.

Ce qui entraînait une baisse de l'estime de soi et donc une autre fringale en retour… Le cercle vicieux bien connu de tous ceux qui sont déconnectés de leurs sensations de faim et de satiété.

Nous sommes partis en vacances, comme chaque année, au bout du rouleau, le dos cassé par le manque d'exercice physique et l'overdose d'écran, la tête trop pleine de dossiers inachevés et de factures à envoyer. J'allais avoir quarante ans et je n'avais pas miraculeusement réussi à maigrir pour mon anniversaire comme je l'avais espéré. J'avais une valise très légère, car la plupart de mes vêtements ne m'allaient plus. Je n'avais pas réessayé les maillots de bain de l'année précédente, mais je comptais bien sur la qualité de l'élasthanne pour qu'ils s'adaptent à ma nouvelle silhouette. Ça ne pouvait pas être si grave. Je ne m'étais toujours pas pesée et j'imaginais que j'avais probablement pris… six kilos ? Huit, tout au plus !

Nous avons commencé nos vacances en Bretagne, à quelques kilomètres de Cancale, chez mon amie Armelle qui nous recevait dans la maison où elle passe toutes ses vacances en famille depuis qu'elle est enfant. Un village foisonnant d'hortensias au bord de la Rance, où nous avions l'habitude d'être réunis avec nos amis et nos enfants. Il faisait beau, les couchers de soleil rose fuchsia colonisaient nos comptes Instagram, je prenais le temps de lire et de regarder les fourmis s'affairer d'un bout à l'autre de la pelouse entre deux chapitres. Les apéros n'en finissaient pas de s'étirer et je me gavais de saucisson, d'huîtres, de fromage et de pain beurré en enchaînant les verres de blanc sec. Je n'avais pas de passion pour le vin, encore moins pour l'alcool, mais je buvais comme je mangeais : sans réfléchir à mon besoin ni même à mon envie. La mer bretonne me paraissait bien trop glacée pour y mettre un pied, ce qui m'arrangeait, car cela me permettait de rester couverte d'un paréo du matin au soir : mon corps en maillot me semblait si abject que je ne voulais pas l'imposer. J'évitais scrupuleusement les miroirs et les objectifs d'appareil photo. J'enviais mes copines en minishort qui avaient l'air de s'habiller avec tellement de facilité. Certaines avaient acheté de nouveaux maillots de bain que je trouvais ravissants. Aucune d'elles ne se doutait que, pendant que nous éclations de rire sur la plage, je comparais minutieusement chacune de leur courbe avec les miennes, me désolant devant mes genoux si engorgés à la veille de mon anniversaire. Je n'avais décidément rien réglé depuis mon *coming out* sur mon blog, six mois plus tôt.

Au milieu de la semaine en Bretagne, Armelle dut rentrer à Paris pour connaître les résultats d'une biopsie réalisée trois semaines plus tôt. L'effervescence des vacances nous avait presque fait oublier cet examen qu'elle avait subi après avoir découvert une grosseur derrière son genou droit. Elle aurait probablement ignoré cette boule si sa sœur aînée n'avait pas eu un sarcome – une tumeur logée dans du tissu mou ou osseux – au niveau du pied. Un cancer dont sa sœur avait guéri mais qui avait nécessité qu'elle soit amputée de l'une de ses jambes et qu'elle soit appareillée d'une prothèse. La maladie et son protocole de soins nous avait frappés par sa grande brutalité et aucun de nous ne pouvait imaginer qu'Armelle ait développé à son tour un sarcome. Nous étions tous convaincus qu'il s'agissait d'un kyste bénin et qu'une petite opération suffirait à le retirer. Le téléphone a sonné dans l'après-midi. Mon mari et moi étions partis à la plage avec notre fille sans nos portables, tandis que le reste de nos amis attendaient que leurs petits se réveillent de la sieste. On a compris qu'il se passait quelque chose de grave dès notre retour sur le parking. L'hôpital parisien venait d'apprendre à Armelle que la grosseur derrière son genou était bien un sarcome. Le mot « cancer » venait d'être prononcé et avec lui un cortège d'ombres prenait le contrôle de nos cœurs encore légers.

Ce n'était pas la première fois que cette maladie touchait l'un de mes proches. Je me souviens très bien du jour où mon frère m'a annoncé que notre père avait une tumeur au cerveau. J'avais entendu « TU MEURS » comme s'il s'agissait d'un ordre auquel mon père devait se soumettre instantanément. Mon frère avait dit qu'il fallait faire des examens supplémentaires pour qu'on sache si la tumeur était cancéreuse. Je venais d'entrer en cinquième, j'avais tout juste treize ans et je me suis aussitôt enfermée dans la chambre de ma mère pour téléphoner à une copine. Je lui ai annoncé : « Mon père a un cancer, il va mourir. » Mon amie m'a alors reproché de l'enterrer vivant et d'avoir déjà perdu tout espoir. Les mots que j'avais prononcés étaient dépouillés de leur signification propre. Je les disais comme si j'étais dans un feuilleton télévisé. Ma vie basculait. Ces drames qu'on croit réservés aux autres étaient en train de m'arriver. Je n'avais plus besoin de regarder en cachette *Santa Barbara* au lieu de faire mes devoirs. Nous étions devenus un épisode de mauvais soap-opera. Les jours qui ont suivi, le cancer a été confirmé. Il est mort, à peine deux mois plus tard, chez lui au Canada, le 25 octobre 1989, sans que j'aie l'occasion de lui dire au revoir. Adolescente, j'avais aussi vu la sœur de ma mère se battre contre un cancer du sein. À chaque attaque, on m'expliquait que son cancer était bénin et qu'elle n'aurait pas de traitements lourds.

Probablement pour me rassurer. Entre deux protocoles de chimiothérapie, elle venait s'installer en convalescence à la maison. Je la croisais parfois la nuit en allant aux toilettes. Sa silhouette amaigrie et le duvet de ses cheveux repoussant sur son crâne me terrorisaient. Au lycée, je lisais *L'Écume des jours* et j'imaginais que les tumeurs étaient des fleurs carnivores qui dévoraient sans raison l'intérieur des êtres aimés.

En 2012, alors que ma grand-mère paternelle que j'adorais venait de s'éteindre dans une maison de retraite baptisée « La Rose des Vents », j'apprenais que mon amie Martine était condamnée par un cancer du péritoine. Notre relation dépassait largement une simple amitié. Elle était devenue mon mentor dans le domaine de la presse écrite, ma conseillère, ma première lectrice, ma supportrice en toutes circonstances. Je goûtais avec elle à l'amour inconditionnel : elle n'attendait rien de moi et se réjouissait de tous mes bonheurs. Elle m'aimait sans me faire de reproche, tel que j'aurais souhaité l'être par mes parents. J'avais trouvé en elle une mère de substitution rêvée. La correspondance que nous avons entretenue pendant les mois qui ont précédé sa mort est l'une des plus riches que j'aie connue. Elle était bien trop pudique et souvent trop malade pour me recevoir. Alors on s'est écrit quotidiennement pendant des mois. Son enterrement début août 2013 m'a donné plus de chagrin que je ne pensais pouvoir en contenir. Je trouvais la vie si injuste de me la prendre ! Sa disparition était un arrachement. Une réactivation de tous mes manques, de toutes mes blessures.

Armelle a pris le dernier train pour nous retrouver en Bretagne après une journée de larmes à encaisser la nouvelle à laquelle personne ne s'attendait. À aucun moment, je n'ai eu peur qu'elle ne meure. J'étais certaine qu'elle allait s'en sortir. Je me fiais à un bon pressentiment ainsi qu'aux pronostics encourageants de ses médecins. En revanche, j'avais honte. Je me sentais rongée de l'intérieur. Des mois que je me plaignais de mon poids, de mes fesses, de mes cuisses trop flasques, de mes genoux trop mous, de mon ventre qui débordait de mon jean… des mois que j'insultais mon corps dans le miroir chaque matin et que je lui injectais le poison de ma haine en m'habillant. Des années que je le comparais, le jugeais, le rabaissais. Jamais je ne lui avais dit merci. Merci de me permettre de marcher, merci de me laisser danser jusqu'à l'aube, merci de nager quand je le lui ordonnais, merci de courir quand il fallait attraper un bus, merci de faire l'amour et d'enlacer ceux que j'aimais, merci pour les baisers doux, merci d'avoir bien voulu accueillir un enfant dans sa cavité, merci de l'avoir mis au monde en bonne santé, merci de le porter encore sur les épaules, merci, merci, merci. J'avais fait preuve d'une ingratitude totale pour ce corps qui n'était pas malade. Je le maltraitais. Je le submergeais de sucre, d'alcool et de gras. Je refusais de l'écouter et il continuait à me servir sans me trahir. Il était temps de l'honorer.

Je pris aussitôt la décision de me remettre au régime à mon retour de vacances. C'était la solution que j'avais cherché à éviter depuis le 13 novembre 2015 ; pourtant, je devais me rendre à l'évidence : je n'en avais trouvé aucune autre qui me permette de me sentir mieux, et mes tentatives de « lâcher prise » en mangeant autant que je le souhaitais ne m'avaient pas conduite à m'aimer telle que j'étais. Il était hors de question de commencer à contrôler mon alimentation pendant les vacances, alors que j'étais entourée de mes amis. Il y aurait trop de tentations en août et je ne voulais pas peser sur le groupe ni polariser l'attention en modifiant le choix des menus. J'étais cependant bien décidée à passer à l'action lorsque je rentrerais à Paris. Conseillée par sa sœur déjà passée par la maladie, notre amie Armelle a dû entièrement revoir son hygiène de vie. Afin d'optimiser son traitement et de se préparer au mieux à ce qui l'attendait à la rentrée, elle a modifié son alimentation. Elle s'est mise à consommer beaucoup plus de légumes et a diminué toutes les quantités de sucres rapides, qui agissent comme du bois dans la cheminée des cellules cancéreuses. Elle a également consulté régulièrement l'énergéticienne Junnon Merigoux que je lui avais recommandée et qui l'a aidée avec de la visualisation et des outils kinésiologiques. Elle a aussi installé une petite pratique de méditation et d'exercices physiques tibétains au réveil. Armelle était décidée à guérir et à comprendre ce que cette maladie avait à lui dire. Elle m'inspirait une nouvelle force de vie et m'éloignait de la plainte. Dès que mon mental se remettait à me signaler les marques que mon maillot trop petit creusait dans ma chair, dès que je sentais l'intérieur de mes cuisses me brûler parce qu'elles se frottaient en marchant, dès que la tristesse et l'apitoiement reprenaient le dessus, je me répétais : « Rien n'est grave, tout va bien, tout va aller de mieux en mieux. » J'ai célébré mes quarante ans le 21 août dans les Cévennes avec la même bande d'amis. En soufflant mes bougies, je me suis promis que cette nouvelle décennie serait sensationnelle.

LA MALADIE PEUT-ELLE APPORTER LA GUÉRISON ?

Entretien avec Cindy Montier

Cindy Montier n'avait jamais questionné son hygiène de vie jusqu'au mois d'octobre 2013. Alors âgée de trente et un ans, cette femme qui a accouché d'une fille un an plus tôt découvre qu'elle est atteinte d'un cancer du sein. Le sol se dérobe sous ses pieds. Du jour au lendemain, la vie bascule. Six mois de chimiothérapie. Une ablation complète du sein. Et la furieuse envie de traverser cette épreuve pour pouvoir se remettre à savourer les premières fois de son bébé sans craindre pour son avenir. Pourtant, une fois l'onde de choc absorbée, Cindy décide de devenir actrice de sa propre santé. Elle se met à consulter des thérapeutes alternatifs et change complètement ses habitudes. Sur le chemin de sa guérison, elle fonde le blog *Curcuma Box*, sur lequel elle vend des coffrets d'accompagnement pour les personnes atteintes d'un cancer. Puis, elle lance le podcast *Bouge ton curcuma* où elle interviewe tous ceux qui l'inspirent au sujet de la santé. J'ai découvert son travail lorsque je cherchais des conseils pour mon amie Armelle en 2016, mais nous nous sommes rencontrées bien plus tard. Sa résilience face à la maladie, sa capacité de transformation et ses prises de conscience m'enthousiasment. Elle continue à me hisser la colonne vertébrale.

Comment as-tu appris que tu étais malade ?

Cela faisait six mois que je me plaignais d'une grosseur au sein, mais mon gynécologue me disait que ce n'était rien de plus qu'une calcification provoquée par l'allaitement.

J'ai beaucoup insisté, j'ai passé une mammographie qui a confirmé le diagnostic de mon médecin : d'après eux, je devais cesser de m'inquiéter. Je suis menue et j'ai une petite poitrine. Or, je voyais bien que la grosseur ne cessait d'augmenter. J'ai fini par aller voir un autre gynéco qui m'a prescrit une biopsie. Même le médecin qui s'est occupé du prélèvement disait : « Je ne comprends pas pourquoi on vous embête avec ça, ce n'est rien du tout. » Je me suis effondrée sur la table d'examen, car, même si je n'étais pas très connectée à mon corps à cette époque-là, je sentais qu'il y avait quelque chose d'anormal. Ma réaction l'a apitoyé et il a accéléré l'arrivée des résultats. J'étais en scooter lorsqu'on m'a annoncé que le prélèvement contenait des cellules cancéreuses. J'avais une tumeur de huit centimètres. Le soir même, pendant l'IRM, j'ai demandé. « Donc, j'ai un cancer ? Je vais mourir. » Ce à quoi on m'a répondu une phrase qui m'a dévastée : « Mais pourquoi voulez-vous mourir ? » Je n'avais pas envie de jouer à ni oui ni non. J'attendais une réponse simple. Pas un nouveau point d'interrogation.

Comment as-tu traversé la déflagration ?

D'abord, j'ai eu la chance d'être systématiquement accompagnée par mon mec qui prenait en note tout ce que les médecins disaient pendant les rendez-vous. Émotionnellement, c'est tellement dur qu'on ne retient pas plus de 20 % des informations. J'ai perdu dix kilos en dix jours. J'ai insisté pour être suivie à l'institut Curie. J'ai aussi insisté pour qu'on préserve mes ovocytes avant le début de la chimiothérapie, car je voulais m'assurer que je pourrais avoir un autre enfant. Je me souviens de ce qu'un oncologue m'a déclaré : « Vous allez vous en sortir, ça va être très dur pendant un an, mais ça va aller. » Douze mois, c'est quand tout se passe bien. Mais ce qu'on dit moins, c'est qu'une fois le protocole de soins terminé, on ne va pas miraculeusement mieux. Il faut digérer toute l'énergie qu'on a mise dans la survie.

À quel moment as-tu commencé à t'intéresser aux médecines parallèles ?

Lorsque j'ai commencé la chimiothérapie, j'ai décidé d'entrer dans un mode qui ne serait pas celui de la colère. Il faut s'armer de patience. On attend parfois deux ou trois heures son tour. Puis on nous injecte un produit rouge fluo dans un boîtier sous-cutané tout en nous dopant d'antidouleurs et de produits pour supporter la chimio. J'étais tellement shootée en sortant de la première séance que j'ai eu l'illusion que j'allais échapper aux vomissements. Une heure plus tard, je me transformais en Shrek. C'est là que j'ai commencé à consulter une sophrologue qu'on m'avait recommandée. Elle m'a appris la technique du goutte-à-goutte : il s'agit de visualiser le produit qui entre dans le corps pour protéger les cellules saines. Cette visualisation me permettait d'être active. Je n'étais plus un simple pantin qu'on trimballait d'une salle à l'autre. Les bienfaits de la sophrologie m'ont donné envie de prendre ma santé en main et de faire tout ce qui était en mon pouvoir. Du coup, j'ai consulté une naturopathe.

Comment t'alimentais-tu avant de tomber malade ?

J'avais une hygiène de vie qui ne respectait pas du tout mes besoins physiologiques. J'enchaînais les soirées. Je manquais de sommeil. Je me faisais des plats de légumes pour me donner bonne conscience, mais mon alimentation tournait principalement autour de la viande, des pâtes, du fromage et des apéros à répétition. Quand j'ai rencontré ma naturo, je venais de perdre dix kilos, je n'étais que l'ombre de moi-même. Elle a préparé un plan alimentaire d'attaque. Pour la première fois, j'entendais parler d'aliments anticancer. Elle m'a remise sur les rails de l'équilibre, elle m'a ouvert les yeux et, surtout, elle m'a donné des clefs. Il ne s'agissait pas d'arrêter le protocole médical entamé mais d'agir en faveur de ma guérison.

Quelles sont les habitudes que tu as adoptées ?

Ma révolution alimentaire s'est mise en place. J'ai éliminé tous les produits transformés, j'ai limité le sucre et cuisiné maison. Beaucoup de légumes crus ou cuits à la vapeur et énormément d'aliments anticancer : des champignons, de l'ail, des crucifères, du curcuma... Je me suis orientée vers des modes de cuisson douce qui ne risquent pas de tuer les vitamines des végétaux et j'ai acheté un Vitaliseur. J'ai lu des dizaines de bouquins dont *Anticancer*, de David Servan-Schreiber[a]. Les professionnels ont beau dire qu'il enfonce des portes ouvertes, ce livre m'a fait l'effet d'une révélation.

C'est aussi à cette période que tu as consulté une énergéticienne ?

Oui, la veille de mon ablation du sein, j'ai été prise de panique. J'étais prête à m'enfuir au bout du monde. Je suis allée la voir et je lui ai annoncé que j'allais partir en Inde. J'avais l'impression que, si on m'enlevait un sein, je ne serais plus qu'une moitié de femme. Elle a rééquilibré l'énergie dans mon corps, a libéré ce qui m'encombrait, elle m'a fait beaucoup parler et m'a dit : « Pour l'instant, vos croyances vont dans le sens de la médecine classique, donc vous ne

a. Éditions Pocket, Paris, 2011.

pouvez pas vous soigner seule. Il faut aller au bout de ce protocole dans lequel vous avez placé votre confiance. » Au fond, ce qui me terrorisait le plus, c'était l'idée d'abandonner ma fille en mourant. Elle m'a répondu : « Votre fille vous a choisie en tant que maman et, si son destin est de vous perdre, c'est elle qui l'a choisi. » Sans le savoir, elle venait de m'enlever trente kilos de chaque épaule, ça m'a complètement allégée.

Tu dis que ce cancer t'a réconciliée avec ton féminin. De quelle manière ?

J'ai toujours été un garçon manqué. Je menais les troupes, mes cousins. J'avais besoin d'en découdre, je faisais des blagues de « bonhomme ». J'étais très combative et je refusais de dévoiler ma fragilité. Sans m'en rendre compte, j'avais enseveli mon énergie féminine sous une énergie de lutte permanente. La maternité m'a aidée à renouer avec mon féminin. J'étais convaincue que je n'aurais aucun instinct maternel. Pourtant, quand j'ai plongé mes yeux dans ceux de ma fille, quelque chose s'est métamorphosé en moi. C'est elle qui m'a sauvé la vie. Sans la chute hormonale post-grossesse, le cancer ne se serait pas révélé aussi rapidement. La maladie m'a attaquée de plein fouet. Je n'étais plus la fille invincible. Ma féminité a été ciblée et j'ai pris conscience que j'y étais très attachée. Ce cancer et le travail que j'ai accompli avec l'énergéticienne m'ont permis de comprendre ma lignée et tous les trucs lourds que je portais sans m'en rendre compte.

Tu t'es aussi mise au yoga pendant le protocole de soins ?

Oui, j'ai commencé par un yoga hatha plutôt doux. Tous les a priori que j'avais au sujet de cette discipline qui manquait de combativité à mon goût se sont dissipés. Cette pratique a révélé une grande douceur que je ne m'autorisais pas à exprimer. Et puis, j'ai vite retrouvé mes capacités physiques après l'opération, c'était stupéfiant.

Comment as-tu géré la fin du traitement ?

J'avais appris tellement sur moi pendant un an que retrouver mon ancien rythme de vie mal adapté a été violent. J'étais modéliste et j'adorais mon métier avant de tomber malade. Sauf que ça ne m'intéressait plus. J'avais envie de tout contrôler. Je devenais trop rigide au niveau alimentaire. J'ai compris qu'il était temps de me rapprocher de mes nouveaux centres d'intérêt. Je me suis formée en naturopathie au Cena de Robert Masson et j'ai lancé mon blog en 2014. J'y ai condensé tout ce que j'avais appris au cours de ma maladie et j'ai créé des coffrets autour de mes livrets d'accompagnement. J'ai glissé dans chaque boîte des granolas maison comme un petit cadeau supplémentaire. Finalement, aujourd'hui, mes quatre gammes de granolas cartonnent. Je manquais de temps pour continuer à tenir le blog, alors j'ai monté un podcast. C'est beaucoup de travail aussi, mais je suis très heureuse de la vie que je mène aujourd'hui.

Est-ce que ce cancer a été une chance ?

Oui, clairement. Je l'appelle « mon cancer de guérison » et ma fille en a été la clef.

6. De retour chez la dame à points

De retour à Paris, j'étais déterminée à m'aimer à nouveau en cette fin de mois d'août 2016. La première chose que j'ai faite en sortant de mon village perdu des Cévennes, lorsque j'ai retrouvé du réseau internet, a été de me télécharger l'application Weight Watchers. J'étais blasée avant même de commencer. L'impression de retourner en prison sans passer par la case « Départ » du Monopoly ni prendre mon billet de deux cents. Je le connaissais par cœur, ce programme d'amaigrissement où le mot « régime » est banni comme s'il s'agissait de prononcer le nom de « Voldemort » à voix haute. On y préfère le champ lexical de « l'équilibre alimentaire ». De la santé. De la forme. N'empêche qu'il allait bien falloir se résoudre à manger moins…

Comme j'avais suivi la méthode à plusieurs reprises depuis la fin des années 1990, je savais ce qui m'attendait. Fondé en 1963 par une mère au foyer américaine, le programme Weight Watchers ressemble beaucoup aux Alcooliques anonymes puisqu'il repose sur le soutien hebdomadaire d'une réunion où tous ceux qui souhaitent perdre du poids se retrouvent pour discuter avec une animatrice des difficultés rencontrées au fil de leur parcours. On peut suivre la méthode avec une application sur son téléphone ou simplement en s'inscrivant sur Internet, mais on se prive alors des réunions qui bâtissent et déploient la motivation de chaque abonné d'une semaine à l'autre. J'avais déjà essayé de faire sans et je n'avais jamais tenu bien longtemps. Fin août 2016, je me dirigeais discrètement vers le centre de réunion le plus proche de mon nouveau quartier. Je n'étais encore jamais allée dans cette salle, mais j'en avais déjà testé une demi-douzaine dans d'autres arrondissements. Les réunions – qu'on appelle aujourd'hui avec beaucoup de prétention « ateliers » – s'organisaient souvent dans des lieux improbables. Une église luthérienne dans le treizième arrondissement. Un sous-sol près de la gare Montparnasse. Longtemps, j'ai fréquenté un centre de réunion rue Saint-Roch dans l'élégant premier arrondissement, à quelques pas du jardin des Tuileries. Une équipe Weight Watchers privatisait une salle tous les mercredis à l'heure du déjeuner. J'avais toujours peur, en m'engouffrant dans l'immeuble, qu'une connaissance issue du milieu de la mode me reconnaisse devant la pancarte Weight Watchers. Je n'assumais ni la ringardise de la marque ni le potentiel ridicule de ces cercles que j'appelais pour faire rire mes copines « les alcooliques anonymes de la bouffe ». Dans le bureau où je travaillais, je ne disais jamais où je me rendais. Et puis, un jour, alors que je n'y étais pas allée pendant quelques mois de miraculeuse stabilité, j'avais trouvé la salle vide à l'heure de la réunion habituelle. Pas de livres de recettes en vente à l'entrée ni de barres de céréales allégées. J'aimais tellement ce rendez-vous ainsi que mon animatrice, qui avait pris sa retraite entre-temps, que la disparition de cette réunion m'avait dévastée. Et j'avais repris dix kilos dans la foulée.

En 2016, le rituel que je connaissais bien n'avait pas changé. Les abonnés Weight Watchers faisaient la queue à l'entrée pour s'inscrire ou donner leur numéro d'abonnement tandis que l'animatrice – je n'ai jamais croisé d'animateur – pesait les participants de la réunion à l'abri des regards (de femmes, en grande majorité). Chacune fait appel à sa propre magie pour se délester de quelques grammes. Certaines viennent habillées exactement pareil d'une semaine sur l'autre, afin d'éviter de troubler la mesure électronique, d'autres vont faire pipi, retirent leurs bracelets et même leur alliance – « On ne sait jamais ! » – juste avant de grimper sur la balance. Il y a celles qui, comme moi, viennent avec une paire de ballerines légères dans leur sac pour éviter de prendre trois kilos à cause de leurs *boots* à talons. Quelques abonnées se dévêtent comme des oignons, espérant que leur tee-shirt à manches longues sera aussi lourd que la tablette de chocolat engloutie deux jours plus tôt. On se salue. On négocie avec soi-même. On s'énerve parfois : « Je ne comprends pas ! J'ai suivi le programme à la lettre et pourtant j'ai pris deux kilos, ça n'a aucun sens ! » entend-on près du pèse-personne avant d'apprendre, en tendant l'oreille, que l'abonnée en question carbure à dix-fruits fruits par jour. « Ben quoi ? Il y a bien écrit que les fruits étaient à zéro point et jusqu'à satiété ?? »

Une fois pesés, les participants s'installent dans la salle en attendant l'animatrice. Celles qui ont appris à se connaître au fil des réunions commencent déjà à se raconter comment elles ont survécu au buffet de la communion de leur neveu, au pot de départ « spécial charcuterie » d'une collègue de travail auvergnate ou à l'anniversaire de mariage où l'on a servi treize desserts. Il y a les timides qui préfèrent s'asseoir à l'écart en lisant des brochures d'information sur les vertus des huiles végétales. Il y a bien un homme, voire deux, qui se demande ce qu'il fait au milieu de toutes ces femmes. Il y a les nouvelles qui se sentent complètement perdues et ne trouvent pas dans les documents qu'on vient de leur livrer l'équivalence en points du verre de vin rouge auquel elles refusent de renoncer. Car, chez Weight Watchers, on ne parle pas de calories mais de « points ».

Les aliments ont tous une valeur en points attribuée par un groupe de nutritionnistes intégrés à la marque selon un certain nombre de critères. Les aliments riches en fibres et en protéines, pauvres en matières grasses et en sucres rapides, apportent beaucoup de satiété et sont par conséquent peu coûteux en points. Les légumes, en dehors des avocats, « coûtent » zéro point, par exemple. Tout comme l'ensemble des fruits, les poissons et même les légumineuses (lentilles, pois chiches, haricots secs…). En revanche, les aliments très sucrés ou très gras, dépourvus de fibre et de protéine sont « chers ». Un sachet de M&M's au chocolat coûte douze points sachant que les personnes adhérentes disposent d'une cagnotte quotidienne de vingt-trois points. En quelques semaines, on maîtrise à peu près les équivalents de tout ce qui est vendu dans un supermarché et, lorsqu'on ne sait pas combien « vaut » un produit, il suffit de scanner son code-barres avec son téléphone ou bien d'entrer les informations nutritionnelles inscrites au dos de l'emballage dans l'application pour connaître son coût en points. Il n'est pas rare de croiser des abonnées Weight Watchers au rayon frais passant au crible tous les yaourts pour trouver celui qui entamera le moins la cagnotte. De nouveaux éléments de langage se greffent aux discussions et on se surprend à déclarer : « Dis donc, ça coûte HYPER CHER la part de trente grammes de comté !!! En plus, trente grammes, c'est abusé, c'est minuscule. Je garde mes points pour autre chose, du coup. » On radine. On calcule. On économise. On compare les marques. On devient très exigeant concernant la qualité des points consommés. Si l'on « claque » huit points dans un croissant, on attend de lui qu'il soit exceptionnel. Le grand défaut de ce système est qu'il peut créer des cognitions négatives supplémentaires chez des personnes qui en ont déjà tissé beaucoup :

au lieu de choisir les aliments dont on a vraiment envie ou besoin, on est tenté d'aller vers des aliments à zéro ou deux points – que l'on considère « gentils » – plutôt que des aliments plus coûteux qui sont labellisés par la pensée comme « méchants ».

La file d'attente devant moi s'était largement réduite et c'était à présent à mon tour de m'inscrire. Je ne m'étais pas pesée depuis le mois de novembre 2015 et je ne savais pas à quoi m'attendre. J'avais volontairement empiré mon cas en avalant plusieurs viennoiseries sur le chemin du centre de réunion à la manière d'un fumeur qui siffle son dernier paquet la veille du jour où il a décidé d'arrêter la cigarette. J'étais habillée d'un jean et de chaussures lourdes en me disant qu'au pire, même si je ne réussissais pas à contrôler mon alimentation la première semaine, j'aurais toujours le loisir de mettre une robe légère et des ballerines à la prochaine pesée pour obtenir un résultat favorable. Avant de me peser, Olivia Vindry, l'animatrice, m'a posé quelques questions. Est-ce que j'avais déjà suivi le programme ? Est-ce que j'avais un peu de temps à lui consacrer pour qu'elle m'explique les dernières mises à jour à la fin de la réunion ? En effet, le décompte des points évolue tous les deux ans, ce qui donne l'illusion d'une grande nouveauté et trouble parfois les habitudes des anciennes adhérentes. Il me semble que ces changements ne sont pas toujours justifiés sur le plan nutritionnel et qu'ils servent surtout une logique commerciale. À ma surprise, Olivia m'a également demandé de lui envoyer un e-mail pour lui expliquer pour quelles raisons je souhaitais maigrir, sans employer de formule négative : « Je veux remettre ma jolie robe rouge » plutôt que « Je veux maigrir car je ne peux plus me saquer. » Je suis ensuite montée sur le pèse-personne électronique. Mon poids avait changé de décimal. J'avais pris plus de quinze kilos en moins d'un an, je n'avais encore jamais atteint ce poids. J'ai fait comme si je m'y attendais au moment où je l'ai lu sur ma nouvelle carte d'adhérente. Je suis allée m'asseoir en état de choc. Comment est-ce que j'avais pu être dans un tel déni de ma réalité corporelle ?

La réunion a démarré et Olivia s'est présentée. Comme toutes les animatrices, elle avait été adhérente et avait perdu du poids grâce à la méthode Weight Watchers avant de commencer à coacher ces échanges. Je me sentais au bout du rouleau, mais, en quelques minutes, elle a réussi à me faire rire. Sa manière de s'adresser à nous était beaucoup plus familière que celle que j'avais connue chez d'autres animatrices et j'ai tout de suite été frappée par sa volonté de nous déculpabiliser. On avait toutes une excellente raison d'avoir pris du poids et de nous sentir victimes de notre propre histoire. Sans jamais se moquer ni dénigrer nos confidences, elle nous rappelait systématiquement les solutions pratiques qui pouvaient nous permettre de sortir de nos vieux schémas. Un jour, une adhérente a confié ne pas pouvoir se retenir de dévorer baguette et fromage en rentrant chez elle après ses heures de bureau. Elle a justifié son comportement en parlant de la pression que ses enfants et son mari exerçaient sur elle, eux en lui réclamant leur souper et lui en lui demandant d'attendre son retour tardif pour passer à table. Olivia lui avait répondu : « Il y a toujours une bonne raison de manger. Surtout quand on a faim ! Vous ne pouvez pas rentrer chez vous affamée. Prenez une collation avant de monter dans les transports. N'arrivez pas le ventre creux parce que, sinon, que vous ayez des gosses ou un patron chiant, une mère qui ne vous a pas suffisamment aimée ou un père qui ne vous a pas dit qu'il était fier de vous, PEU IMPORTE... C'est juste physiologique : si vous avez faim, vous mangerez ce qui se trouve devant vous ! » Tout le monde a éclaté de rire parce qu'on a reconnu qu'on était toutes très douées pour nous trouver des excuses, reporter la responsabilité sur l'extérieur... Le projet d'Olivia était de nous sortir de la quête du « Pourquoi j'agis de cette manière » pour nous faire entrer dans le « Comment je peux prendre de meilleures habitudes ».

Ces réunions du mardi midi sont vite devenues une grande source de joie et de rigolade. Au fil des semaines, je retrouvais avec plaisir les femmes qui essayaient d'ancrer de nouveaux réflexes de réconciliation avec leur corps. J'ai rencontré des personnes que je n'aurais jamais croisées dans mon milieu professionnel. Des individus extraordinaires dont chaque intervention me nourrissait en profondeur. Des femmes retraitées sous traitement compliqué. Des mères d'enfants lourdement handicapés. Des quadras attachantes. Des femmes souffrant d'obésité d'une combativité époustouflante. Des chômeuses en quête d'amour de soi. Des minces se trouvant toujours grosses de cinq kilos de trop. De jeunes ménopausées en guerre contre les hormones qui semblaient brusquement les trahir. Des trentenaires primipares dévastées par le manque de sommeil. Aucune souffrance n'a jamais été hiérarchisée. On écoutait toutes les situations en essayant de trouver ensemble des stratégies comportementales acceptables pour nous éviter de tomber dans le pot de Nutella. Sans le savoir, nous participions, avec l'accompagnement intelligent d'Olivia, à ce qu'on appelle aujourd'hui « les cercles de femmes ». Nous étions toutes là pour reconnecter notre plein potentiel et notre confiance en nous. Et nous sentir unies dans notre vulnérabilité nous offrait une force exponentielle.

Parmi toutes les fois où j'ai fait Weight Watchers, jamais je n'ai trouvé le programme aussi facile. On m'a beaucoup félicitée sur ma combativité en me voyant maigrir. Pourtant, ce n'est pas une énergie de lutte qui m'a permis de reperdre aussi rapidement les kilos pris. J'ai été éduquée à la joie par Olivia Vindry, qui a été une clef exceptionnelle dans cette transformation. J'ai aussi été beaucoup plus douce avec moi qu'auparavant, car j'ai beaucoup étudié ce qui m'avait fait échouer : j'avais été trop dure, trop exigeante. Je me rajoutais des règles qui n'étaient même pas imposées par le programme. Si je débordais un peu de ma cagnotte de points, je ne me blâmais plus et je m'y remettais dès le lendemain. Quelques séances d'EMDR avec ma psy, que je n'avais pas vue pendant un long moment, ont aussi constitué un soutien précieux au démarrage. Un autre point essentiel a beaucoup modifié mon rapport au régime Weight Watchers : je n'ai pas sélectionné les aliments selon leurs valeurs en points. En dehors du Coca Zéro que je consommais encore en grande quantité à cette époque, j'ai arrêté d'acheter tout type de produits allégés en sucre ou en matière grasse. Je me suis interrogée sur chaque aliment : est-ce que je l'aimais vraiment ? Est-ce qu'il me satisfaisait ou bien est-ce que je le consommais par habitude ? Je me suis aperçue que je détestais le goût de l'alcool et que j'en buvais plus pour être acceptée socialement que par envie véritable. J'ai donc cessé complètement d'en boire et je n'ai pas repris une goutte depuis. En revanche, j'ai choisi, avec l'aide d'Olivia Vindry, de ne pas exclure tous les aliments gourmands que j'adorais – la chantilly, le fromage, le chocolat, le beurre salé ou le pain – et d'apprendre à les intégrer, car le fait de les évincer lors de mes précédents régimes avait généré beaucoup trop de frustration. Et c'est vers eux que je me tournais avec voracité quand mon moral était moins bon.

Au fond, tous les régimes font maigrir. Mais aucun ne permet de rester mince. Plus ils sont privatifs, plus ils provoquent des retours violents de compulsion. Plus ils sont *control-freak* – ce qui est le cas, en partie, chez Weight Watchers car on passe beaucoup de temps à comptabiliser ce qu'on mange –, plus ils activent les notions d'échec et de réussite qui finissent par détruire l'estime de soi au moindre écart. Si cette énième tentative s'est révélée fructueuse, c'est aussi parce que je me suis reconnectée à mes sensations de faim et de satiété et que j'ai ouvert un espace de tolérance infinie à l'intérieur de moi. Et sans le yoga et la méditation, je n'y serais jamais arrivée…

COMMENT RETROUVER L'ÉQUILIBRE DANS L'ASSIETTE ?

Entretien avec Olivia Vindry

Après avoir passé douze ans dans une agence de publicité, puis cinq ans en tant que manager dans l'industrie de la musique, Olivia Vindry décide brusquement de changer de vie. Elle quitte alors un salaire confortable, un milieu parmi les plus branchés de l'époque, se sépare et déménage avec sa fille de quatre ans. L'urgence : donner un sens à son existence. Elle retombe sur ses cours de philosophie et réagit en voyant une page où le mot « maïeutique » est entouré au stylo rouge, accompagné d'une annotation manuscrite : « Un jour, je ferai ça. » Dans la journée, elle s'inscrit à une formation de PNL – programmation neurolinguistique – et postule pour devenir coach chez Weight Watchers. Aujourd'hui, cette thérapeute spécialisée en thérapie cognitive et comportementale anime plusieurs ateliers hebdomadaires chez Weight Watchers. C'est d'ailleurs là que je l'ai rencontrée en septembre 2016. Olivia ne s'est pas contentée de m'accompagner dans cette réconciliation avec mon corps. En plus d'être une excellente praticienne, elle est hilarante… Un sens de l'humour dont on a infiniment besoin lorsqu'on cherche à retrouver l'équilibre alimentaire.

Comment avez-vous découvert Weight Watchers ?

Je connaissais la marque, car j'avais déjà maigri avec leur programme sans aller régulièrement aux ateliers. À l'époque, le discours et les personnes qui fréquentaient ces réunions me consternaient. Pourtant, aujourd'hui, je ne jure que par Weight Watchers et sa fantastique invention d'atelier hebdomadaire. Désormais, je partage mon temps entre l'animation de ces ateliers et mon activité de thérapeute. Quel que soit le lieu, il me semble que mon travail, dont je raffole, est d'être « un passeur qui accouche les esprits », comme disait Socrate.

Quelles sont les fondations de l'équilibre alimentaire prôné par Weight Watchers ?

Lorsque je parle d'équilibre alimentaire en atelier, je sens les corps se raidir comme si j'allais annoncer une terrible nouvelle, c'est assez marrant. Cela demande du travail, mais c'est tellement agréable ! En équilibrant son assiette, on prend soin de soi, on écoute ses envies et surtout on n'a pas faim. L'équilibre Weight Watchers n'impose rien. Il suggère d'essayer une assiette qui présente à la fois des légumes, des féculents, des protéines animales ou bien des légumes, des céréales et des légumineuses, ainsi qu'une portion de matière grasse d'origine végétale. Au fond, la marque respecte et traduit les grands principes du Programme national de nutrition et santé (PNNS). La question des quantités est un sujet délicat : combien de quoi dans l'assiette par repas et par jour ? Difficile de répondre, car, en imposant une quantité, on ne responsabilise pas la personne dans l'écoute de sa faim, ce qui est essentiel pour un maintien de poids réussi. Ainsi, tous les aliments se comptabilisent chez Weight Watchers sous forme de points, ce qui présente un double intérêt : leur valeur aide à faire les meilleurs choix sur le plan de la santé et ils offrent un cadre pour quantifier en fonction de sa faim.

D'ailleurs, vous corrigez souvent les adhérentes en parlant d'aliments « à satiété » et non « à volonté ». Pourquoi ?

En effet, je ne lâche pas sur ces notions de faim, de rassasiement et de plaisir. Se remettre à entendre qu'on a faim ou qu'on est repu, c'est extraordinaire. Une fois qu'on sait créer et répéter l'équilibre alimentaire dans son assiette, on peut commencer à travailler les comportements et les situations qui mettent en difficulté. Pas avant.

Dans les réunions que vous animez, vous insistez beaucoup sur les solutions plutôt que de laisser les adhérentes ruminer leurs traumatismes passés. J'aime cette approche, car vous n'entretenez pas le statut de victime, vous aidez à focaliser sur les outils. Pouvez-vous m'expliquer cette technique ?

Les alibis constituent l'arme la plus aiguisée des femmes ! On s'invente des films avec une capacité déconcertante afin d'éviter de se remettre en question. Malheureusement, ce procédé ne déculpabilise pas. Qu'est-ce qu'on rit lorsqu'on s'en aperçoit ! Je ne rentre dans aucun plan des adhérentes, c'est mon côté thérapeute comportementaliste. Si vous crevez sur l'autoroute, je me fiche de savoir si c'est un bout de verre, un clou, un morceau de carrosserie ou votre belle-mère qui a provoqué l'accident. L'urgence est d'apprendre à réparer le pneu alors qu'on ne l'a jamais fait avant. Non, ce n'est pas votre mère qui vous a attachée et gavée à ce déjeuner familial ! C'est vous qui êtes partie, mains dans les poches, sans aucune stratégie comportementale pour baisser vos quantités. Il est essentiel d'anticiper les lendemains et les actions à amorcer pour progresser. Lorsque j'accompagne les femmes en atelier, je suis déjà sur « l'après » :

comment les libérer ? Comment les responsabiliser afin qu'elles puissent maintenir leur poids ?

Quels sont les sujets abordés pendant les ateliers hebdomadaires ?

La pluralité des thèmes est incroyable. On peut parler des protéines végétales comme de la gestion des émotions. Le « penser utile » pour agir utile, le regard des autres… autant de sujets essentiels dans un parcours d'amaigrissement. Nulle part ailleurs, on ne trouve ça. D'ailleurs, ce n'est pas un hasard si toutes les adeptes des méthodes les plus débiles ou dangereuses finissent par nous rejoindre. Sans rire, j'en rencontre une petite douzaine par semaine sur les sept ateliers que je coache : c'est colossal.

Pourquoi est-ce si important de se retrouver pour parler de son comportement alimentaire et de son poids ?

Ces ateliers rassemblent surtout des femmes. De tout âge, de toute profession, de toute culture et de tout niveau social. Elles se côtoient le temps d'un atelier par semaine. On oublie qu'on est une avocate assise à côté d'une gardienne d'immeuble. On se retrouve à égalité, avec les mêmes besoins et les mêmes difficultés à gérer des situations alimentaires. La bienveillance et l'entraide offrent une véritable leçon de vie. Progresser ensemble. Oser grâce à l'entraînement positif du groupe. Déculpabiliser. Comprendre. Apprendre. S'inspirer. Casser ses croyances. Gagner en confiance. Dédramatiser en riant. Seule, on s'invente des règles et on se sabote. On démissionne de soi. On remet à plus tard ou jamais. On avance avec sa volonté qui s'essouffle inévitablement. À plusieurs, on progresse à coups de stratégies comportementales. En atelier, ce n'est plus le nombre de kilos à perdre qui compte. Le temps paraît plus court, l'objectif plus facilement atteignable.

Lorsque je venais dans ces réunions, vous m'avez proposé un exercice qui m'a beaucoup marquée. Vous m'avez demandé de réintégrer un aliment adoré – la chantilly, en ce qui me concerne – pour ne plus l'associer à un interdit qu'on ne s'accorde que lorsque tout va mal. Pouvez-vous me parler de cette technique ?

Tout ce à quoi on résiste persiste en pensée. En tant que coach, je suis là pour accompagner les femmes dans leur perte de poids. Mais ce qui m'anime profondément, c'est de les réconcilier avec l'ensemble des aliments de cette planète. C'est en mangeant de tout, et surtout tout ce qu'on aime, pendant son amaigrissement, qu'on maintient son poids à long terme. Pourtant 99 % des femmes croient que le chocolat, le fromage, le pain, etc. font grossir et donc préfèrent les bannir. Elles entretiennent d'autant plus cette idée d'aliments « dangereux » qu'elles les consomment par dépit, uniquement quand ça va mal et donc dans des quantités vertigineuses qui les font regrossir. Tous les aliments font grossir ou maigrir. Certains plus vite que d'autres, compte tenu de leur forte densité calorique, mais tout est une question de quantité. Se réconcilier avec l'ensemble des aliments pour pouvoir à terme les manger avec modération et plaisir, c'est oser l'expérience la plus saine qui soit : déguster ce dont on raffole surtout quand on va bien ! La méthode se déroule en cinq temps. Premièrement, oser se dire : « C'est parce que je vais justement très bien aujourd'hui que je vais m'offrir mon dessert préféré. » Deuxièmement, prendre soin de la qualité et du raffinement de cet aliment. Et oui, autant que ce soit délicieux ! Troisièmement, ne pas jouer avec le feu et choisir, pour commencer, un aliment qui dispose d'un début et d'une fin (une part de tarte et non un paquet de vingt-quatre gâteaux). Quatrièmement, scénariser et esthétiser la dégustation. On dresse une présentation digne de ce nom autour de cette part de tarte et comme, par hasard, on savoure parce que c'est beau. Cinquièmement, savourer devant témoin. En partageant ce moment, on ralentit, on prend conscience qu'il n'y a pas que la tarte qui rend heureux, mais aussi ces autres qui nous accompagnent. Ça marche à tous les coups ! Évidemment, les testeuses perdent du poids, même en ayant dégusté leur part de tarte ou leur morceau de fromage ! À terme, cette expérimentation sensorielle et cognitive fait sortir ces aliments de la zone rouge cataloguée « à risque ». Ils perdent leur attrait irrésistible. On comprend qu'ils ne font pas grossir et que tout est une histoire de quantité ! Comme toute expérience comportementale, seule la répétition régulière permet l'ancrage et la réconciliation.

À votre avis, pourquoi cette tentative Weight Watchers a-t-elle si bien fonctionné pour moi en 2016, alors que j'avais déjà suivi le programme plusieurs fois auparavant et que j'avais toujours fini par reprendre les kilos perdus ?

Je me souviens très bien de votre premier jour à mon atelier. Au dernier rang à écouter religieusement et, « bim », vous avez pris la parole ! Vous nous avez raconté vos différents passages et reprise de poids avec Weight Watchers. Vous nous avez annoncé les raisons de votre présence en partageant votre choc post-attentat et votre retour à un comportement boulimique. Compte tenu des horreurs de ce monde, pourquoi ne pas manger tout ce que vous aimiez comme si c'était la dernière fois que cela vous était proposé ? J'ai senti votre colère et vos peurs et je vous ai dit que vous étiez normale, que vos comportements de « bouffeuse vengeresse » étaient normaux. Vous étiez très troublée et vous nous avez confié qu'on ne vous avait jamais dit ça. Puis votre visage s'est magiquement détendu – signe, pour moi, de vous envoyer un sourire et un clin d'œil qui signifiait : « Au boulot, maintenant ! » Comme de nombreuses femmes en atelier, vous étiez, après un mois de présence, déterminée à continuer de maigrir parce que ça marchait ! Mais dans l'excès : l'obsession des points, l'objectif de vitesse de résultat sur la balance, et le MAIGRIR comme objectif final. Tout ce qu'il faut en fait pour regrossir assurément.

Qu'est-ce qui permet d'éviter ce piège ?

Pour maigrir écologiquement en tant qu'être d'émotions avec une personnalité, un caractère, un style de vie, des peurs et des croyances propres à chacun, il est fondamental de s'accorder le temps de maigrir. Le temps de travailler des comportements reproductibles. Le temps d'observer son corps. Le temps de comprendre son histoire. On ne maigrit pas pour maigrir, cela ne marche pas. Chacune a ses raisons et il est indispensable de les verbaliser. On peut mettre un an ou trois ans à maigrir. C'est même ce qu'il faut pour accepter et vivre la libération progressive. C'est ce que vous avez fait, Lili. Vous vous êtes libérée du simple objectif de poids et je suis certaine que cette renaissance s'est faite avec l'arrivée du kundalini yoga dans votre vie, dont vous parliez en atelier. Vous êtes passée du mode robot à l'éveil de vos sens. Ralentir. Apprécier. Écouter vos besoins.

Douceur. Pureté. Esthétique de l'assiette. Retour à votre essence. La nourriture a pris sa place dans cette nouvelle configuration. Elle n'était plus obsessionnelle, tout comme votre objectif « kilos dégommés ». Elle n'était plus grave, mais importante. Un précieux détail, mais un détail quand même dans votre projet de vie.

Et donc, quels sont les outils complémentaires qui permettent de réussir son projet ?

Tout ce qui va permettre de booster la pleine conscience. L'apprentissage du ralentissement est fondamental pour remplacer le verbe « faire » par « être ». Retourner à soi par la sophrologie, la méditation, le yoga ou toute discipline qui vise l'équilibre entre les intelligences du corps, du cœur et de l'esprit. Le travail cognitif est aussi très important, à l'instar de celui que vous avez expérimenté avec la chantilly. Je le répète souvent, mais il y aura toujours d'autres Noëls, d'autres anniversaires, d'autres dîners encore copains et d'autres gâteaux somptueux. On pourra tout refaire ou acheter à nouveau. Donc savourons au lieu de « bouffer ». Enfin, il me semble important de se faire accompagner dans un travail sur ses émotions pour dérouiller un parcours d'amaigrissement. Se libérer de ses peurs qui participent grandement à l'effet yoyo. La peur du manque. La peur de séduire. La peur de rompre avec l'héritage culturel familial. La peur du regard des autres. Travailler sur l'amour et l'image de soi peut se révéler essentiel. C'est un leurre de croire qu'une fois les kilos perdus, on s'aimera à nouveau ! Tout dépend de l'histoire de chacun. D'autant qu'apprendre à s'aimer accélère la perte de poids. Une thérapie cognitive et comportementale, comme tout autre type d'accompagnement, peut être un outil exceptionnel dans un parcours d'amaigrissement. Et puis, bouger ! Sans même se mettre au sport, bouger reste l'anxiolytique le plus sain de la planète. L'activité physique aide à la réconciliation avec soi. C'est un accélérateur époustouflant dans un parcours d'amaigrissement. Un vrai *booster* de confiance en soi.

7. La découverte du kundalini yoga

« Tu devrais venir prendre un cours de yoga avec ma prof, me répétait mon amie Aurélie depuis des mois. Elle est géniale, je suis sûre qu'elle te plairait beaucoup. Elle est très belle, elle a été mannequin. Et puis on chante des mantras, tu vas adorer. » Je ne voulais pas la vexer, mais les arguments qu'elle avançait avaient tout pour me déplaire. Je n'avais pas du tout envie d'être initiée au yoga par une ancienne top model dont la silhouette longiligne allait forcément me complexer. Et cette histoire de chant me paraissait carrément sectaire. J'avais l'impression qu'elle voulait me traîner dans une réunion de témoins de Jéhovah que je croisais quand j'étais enfant à Orléans, des tambourins à la main et des pancartes antimédicaments dans l'autre. J'avais déjà tenté le yoga des dizaines de fois avec la plus grande volonté d'aimer cette discipline que tous les mannequins me recommandaient quand je les interviewais pendant mes années au magazine *Vogue*. Les femmes qui aimaient et pratiquaient régulièrement le yoga autour de moi étaient sveltes et musclées et je rêvais de faire partie du même club. Malheureusement, en dehors de quelques cours magiques expérimentés en 2006 avec une prof américaine repartie aux États-Unis aussi vite qu'elle était entrée dans ma vie, je m'étais toujours ennuyée profondément sur un tapis de yoga. Pire : la pratique avait tendance à déclencher une réaction électrique dans tout mon système nerveux au lieu de l'apaiser. Rester assise en tailleur me faisait mal au dos et aux genoux.

À chaque fois que j'essayais de faire le vide dans ma tête, la liste des missions que je devais accomplir dans la semaine se déroulait par le menu : prendre rendez-vous chez le gynéco pour un frottis, racheter une ampoule pour la hotte de la cuisine, faire une demande d'interview à un sociologue pour analyser la tendance des objets connectés… Les arborescences se créaient à une telle vitesse dans mon cerveau qu'au moment où les autres élèves réussissaient à faire la posture de l'arbre, les bras levés au-dessus de la tête, le pied posé sur la cuisse opposée, je perdais l'équilibre, égarée dans le chahut de mes pensées.

Je n'arrêtais pas de me comparer aux élèves situées à proximité de mon tapis. Je les trouvais plus souples, plus fermes, plus sportives que moi, ce qui ne faisait qu'accroître mon sentiment de nullité absolue. Pourtant, j'avais vraiment essayé des cours très différents. De l'ashtanga avec une prof qui adorait nous écraser les hanches au sol avec ses pieds en nous disant que nous n'étions toujours pas sorties de notre zone de confort. Du yoga gadget sur des hamacs en tissu. Du vinyasa flow. Du yoga hatha. Du yoga nidra qui me faisait l'effet d'un somnifère instantané… J'étais d'ailleurs incapable de distinguer les disciplines. Je les réunissais toutes dans le même camp. Celui de l'humiliation et de l'expérience de mes propres limitations. Alors, ça avait beau être à la mode, je n'avais pas du tout envie de suivre mon amie Aurélie.

Pour une raison qu'elle ignore elle-même, elle n'a pas lâché. Elle sentait qu'elle devait m'emmener dans ce cours. Elle m'avait vu m'enthousiasmer pour la méditation en pleine conscience que je pratiquais plus ou moins régulièrement avec une application sur mon téléphone – *Headspace* – et elle pensait que j'étais prête pour aller plus loin. Elle était si triste de me voir me noyer dans mon mal-être en 2016 !

C'était l'une des seules amies qui aient perçu chez moi le désespoir que je m'affairais à masquer. Sans doute parce qu'elle avait appris, grâce à sa pratique régulière du yoga et de la méditation, à être attentive à ses propres émotions. Convaincue que ça allait me plaire, elle a insisté du mois de février jusqu'en août. Un peu gênée, j'avais l'impression que mes refus chroniques pourraient finir par être interprétés comme de l'impolitesse. J'adorais cette femme qui m'inspirait beaucoup et notre amitié naissante m'était devenue indispensable. J'ai donc décidé d'aller tester un cours à mon retour de vacances d'été, pile le lendemain de ma réunion avec Olivia Vindry chez Weight Watchers.

Le cours se déroulait dans un nouveau club de yoga très élégant où tout le réseau de la mode et de la beauté que j'avais fréquenté pendant une quinzaine d'années semblait réuni. Situé Rive gauche, à l'épicentre de la bourgeoisie parisienne, l'espace délicatement parfumé n'avait rien en commun avec mes préjugés sur les sectes et autres mouvements spirituels. Cela n'était pas pour me déplaire. Je m'étais toujours vantée de ne croire en rien, ni en Dieu ni en l'invisible. Je me méfiais de tous les signes de culte, car je considérais la foi comme une énorme arnaque qui empêchait les êtres de faire preuve de libre arbitre afin de se libérer. D'ailleurs, je tenais les religions pour responsables de tous les maux de la société. J'étais là pour faire plaisir à Aurélie. Et j'espérais bien, au passage, me muscler un peu. Au pire, si l'expérience était catastrophique, j'en ferais un article hilarant sur mon blog. Je n'attendais rien. Et c'est probablement pour cela que les miracles sont apparus.

Je suis arrivée en retard et je me suis installée au fond de la salle en essayant d'avoir l'air aussi à l'aise que les autres élèves installées sur leur coussin de méditation. Caroline Benezet, l'enseignante, était assise en tailleur, entièrement vêtue de blanc. Aurélie n'avait pas menti : l'extraordinaire beauté de Caroline rayonnait dans l'espace. Pourtant, elle n'était pas très en forme ce jour-là et portait sur le visage ce que les Portugais et les Brésiliens appellent « saudade », un mélange de tristesse, de nostalgie et de besoin d'ailleurs. « La colonne est bien droite, les épaules sont relâchées, la respiration se passe par le nez, les yeux sont fermés et la concentration est centrée sur le troisième œil, au point entre les sourcils », nous a-t-elle dit. Il y avait déjà tellement d'informations à suivre qu'il m'était impossible de réfléchir. Sa voix était douce, mais suffisamment autoritaire pour que je veuille bien me soumettre à ses ordres. « On va commencer par ouvrir l'espace en chantant trois fois le mantra *Ong Namo Guru Dev Namo* qui signifie “je m'incline face à l'infinie sagesse qui est à l'intérieur de moi et je m'incline face au processus qui me permet de passer de l'ombre à la lumière par transparence”. Si vous ne connaissez pas le mantra, écoutez-le une première fois, puis joignez-vous au groupe. » J'avais toujours éprouvé un grand plaisir à chanter, je n'étais pas embarrassée à l'idée d'utiliser ma voix. Je ne soupçonnais pas la puissance émotionnelle et apaisante d'un chant aussi simple en groupe.

Le cours a commencé et Caroline a demandé que nous gardions les yeux fermés. Elle parlait d'ouverture du cœur, de s'installer dans son centre, de sentir son ancrage dans le sol et ses antennes au-dessus du crâne s'étirer vers le ciel. Tous ses mots me paraissaient exotiques. D'une terre inconnue. « Attrapez les genoux et commencez à faire de grands cercles », a-t-elle ajouté avant de lancer un morceau rythmé par des percussions. Impossible de résister :

j'ouvris un œil pour regarder les autres élèves. Ils ondulaient tous leur colonne avec une souplesse étonnante. La mienne avait bien du mal à suivre ces oscillations, mais je décidai de garder les yeux fermés comme Caroline le demandait. J'essayais de garder le regard tourné vers le point situé entre mes sourcils. La mélodie me plaisait, j'avais envie de sourire malgré l'impression de rouille autour de mes lombaires. « Attrapez la cheville et le tibia devant vous, inspirez et sortez la poitrine, expirez, arrondissez le dos. » Je m'exécutai. La musique avait encore changé. Une voix murmurait des mantras accompagnés de violon. L'association des mouvements de mon dos, de ma concentration portée sur le troisième œil, de la chaleur qui grimpait le long de ma colonne et du chant que j'entendais m'offrait une sensation nouvelle : j'étais pleinement présente. Je ne pensais pas. Or cela ne m'arrivait jamais. « Inspirez profondément par le nez, retenez le souffle, serrez périnée, anus et nombril. Restez au troisième œil, n'allez pas ailleurs. » L'apnée à poumons pleins durait quelques secondes à la fin de chaque exercice. « Expirez ! » Une vibration me traversa. Un léger frisson. Un pétillement. Comme si mes cellules étaient soudainement devenues des bulles de champagne. « À présent, on va faire les pattes de lion avec la respiration du feu. » Assis en tailleur, il fallait croiser les bras au-dessus de la tête, en ayant les doigts aussi courbés que des griffes de félin tout en adoptant une respiration très puissante. Chaque expiration exigeait qu'on tire le nombril vers la colonne, puis qu'on le relâche à l'inspiration. Le tout à un rythme très rapide. Dès la première minute, je sentis une douleur intense dans mes épaules et mes omoplates. J'avais le haut du dos voûté et cette posture m'obligeait à ouvrir la cage thoracique et redresser mon dos. La douleur s'intensifia. J'ouvris un œil pensant voir tous les élèves les bras baissés, aussi découragés que moi. Pourtant, leurs mouvements restaient légers. On aurait dit des oiseaux en train de prendre leur envol. J'étais fascinée. Je décidai d'essayer de tenir un peu plus. Une respiration après l'autre. La joie s'empara de mon corps tout entier. Je me voyais en train de danser accompagnée d'une ligne d'Indiennes costumées. La douleur semblait avoir disparu, pourtant mes bras continuaient à s'agiter. « Inspirez, retenez le souffle, serrez périnée, anus, nombril. Relâchez ! » Une fois allongée pour récupérer après cette posture, une vague apaisante me submergea. J'avais bien conscience que j'étais dans un cours de yoga. Je ne me sentais ni sous hypnose ni en train de rêver. J'étais plus vivante que jamais. À la fin du cours, après de nombreuses postures très actives, nous avons chanté des mantras dans un dialecte ancien. Caroline Benezet a rapidement traduit le texte. Il était question d'authenticité véritable, d'être dans sa vérité, de saluer la lumière en nous… J'étais heureuse de chanter, sans m'inquiéter de sonner faux, car le volume de la sono était suffisamment fort pour couvrir ma voix. J'étais si émue d'entendre les élèves faire l'effort de chanter ! Mon cœur semblait avoir grossi. J'étais galvanisée. Pendant la relaxation, Caroline joua du gong et j'eus l'impression que l'énergie du son pénétrait chacune de mes fibres. C'était ahurissant. Pendant une heure et demie, je n'avais pensé à rien d'autre qu'à occuper l'instant présent. Quel repos pour mon mental asphyxié…

En sortant, je suis allée voir l'enseignante pour lui poser quelques questions. J'avais besoin de comprendre quels étaient les tours de magie qui lui avaient permis d'obtenir un résultat pareil sur mon cerveau habituellement si occupé. Elle ressemblait à un félin méfiant qui observe avec distance ce qui se déroule sous ses yeux, avant de choisir de partir ou d'attaquer. Elle avait déjà rencontré de nombreuses journalistes venues assister à ses cours, qui avaient beaucoup caricaturé leur expérience dans leurs articles. Déjà dix ans qu'elle introduisait dans l'ombre cette pratique sacrée auprès d'élèves engagés. Un grand nombre avait d'ailleurs trouvé l'inspiration de se former à l'enseignement après avoir découvert le kundalini yoga avec elle. Elle n'avait visiblement pas envie d'être réduite à une tenue blanche et un turban par la blogueuse que je représentais à ses yeux. Elle m'a offert des explications assez vagues et a plutôt tenté de me faire parler de mon ressenti sans le juger. Malgré sa réticence à me répondre, je suis sortie du cours sur un nuage. Je ne marchais pas rue du Cherche-Midi, je volais. Je me sentais protégée par un bouclier invisible. Je souriais à tous les passants que je croisais dans la rue. Plus rien ne pourrait m'arriver, je me sentais invincible.

Sur le chemin du restaurant dans lequel j'avais rendez-vous, je suis tombée par hasard sur une femme que je n'aimais pas beaucoup. Une personne qui avait toujours été d'une grande agressivité passive envers moi. Sans en avoir l'air, elle avait toujours le don de me dire des vacheries enrobées dans un compliment. Je ne pouvais plus l'éviter car elle m'avait aperçue de loin avec mon sourire d'illuminée. Elle est arrivée pour m'embrasser. Nous nous sommes saluées brièvement. Rien ne pouvait entamer ma joie. Ni elle ni personne. « Tu sors d'un soin visage ? T'as fait un truc à ta peau ? T'as l'air en super forme, c'est fou ! » m'a-t-elle demandé, interloquée. « Non, c'est juste que je me sens bien », ai-je répondu. Et je me suis aussitôt extirpée de cet échange en inventant que j'étais en retard. J'avais le cœur qui battait très vite, comme si je venais de tomber amoureuse. Cet état ne m'a pas quittée pendant deux jours.

Le soir de ce cours, j'étais invitée à dîner par la bande d'amis proches avec lesquels j'avais passé l'été. L'occasion de se raconter cette première semaine de rentrée et de découvrir le petit film que l'un de nos copains avait tourné pendant nos promenades dans les Cévennes. Je n'ai révélé à personne que je m'étais réinscrite chez Weight Watchers et je n'ai pas parlé du cours de yoga que je venais d'expérimenter. C'était trop frais et trop intime, je voulais garder tout ça pour moi. Une de mes amies a cependant remarqué que j'avais changé de visage en l'espace d'une semaine, comme si quelque chose s'était soudainement décrispé. À la fin du repas, nous nous sommes tous serrés dans le canapé pour regarder le film d'Antonin. On s'est attendri devant les adorables bouilles de nos enfants en train de jouer dans l'eau. On a ri en revoyant nos plongeons acrobatiques au bord de la rivière. Je retrouvais ces paysages que j'aimais tant, les montagnes, la rivière sur les pierres chaudes, les châtaigniers sous lesquels se cachent les sangliers la nuit, le son des cigales dans les oliviers, les gouttes de sueur qui s'écoulent le long de la colonne vertébrale quand il faut quitter la baignade le soir et remonter les bras chargés d'enfants vers la maison. Je reconnaissais les expressions de chacun, les démarches titubantes de ceux qui commencent à boire du rosé dès 11 heures du matin, le dos voûté des plus grands sous la pinède, les petits seins toujours nus d'Alexandra, la guitare dans les mains de mon mari… mais qui était cette femme âgée au milieu de notre bande ? J'ai mis plusieurs secondes à comprendre que cette silhouette étrangère était la mienne. C'était la première fois que je me voyais depuis des mois. J'avais tellement pris l'habitude d'éviter les miroirs, de m'observer avec des filtres Snapchat sur le visage ou d'orienter mon téléphone de manière à m'amincir que je ne me reconnaissais pas. J'étais sidérée par ce que mes yeux découvraient. Même ma manière de danser avait changé. Mes mouvements avaient perdu leur liberté originelle. Je venais de fêter mes quarante ans et j'avais l'air d'une grand-mère. Ce n'était pas mon poids qui me donnait cette allure si âgée. C'étaient mes épaules en avant, mon dos en carapace de tortue, mon visage tendu à l'idée que l'on me voie. J'étais sidérée.

À présent que je pratique quotidiennement, je sais que je n'ai pas découvert cette vidéo par hasard le soir de ce premier cours de kundalini yoga. Le réveil souterrain de ma joie intrinsèque avait permis de m'accompagner dans ce visionnage. J'étais prête à me voir telle que j'étais devenue. Cela aurait probablement constitué un choc trop intense quelques jours plus tôt, compte tenu du déni dans lequel je me trouvais. J'avais avalé l'antidote pour pouvoir regarder la réalité telle qu'elle était.

La semaine suivante, je me suis inscrite dans un cours de danse hip-hop. J'avais toujours rêvé de savoir danser comme Beyoncé et je m'étais fait la promesse de ne plus jamais faire un sport que je détestais. J'avais tenté pendant vingt ans d'aimer la gym, les abdos fessiers, le *step* et la zumba. Toutes ces disciplines m'exaspéraient au bout de cinq minutes. J'avais pourtant fait défiler les coachs à domicile, plus sympas les uns que les autres, j'avais tenté la piscine municipale à 7 heures du matin avant l'ouverture aux groupes scolaires, je m'étais ruinée à faire du Pilates sur machine, j'avais aussi tenté la danse classique pour adultes : rien ne m'avait jamais rendue accro, à mon grand désespoir. J'en avais conclu que je n'étais pas sportive – ça tombait bien puisque le sport n'avait jamais été valorisé dans ma famille. On préférait que j'aie des bonnes notes et que je sache jouer du piano plutôt que je sache faire la roue. Ma mère aurait aimé que j'apprenne à jouer au tennis pour pouvoir fréquenter un milieu social en opposition avec la misère qu'elle avait connue enfant, mais j'étais encore plus désespérante une raquette à la main que sur un terrain de football…

Encouragée par Olivia Vindry, l'animatrice de mes réunions Weight Watchers, je me suis décidée à m'écouter et à aller au bout de mon envie. Je suis donc allée pendant quelques mois apprendre des chorégraphies dans une salle de danse le jeudi soir, tout en continuant à me rendre aux cours de yoga de Caroline Benezet. J'aimais beaucoup le hip-hop, mais, sans m'en rendre compte, j'ai commencé à trouver de l'espace dans mon emploi du temps pour aller deux fois par semaine au yoga en plus de la danse. Au bout de deux mois, j'éliminais encore un déjeuner professionnel hebdomadaire pour passer à une fréquence de trois cours par semaine. Un an plus tôt, j'avais essayé de déjeuner avec une amie dingue de kundalini qui ne trouvait aucune disponibilité pour moi, car elle avait yoga presque tous les jours. Elle me proposait un petit déjeuner ou un dîner à la place. Cela m'avait exaspérée. À l'époque, je m'étais dit : « Elle peut aller au yoga tous les jours, mais elle n'a plus le temps de me voir alors qu'on ne s'est pas vues depuis des mois ! C'est quand même fou d'entretenir une addiction qui te coupe de ton entourage ! » En seulement deux mois, j'étais devenue la même. Les cours de Caroline me faisaient tellement de bien que, si j'en avais eu les moyens et le temps, j'y serais allée quotidiennement. Tout mon emploi du temps s'organisait à présent selon le planning de ses cours. J'aimais danser, malgré une coordination très approximative, mais je préférais les bénéfices du kundalini sur mon état général. J'ai donc décidé de renoncer au hip-hop en janvier 2017 pour pouvoir aller au yoga quatre fois par semaine.

En un trimestre de cours réguliers, les bénéfices étaient si grands que je n'arrivais plus à les compter. Les premières semaines, j'ai été frappée par l'euphorie à la sortie de chaque cours. Au fur et à mesure, j'ai été traversée par d'autres émotions. Le mouvement répétitif des muscles associé aux respirations intensives par le nez, ainsi qu'au chant et à la concentration sur le point entre les sourcils, m'ouvrait les portes d'un nouveau monde. Je pouvais entrer à l'intérieur de moi-même, observer tout ce qui s'y trouvait, le meilleur comme le pire, la joie mais aussi les peurs enfouies, les chagrins inconsolables, la honte... Étrangement, à chaque fois que je réussissais à identifier un blocage, il s'évaporait dans la vapeur de mes expirations. Jamais je n'avais fait l'expérience d'une thérapie aussi efficace.

Mon corps s'est métamorphosé au fil des séances, gagnant en souplesse, en tonicité et en muscle. Néanmoins, cela me semblait anecdotique comparé à ce qui se jouait en profondeur. J'avais enfin trouvé l'activité que j'avais toujours cherchée.

COMMENT FONCTIONNE LE KUNDALINI YOGA ?

Entretien avec Caroline Benezet

Elle a donné à plusieurs dizaines d'élèves, dont je fais partie, l'envie de se former à l'enseignement de cette pratique. Car Caroline Benezet a un don : elle sait instantanément se brancher sur la fréquence de sa conscience supérieure et embarquer ses élèves en voyage avec elle. Avec beaucoup de subtilité et une grande modernité, elle injecte de la spiritualité dans le quotidien d'urbains qui l'avaient complètement exclue de leurs vies. Ancien mannequin, installée à New York dans les années 1990, Caroline Benezet découvre ce yoga à l'âge de vingt-sept ans. À l'époque, elle se sent blasée et s'ennuie. La rencontre avec cette pratique lui fait l'effet d'un choc. Très vite, elle s'arrange pour prendre trois à quatre cours par semaine. Quelques années plus tard, elle se forme et passe son niveau un aux États-Unis. Elle devient prof et enseigne chez elle, à Brooklyn. De retour en France, elle entame le cycle du niveau deux en 2010 et se met deux ans plus tard à organiser des retraites de kundalini yoga à l'étranger. En plus de faire partie des enseignantes qui m'inspirent le plus, Caroline est aussi devenue mon amie. Nous avons une connexion particulière qui nous lie. Il suffit que nous pensions l'une à l'autre pour que chacune reçoive le message que nous souhaitions livrer. Dans cet entretien, elle répond aux questions que suscite cette pratique si singulière.

Un souvenir de ton tout premier cours de kundalini yoga à New York ?

C'était en 1997. Je me souviens que j'avais les sens complètement anesthésiés à cette époque. J'étais en conflit avec ma mère et je souffrais beaucoup. Je m'intéressais aux liens entre mythologies et religions à travers la lecture de l'œuvre de Joseph Campbell. Je lisais aussi Thich Nhât Hanh, le moine bouddhiste fondateur du village des Pruniers en France. Mais mon activité spirituelle se limitait à la lecture. Un jour, une de mes amies m'a recommandé de l'accompagner à un cours de kundalini yoga. La salle était située à trois blocs de chez moi à Soho. Je l'ai suivie et cela a transformé ma vie. J'ai eu la sensation d'être un sablier retourné un coup à l'envers, un coup à l'endroit. J'ai immédiatement ressenti de l'amour, du bien-être, de la confiance et du soutien à travers les exercices. Même si j'ai trouvé cela très difficile sur le plan physique. J'avais du temps entre les séances photo, donc j'ai commencé à m'y rendre trois, puis quatre fois par semaine.

Comment cette pratique est-elle arrivée en Occident et pourquoi est-elle devenue si populaire ces dernières années ?

En 1969, un maître appelé Yogi Bhajan a quitté son Inde natale pour s'installer aux États-Unis. Il s'est mis à enseigner un yoga dont aucun Américain n'avait entendu parler auparavant : le kundalini yoga. Cette technique est issue de pratiques très anciennes qui se transmettaient de manière secrète. Elle puise ses origines dans le Raj Yoga, le yoga réservé aux rois, mais pas seulement. À la fin des années 1960, Yogi Bhajan a l'intuition qu'il est temps de démocratiser ces outils afin de former des enseignants et ainsi de préparer les femmes et les hommes aux grands changements sociétaux qu'il pressent. Lorsqu'il commence à enseigner le kundalini yoga en Californie, il rencontre beaucoup de jeunes hippies en quête de sens qui font un usage immodéré de substances (marijuana, acide, etc.). Yogi Bhajan leur prouve qu'une autre voie est possible, sans drogue ni effets secondaires pour leur santé. Les résultats sont si rapides qu'il aimante des centaines d'étudiants qui suivent son enseignement à la lettre. Ses élèves se mettent alors à archiver tous ses cours. Ils enregistrent ses conférences et créent les livres, ainsi que les méthodes d'enseignement qui permettront de transmettre ce yoga au plus grand nombre. À l'époque, l'enseignement est très intense. Les professeurs qui ont connu cette période racontent qu'il n'était pas rare de tenir des postures dynamiques pendant deux heures et demie d'affilée. Dans les années 1970, le système nerveux était très chargé. On n'enseigne plus avec la même intensité aujourd'hui, car les besoins sont différents. Ces outils nous permettent de devenir entièrement responsables de nos vies et d'accéder à un niveau d'authenticité dont on a particulièrement besoin, dans cette époque de changements que Yogi Bhajan avait annoncés cinquante ans à l'avance. Plus l'époque est violente, mouvante, plus on a besoin de stabilité et de confiance intérieures. C'est ce que le kundalini yoga nous offre et c'est pourquoi il a autant de succès de nos jours.

Ce yoga est très différent du yoga hatha, de l'ashtanga ou du vinyasa, même s'il utilise des postures communes à toutes ces pratiques. Comment fonctionne-t-il ?

Le kundalini yoga est une pratique qui stimule le système nerveux, le système immunitaire et le système endocrinien à travers l'activation de glandes comme la glande pituitaire, la glande pinéale, le thymus, les surrénales… On dit que c'est le yoga de l'éveil. Il permet de libérer l'énergie vitale située en bas de la colonne vertébrale – la fameuse *kundalini* – afin de la mettre au service de la créativité et de déployer son plein potentiel. Les cours commencent généralement par des exercices de respiration – pranayama – afin de s'entraîner à s'installer dans son « centre », au-delà des pensées limitantes. Puis, après un échauffement qui déverrouille la colonne vertébrale, on passe à des mouvements physiques intenses qui harmonisent toutes les polarités dans le corps, de gauche à droite, de haut en bas… On agite son corps pour neutraliser le mental et se libérer de toutes les couches qui nous encombrent. Une fois le mental neutralisé et le système nerveux apaisé, on peut méditer en silence ou en chantant des mantras qui eux-mêmes agissent sur les méridiens.

Qu'est-ce que tout cela induit ?

La sécrétion physiologique de notre système glandulaire nous donne accès à une autre réalité. Ce n'est pas une vue de l'esprit, c'est de la chimie. La perception de tout ce qui nous entoure évolue au fil des cours. On prend de la distance avec les situations, on cesse de s'identifier à elles ainsi qu'à nos émotions négatives. Progressivement, on se sent relié à tout ce qui nous entoure et l'idée même de séparation entre les êtres ou avec la nature disparaît. J'adore travailler avec la glande pituitaire située derrière le chakra du troisième œil, siège de notre conscience, car elle fait le lien entre le corps et le mental. Elle nous emmène à la découverte du soi intuitif. Le thymus, qui atteint sa taille maximale à la puberté, est capital pour le système immunitaire. Or les yogis ne cessent de l'entretenir à travers les postures. Quant aux surrénales, elles nous relient à notre lignée, à la famille ; mais aussi à la psyché. La pratique du kundalini yoga va donc avoir des effets perceptibles et rapides.

Tu as beaucoup pratiqué le yoga vinyasa. Tu es formée à l'enseignement du yin yoga que tu partages avec tes élèves pendant tes retraites. À qui s'adresse le kundalini yoga ?

À tous ceux qui ont envie de s'engager dans un travail sur soi. Cette pratique ne permet pas de contourner le développement personnel et tout le monde n'est pas forcément prêt à identifier ses ombres ni à les accueillir telles qu'elles sont. Il faut donc respecter son propre rythme et avoir une approche graduelle. Il arrive parfois que certains se jettent dans le kundalini yoga et en fassent une nouvelle addiction. Elle est évidemment plus saine que le tabac, l'alcool ou la drogue, mais l'idée n'est pas de dépendre de ce yoga pour aller bien. Il s'agit plutôt d'apprendre à reconnaître sa joie à chaque instant. De toute façon, la technique de ce yoga est tellement sophistiquée qu'elle finira par laisser murmurer les énergies non résolues à un moment ou un autre, y compris la dépendance à la pratique.

Ce yoga alimente beaucoup de fantasmes. Certains magazines prétendent que les effets d'un cours sont proches de l'orgasme. Comme c'est un yoga tantrique qui agit sur les polarités, cela génère beaucoup de confusion et certaines personnes s'imaginent que c'est un yoga sexuel. Comment faire le tri dans tout ce qui est dit au sujet du kundalini yoga ?

Cette pratique travaille sur l'énergie vitale de la kundalini. C'est l'énergie sexuelle qu'on vient ici transmuter en énergie créative. C'est effectivement un yoga tantrique, mais ce mot est mal compris par les Occidentaux. Le tantra sexuel ne représente qu'un pour cent de la pratique tantrique. Et ce dont on parle ici, avec le kundalini yoga, en est très éloigné. Lorsqu'on est amoureux, il n'est pas rare de remarquer qu'on a beaucoup d'énergie et d'idées. On devient très créatif. L'idée, avec le kundalini yoga, c'est d'utiliser cette énergie pour tomber amoureux de la vie.

Entre les images de Yogi Bhajan, qui était sikh et portait un turban, celles de certains cours où tous les élèves sont habillés en blanc et celles des enseignants qui portent également un turban, le kundalini yoga peut paraître sectaire. Si on ajoute les mantras qui sont chantés en gurmukhi ou en sanskrit, il y a de quoi effrayer un grand nombre de gens. Comment s'assurer qu'il ne s'agit pas d'une secte ?

Je m'habille en blanc depuis que je suis toute petite. Je suis née à Paris, mais j'ai grandi en Camargue. C'était très naturel de porter des robes blanches dans le Sud lorsque j'étais enfant et je n'en ai jamais perdu l'habitude. Le blanc me fait du bien. Il nourrit mon champ électromagnétique. Si je ne me sens pas en forme, le blanc va instantanément m'alléger, alors que les couleurs plus sombres comme le noir vont absorber toutes les énergies alentour. On peut en faire l'expérience au soleil : le tissu noir va rapidement chauffer alors qu'une étoffe blanche va rester fraîche et avoir un grand pouvoir de réflexion. Certains profs ont appris à enseigner en blanc. D'autres non. Quant au turban, son usage dépend de la sensibilité de chacun. Je ne le porte pas pour aller faire mes courses, mais, lorsque j'enseigne, j'en ai besoin pour tenir l'espace. Il m'aide à me concentrer. J'aime avoir la tête enlacée, sinon je me sens désorientée. Mais ce ne sera peut-être pas toujours le cas. Je l'utilise comme un outil, un peu comme un chanteur avec son micro. La tenue blanche ou le port du turban ne sont pas des critères qui permettent d'évaluer la qualité d'un enseignant ni de détecter un mouvement sectaire. Il faut, en revanche, en tant qu'élève, bien travailler son ancrage et garder son discernement. C'est ce qui nous permet de détecter la moindre tentative de manipulation. Cela dans les cours de yoga comme dans toute pratique de développement personnel. Enfin, concernant les mantras, ils viennent d'Inde, ce sont des héritages très anciens et, quand on se retrouve avec des étrangers venus du monde entier, on parle le même langage. Le mantra nous permet d'être dans l'universalité.

Le kundalini yoga n'est pas une religion. Pourtant, je suis parfois gênée par le culte de la personne de Yogi Bhajan, qui me semble aller à l'encontre des principes fondateurs de ce yoga, à savoir qu'on s'incline uniquement devant l'infinie connaissance nichée à l'intérieur de nous, devant notre propre capacité à passer de l'ombre à la lumière, devant notre propre essence divine et non devant un maître extérieur à nous-mêmes. Qu'en penses-tu ?

Je n'ai pas connu Yogi Bhajan, qui est mort en 2004. Pourtant, j'aurais pu le rencontrer à plusieurs reprises lorsqu'il était de passage à New York et que j'y vivais. Ce n'était pas la même époque. On n'était pas encore dans l'ère de la communication et du partage des informations. Je crois que le fait de ne pas avoir reçu son enseignement par voie directe m'a offert une grande liberté dans ma manière d'aborder le kundalini yoga. Tous ceux que j'ai rencontrés et qui l'ont bien connu parlent de lui comme d'un maître qui était capable de canaliser avec une puissance unique. Néanmoins, on m'a aussi raconté qu'il n'a jamais organisé de culte autour de sa personne. Ce n'est pas ce qu'il enseignait. Reste à trouver l'équilibre entre la gratitude pour l'héritage inestimable qu'il laisse derrière lui et l'idolâtrie qui ne correspond pas à la pratique.

8. Une ère nouvelle

Quelques mois de cours assidus de kundalini yoga et de réunions Weight Watchers où je me rendais religieusement chaque mardi avaient suffi à métamorphoser complètement ma silhouette. J'avais perdu les kilos en trop en moins de quatre mois avec une facilité surprenante. J'étais fascinée par le nouveau dessin de mon ventre et de mes bras. Je me prenais d'ailleurs beaucoup en photo à moitié nue dans ma salle de bains pour ancrer ces images dans mon cerveau. C'était encore difficile à croire, il fallait parfois me pincer. J'avais, comme à chaque régime, retrouvé du plaisir à m'habiller et à me préparer le matin. Pourtant, contrairement aux précédentes tentatives, je ne me sentais plus en lutte avec mon appétit ou mes pulsions. Je ne ressentais aucune frustration. J'étais nourrie par les découvertes que je faisais pendant mes cours de yoga. Plus je progressais physiquement, plus mon chagrin et mes peurs enfouies émergeaient à la surface et se désintégraient pendant les phases de méditation. Jamais je n'avais expérimenté un travail thérapeutique aussi profond. Et tout se passait en silence, à travers mon corps. Néanmoins, je n'osais pas crier victoire. C'était si soudain ! Cela ne pouvait pas être aussi simple ?

Parallèlement à ma métamorphose physique et émotionnelle, je commençais à prendre confiance en moi professionnellement. La panique des débuts de ma société se muait en une excitation permanente. C'était le mois de février 2017, ma petite entreprise avait moins d'un an et les projets affluaient. J'étais beaucoup plus active sur mon blog et sur les réseaux sociaux, ce qui attirait l'attention de nombreuses marques souhaitant collaborer avec moi, tandis que je continuais à écrire beaucoup de dossiers de presse pour des maisons de luxe. J'avais gagné suffisamment d'argent pour réaliser un vieux rêve : partir seule à New York pendant dix jours enquêter sur toutes les tendances du moment. J'allais régulièrement à Manhattan pour le travail, mais toujours dans un contexte professionnel qui me laissait peu de temps pour humer l'air de la ville. Et puis, je ne m'autorisais jamais à laisser ma fille sans raison « valable ». Cette fois, je ressentais une urgence. Il fallait absolument que je fasse ce voyage seule. Je me suis loué un appartement pour la semaine, j'ai pris contact avec toutes les journalistes et les influenceuses new-yorkaises qui m'inspiraient pour qu'elles m'indiquent les nouveaux lieux à voir. J'ai appelé mes amies installées sur place et j'ai préparé mon enquête sans savoir ce que j'allais trouver. Au mieux, j'espérais dénicher une idée de grand dossier beauté pour *M le magazine du Monde* pour qui j'écrivais encore ponctuellement à l'époque. Au pire, j'aurais plein d'histoires et d'articles à faire partager sur mon blog et sur Instagram.

La question que j'avais posée à tout mon réseau new-yorkais était simple : quelles étaient les nouvelles adresses – restaurants, magasins de mode, espaces beauté ou bien-être, boutiques déco et lieux culturels – qui avaient récemment ouvert et que je devais tester ? Chacune de mes amies m'avait renvoyé une liste détaillée. Certaines avaient même demandé à tous les chefs de rubrique du magazine où elles travaillaient de les aider à me rendre une réponse exhaustive. Deux ans plus tôt, j'avais passé plusieurs jours à enquêter sur la manière dont les New-Yorkaises géraient leur rapport au vieillissement pour le magazine *M*. Je connaissais très bien cette ville et ses obsessions cosmétiques. Son énergie positive communicative, mais aussi son appétit insatiable pour le pouvoir, l'argent et la jeunesse éternelle.

Les premiers e-mails m'ont beaucoup surprise. On m'y parlait de studios de méditation à tous les coins de rue, de nouveaux espaces pour pratiquer du yoga, de bains de gong et de cafés où l'on organisait des cercles de parole. Donald Trump venait tout juste d'être élu et j'ai compris en atterrissant à l'aéroport John-Fitzgerald-Kennedy que l'atmosphère de la Grosse Pomme avait drastiquement changé. Les habitants étaient tous en état de choc. Parmi mes contacts, des femmes qui n'avaient jamais manifesté de leur vie sortaient désormais dans la rue chaque week-end pour défendre le droit des immigrés menacés d'exclusion. D'autres étaient devenues de ferventes militantes féministes. Des groupes se formaient ici et là pour discuter et débattre de politique. Une amie avait créé en quelques jours une ligne de cartes postales élaborées par des artistes souhaitant défendre la planète et lutter contre le climatoscepticisme du gouvernement en place. Personne n'arrivait à accepter les images diffusées par la Maison-Blanche. Encore moins les déclarations de leur président fraîchement élu. Même mes relations les plus obsédées par la mode et la beauté n'avaient plus envie de bavarder de ces sujets légers. D'un seul coup, tout le monde cherchait un sens à cette élection. Une direction à son existence. Du soutien pour traverser l'avalanche quotidienne de fake news.

Malgré l'atmosphère plombée, je me réjouissais et me prêtais volontiers aux expériences que l'on m'avait recommandées. En dix jours, j'ai pris quinze cours de yoga dans des studios différents, expérimenté deux espaces dédiés à la méditation en pleine conscience, pris un cours de gym tonique spirituelle, testé à peu près tous les nouveaux restaurants végétariens dans lesquels les New-Yorkais se ruaient, rencontré des thérapeutes holistiques de toutes sortes, assisté à plusieurs séances de « sonothérapie »... Dans les commerces, y compris dans des boutiques de mode sophistiquées, je repérais à la caisse des kits avec un cristal attaché à un bouquet de sauge séchée, pour méditer les soirs de pleine lune. Dans les magasins de décoration, les motifs graphiques minimalistes avaient disparu au profit de croissants de lune, d'yeux gigantesques et de constellations d'étoiles. Les références à la sorcellerie se multipliaient dans tous les rayons, de la licorne pour les enfants aux coffrets chamaniques dans les rayons cosmétiques. On n'allait plus voir de nutritionnistes sévères pour surveiller son alimentation, mais on faisait à présent confiance à des naturopathes, des guérisseuses et des médiums pour prendre soin de sa peau. Est-ce que c'était moi qui cherchais à voir tous ces signes ou est-ce que la métamorphose qui s'opérait en moi n'était que l'épiphénomène d'un changement de paradigme plus global ?

Intriguée par ma transformation ainsi que par les mouvements ésotériques qui émergeaient ici et là, mon amie new-yorkaise Emily a eu envie de me suivre dans mes pérégrinations spirituelles. Elle était à la fois curieuse et méfiante. Le soir de la Saint-Valentin, nous avons réservé un cours de kundalini yoga dans un vieux studio Midtown. Je suis arrivée un peu avant elle dans un bâtiment qui ressemblait à un grand building rempli de banquiers. Au dix-huitième étage, un long couloir étroit éclairé aux néons menait à une petite porte derrière laquelle se cachait le fameux studio. Une jeune femme enturbannée, entièrement vêtue de blanc, assise en lotus sur un tabouret à roulettes, me salua d'un *Sat Nam* (mantra qui signifie « véritable identité » et que l'on chante trois fois à la fin d'un cours de kundalini yoga). J'étais en train d'observer tous les détails déco de l'espace – macramé, franges de coton et dégradé *tie & dye* – lorsque la jeune femme me demanda si j'avais quelque chose pour me couvrir la tête. Je n'avais ni foulard ni turban dans mon sac, je n'en portais jamais. « Nous allons faire une méditation très intense ce soir, vous devez absolument porter quelque chose sur votre tête pour rester bien ancrée, nous vendons ces foulards blancs à un dollar si vous ne trouvez pas d'autre solution. » J'étais surprise : c'était la première fois qu'on me faisait une demande pareille ! Je ne trouvais pas ça très en phase avec les valeurs de liberté du kundalini yoga, mais je me suis soumise à la règle sans discuter. J'étais confuse d'avoir embarqué mon amie Emily dans ce traquenard et je me demandais comment elle allait réagir une fois sur place. En attachant mon carré de tissu blanc derrière la nuque, je commençais à avoir un peu peur : que voulait dire la jeune femme par « méditation intense » ?

Je suis entrée dans la salle de yoga aussi rassurée qu'avant un grand huit dans un parc d'attractions et j'ai découvert une pièce couverte de moquette élimée sur laquelle une centaine de personnes étaient agglutinées en tailleur. Sur l'estrade des professeurs, deux personnes assez âgées méditaient les yeux fermés. Je n'arrêtais pas de penser à ce qu'Emily allait dire de toute cette panoplie raëlienne. Elle est arrivée en retard – avec le même carré blanc sur la tête, qu'elle avait été obligée d'acheter comme moi – et s'est glissée à ma droite. Il était trop tard pour échanger un mot. Les enseignants nous expliquèrent qu'à l'occasion de la Saint-Valentin, nous allions méditer ensemble en récitant un chant pour guérir des blessures d'amour. Pendant une heure et demie d'affilée ! Pas de postures, pas de respiration, juste le même refrain pendant quatre-vingt-dix minutes. On aurait probablement pu sortir à cet instant, mais on n'en eut ni l'audace ni l'impolitesse. Je me dis que, puisque j'étais là, autant vivre l'expérience pleinement, ne serait-ce que pour mon enquête. Ainsi, je me mis à chanter avec ces hommes et ces femmes que je ne connaissais pas. Au bout de quelques minutes, mes résistances se dissipèrent dans le chant. Étrangement, le mantra me rendait joyeuse. Emily ne chantait pas, mais ça n'était plus mon problème, j'étais concentrée sur l'« ici et maintenant ».

Nous avons beaucoup ri en sortant, lorsqu'on a enfin pu partager toutes nos impressions. Mes cours à Paris n'avaient rien à voir avec ce que nous venions de vivre et je continuais à juger cette règle du turban obligatoire extrêmement choquante. D'autant que rien dans la méditation chantée ne justifiait de l'intensité contre laquelle la fille de l'accueil nous avait mises en garde. Ce soir-là, j'ai compris plusieurs choses sur ce yoga que j'aimais tant. Certains le vivaient visiblement comme une religion, ce qui n'était pas du tout mon cas. Il était hors de question que j'accepte à nouveau d'être contrainte de porter un turban ou un vêtement particulier. Je n'avais aucun problème avec celles et ceux qui se sentaient heureux d'adopter ces coutumes, mais je voulais qu'on me laisse libre de conserver mon propre style vestimentaire. Néanmoins, malgré nos ricanements et nos jugements, la conversation que nous avons eue, Emily et moi, pendant notre dîner, à la suite de cette méditation de groupe, prit une tournure émotionnelle singulière. Nous nous sommes parlé pour la première fois à un niveau d'authenticité encore jamais atteint dans notre relation d'amitié. Ces chants avaient « marché » à notre insu. Elle, si cadenassée jusqu'alors, s'ouvrait miraculeusement. C'était magique.

Le lendemain, sur les conseils de mon amie Violette, je partis à Brooklyn rencontrer Melanie Herring, une *facialist* dont plusieurs New-Yorkaises au goût sûr vantaient les talents. Melanie était une sorte d'esthéticienne qui faisait des *facials*, c'est-à-dire des soins du visage. Cependant, la surface de la peau n'était pas son sujet principal. Elle s'en servait uniquement comme d'un canevas pour canaliser une guérison énergétique. Certains de ses clients venaient pour se débarrasser d'une acné récalcitrante, d'autres pour retrouver de l'éclat. Mais la plupart étaient en quête d'un autre type d'apaisement : un *healing* du corps et de l'esprit. Je m'attendais à voir une femme plus âgée que moi avec une boule de cristal et une robe à volants. J'ai découvert une trentenaire au visage nu, vêtue d'un jean taille haute sur un body de danseuse. Elle était en train de préparer une tisane lorsque je suis arrivée dans son appartement transformé en salon de massage. On s'installa dans son canapé et elle me questionna sur « l'intention » que je souhaitais manifester pour ce soin. J'étais plutôt satisfaite de ma peau. Je ne venais pas pour l'embellir. Certes, elle s'était asséchée dans l'avion en venant de Paris, mais cela m'était égal. Ce jour-là, j'avais l'esprit contrarié par un e-mail reçu deux jours plus tôt. En arrivant à New-York, j'avais pris contact avec un créateur que j'aimais beaucoup et que je connaissais depuis plus de dix ans, pour lui proposer de venir photographier son bureau et en faire un article pour mon blog. Il m'avait aussitôt répondu par un refus et avait ressenti le besoin de justifier sa décision par le menu. D'après lui, nous ne partagions pas « le même sens esthétique ». Il me reprochait de n'avoir jamais rien compris à son œuvre et terminait son message tranchant par un « Bon vent » au caractère définitif. Je n'avais rien compris à sa réponse et, après l'onde de choc causée par ses arguments, j'avais passé quarante-huit heures à m'interroger sur ce que j'avais bien pu faire pour mériter un tel traitement. Son rejet me rappelait d'autres souvenirs douloureux du même ordre où je m'étais sentie balayée d'un revers de la main. J'avais déjà vécu cette scène plusieurs fois avec des personnes différentes et je n'avais visiblement pas tiré l'enseignement caché derrière ces messages puisque cette situation m'arrivait à nouveau. Le créateur qui refusait de me voir avait, au fond, peu d'importance puisque nous nous connaissions assez mal. Dans son e-mail, il parlait plus de lui que de moi. J'avais bien conscience qu'il me faisait simplement rejouer le rôle de la petite victime mal-aimée. Par conséquent, mon intention ce jour-là était de me libérer de cette énergie désagréable et engluée.

Melanie Herring avait commencé à méditer bien avant mon arrivée en se focalisant sur moi alors que nous ne nous étions jamais rencontrées et qu'elle ne savait rien à mon sujet. Je ne comprenais pas bien comment elle s'y était prise, mais l'extrême normalité avec laquelle elle me l'avait dit rendait l'ensemble tout à fait plausible. D'ailleurs, ses intuitions à mon propos étaient d'une justesse étonnante. Elle ne cherchait néanmoins pas du tout à m'épater ni à faire la démonstration d'un don particulier. Elle sortit des cartes d'oracle avec des animaux et me demanda d'en tirer deux. Elle lut les explications au dos des cartes que je venais de choisir : la grenouille et la fourmi. Elles correspondaient en tous points à mon état ce matin-là…

Je m'allongeai sur la table de massage et Melanie saisit des flacons d'huiles végétales et d'onguents aux senteurs naturelles pour prendre soin de ma peau. Très vite, je plongeai dans le sommeil. De temps en temps, j'ouvrais un œil et j'apercevais Melanie dans une concentration monastique au-dessus de mon visage. À la fin du rituel, elle demanda si je souhaitais connaître les images et les messages qu'elle avait « reçus » pendant qu'elle me donnait le soin. Elle m'avait vue en train de signer des livres. Des lectrices venaient me remercier. J'avais bien le vague projet d'écrire un jour l'histoire de ma famille, mais ce n'était pas du tout d'actualité. Melanie ajouta qu'elle m'avait visualisée en train de me réconcilier avec ma lignée. Cela me semblait impossible. Voilà plus de vingt ans que j'avais fait le choix de sortir ma mère de ma vie et je n'avais pas du tout envie de la réintégrer. Mon père était mort en 1989 et je lui en voulais toujours beaucoup de nous avoir quittés pour le Canada lorsque j'avais six ans seulement. Je vivais son départ et son décès comme un double abandon. Melanie m'écoutait réagir sans me juger, sans insister. Très calmement, elle dit que ma mission spirituelle était de montrer le chemin. Un frisson traversa ma colonne vertébrale. Je ne savais pas quoi faire de toutes ces informations. J'étais aussi émue qu'interloquée. Je repartis, le visage éclairé de l'intérieur, comme si Melanie avait enclenché tous les interrupteurs sous mon épiderme.

Légère et apaisée, j'ai regagné le cœur de Manhattan en pensant aux messages reçus par Melanie à mon sujet. Ce n'était pas la première fois qu'on me parlait d'un livre. L'astrologue Sophie Keller, que j'avais consultée par téléphone en juillet 2016, m'avait fait la même confidence. En même temps, comme la plupart des journalistes autour de moi publiaient un nouvel ouvrage à chaque rentrée scolaire, je me disais qu'il s'agissait d'une hypothèse que n'importe qui aurait pu formuler. De là à imaginer des lectrices me remerciant…

Ma rencontre avec Sophie Keller avait eu lieu en dépit de mon grand scepticisme. J'avais toujours dénigré l'astrologie. À mes yeux, il ne s'agissait que d'un ramassis d'inepties dépourvues de fondement scientifique. La cousine de

Sophie, dont j'admirais le travail et l'intelligence, avait pris contact avec moi au printemps 2016, convaincue que nous devions nous rencontrer. Sophie venait de quitter son travail au Sénat pour se lancer dans cette activité à mille lieues du monde de la politique. Installée en Suisse, elle avait besoin de soutien médiatique pour se faire connaître. J'avais immédiatement refusé : « Une astrologue ? Mais que veux-tu que j'en fasse sur mon blog ? Impossible ! » J'avais fini par accepter par pure curiosité. Après tout, un appel téléphonique n'était pas si engageant... On s'était parlé *via* Skype, fin juillet 2016, juste avant mon départ en vacances en Bretagne chez Armelle. Or, en sortant de chez Melanie Herring, je me suis brusquement souvenue de cette conversation. Ces femmes qui ne se connaissaient pas et qui habitaient sur deux continents différents m'avaient dit quasiment la même chose. Aucune des deux ne se revendiquait médium ou voyante. Chacune utilisait des outils différents, mais elles partageaient le même langage au sujet de ce qui était en train de se jouer pour moi. Il était question de virage spirituel et d'épanouissement, de la sortie d'un ou de plusieurs livres ainsi que d'aider les autres en partageant mon histoire. Mon mental négatif savait parfaitement rationnaliser ces discours et les pulvériser. Une autre partie de moi, immatérielle et impossible à situer, se réveillait timidement à leur écoute.

Mes derniers jours à New York se sont déroulés avec la même magie quotidienne. Partout où je me rendais, je m'apercevais que je n'étais pas seule à avoir entamé une transformation. Certains s'étaient déjà métamorphosés en papillons, d'autres étaient encore au stade de chrysalides. Je me considérais chenille en fin de course. Tous parlaient d'un appel, d'une urgence, d'un besoin de changer de rythme, de boulot ou de vie. Nous étions bel et bien dans *l'ère du Verseau*.

QU'EST-CE QUE L'ÈRE DU VERSEAU ?

Entretien avec Sophie Keller

Sophie Keller a travaillé de nombreuses années en politique avant de s'intéresser à l'astrologie. Si on lui avait dit à l'époque qu'elle deviendrait un jour astrologue, elle aurait éclaté de rire. En 2011, alors qu'elle évoluait dans l'administration du Sénat, elle s'est inscrite à des cours d'astrologie qui avaient lieu le week-end. Simultanément, alors qu'elle venait d'avoir une fille, son mari accepta un job de rêve en Suisse. Elle saisit l'occasion de ce déménagement pour prendre un nouveau virage professionnel et se lancer pleinement dans la lecture des énergies en présence. J'aime la manière dont elle vulgarise et interprète le mouvement des astres sans jamais imposer ses croyances. Avec elle, rien n'est figé. Passionnée par Carl Jung, elle préfère l'idée d'occasion à saisir à celle de fatalité et ouvre toujours des pistes de réflexion pour ses clients. On est très loin de la diseuse de bonne aventure et des caricatures dont sont truffés les horoscopes. Je lui ai donc demandé de m'expliquer de quoi les astrologues parlent lorsqu'ils font référence à l'ère du Verseau.

La première fois que j'ai entendu parler de l'ère du Verseau, j'étais au lycée et je découvrais le célèbre hymne du film musical *Hair*. Sur un plan astronomique, de quoi parle-t-on ?

En effet, le succès de cette chanson « Age of Aquarius » a démocratisé l'idée de l'existence de l'ère du Verseau. En même temps, elle l'a aussi associée au mouvement baba cool, à un truc de hippies perchés sous substances, alors qu'il existe une réalité astronomique derrière. L'axe de rotation de la Terre varie par rapport à la voûte céleste en raison de la gravité exercée par le Soleil et la Lune. Ce mouvement circulaire est appelé « précession des équinoxes » et il dure environ 25 700 ans. Si on découpe ce mouvement en douze segments, on obtient douze ères d'environ 2 150 ans chacune. Or, selon l'astrologie, chacune de ces longues périodes va être imprégnée de l'essence du signe zodiacal de la constellation. Voilà pourquoi on parle de « l'ère du Verseau » qui fait suite à l'ère du Poisson.

Quand a-t-elle débuté ?

Les désaccords sont trop nombreux pour répondre avec certitude. Ce n'est pas une science exacte et il y a une marge d'erreur d'environ 500 ans, ce qui, à l'échelle de l'éternité, n'est évidemment rien du tout. Certains parlent du 11 novembre 2011 ou de 2012. D'autres, comme moi, pensent qu'elle n'a pas tout à fait commencé, mais qu'on s'en approche. La théorie la plus courante est que l'ère du Poisson aurait démarré à la naissance du Christ. Et comme la durée d'une ère est d'environ 2 150 ans, les dates 2150 ou 2160 sont souvent évoquées pour marquer le début de l'ère du Verseau. Ce débat n'a pas beaucoup d'intérêt. Ce que chacun peut sentir actuellement, que l'on croie ou non à l'astrologie, c'est que nous sommes entre deux mondes et que l'on assiste à un effondrement de symboles, de structures et de systèmes de croyance qui augure l'installation d'une nouvelle matrice.

Dès les années 1970, Yogi Bhajan prédit que cette ère serait celle de la fin des secrets et que la surcharge d'informations permanente amplifiée par la technologie électronique mettrait tellement de pression sur notre système nerveux qu'elle nous obligerait à trouver des solutions en nous, et non à l'extérieur de nous-mêmes. Il prédit aussi la fin de la hiérarchisation entre les êtres et le retour en puissance de l'énergie féminine. Il parlait d'un âge d'or, de vastes mouvements d'entraide, du retour de la connexion avec la terre… Que dit l'astrologie au sujet de cette ère du Verseau ?

Tous les indicateurs astrologiques nous disent que nous nous ouvrons à d'autres champs des possibles et que l'esprit et la matière n'ont jamais été aussi proches. Il s'agit effectivement d'un changement de paradigme que nous pouvons tous constater. On est clairement à la fin d'un monde lié au développement de nouvelles technologies et à la rapidité de la vitesse de l'information avec la création d'Internet. Tous les anciens systèmes qui n'ont plus lieu d'être sont mis à mal sur fond de crise sociale. Les planètes exigent de nous que nous fassions le deuil de l'ancien monde et de toutes les croyances limitantes qui le caractérisent – celles qui ont permis des abus de pouvoir de toutes sortes, y compris celui de la pensée toute-puissante au détriment de la nature. Il n'est donc pas étonnant de voir le grand retour de l'approche holistique généralisée, des énergies féminines et des figures du féminin sacré à l'instar des sorcières, qui ont été bannies au nom du cartésianisme, et l'astrologie en fait partie. L'ère du Verseau nous amène à changer de niveau de conscience, à percevoir des mondes *supra* sensibles de manière objective. C'est l'ère de l'amour inconditionnel, de la coopération, de la solidarité et du détachement du matériel.

Même si les consciences semblent évoluer, l'entraide et la compassion ne sont pas encore des valeurs partagées sur un plan collectif. Le climat social, politique et écologique génère d'ailleurs beaucoup d'angoisses…

Nous sommes dans une période de transition collective et individuelle qui véhicule forcément du chaos. Il semblerait que ce soit la condition nécessaire aux processus de reconstruction. Si l'on prend l'exemple de Donald Trump, il n'est pas, de mon point de vue, l'emblème de l'ancien monde, mais plutôt de sa destruction. Un symbole fort de la montée des extrêmes et des populistes à laquelle on assiste un peu partout, comme en réaction à des dysfonctionnements structurels profonds, ce qui va permettre de revenir à l'équilibre grâce aux prises de conscience qu'ils suscitent. C'est à cela que l'on assiste un peu partout : une révolution humaine. Ce n'est pas des dirigeants que viendront les réponses mais de la force du collectif et des différentes initiatives qui viennent de la base. Ainsi, la spiritualité s'invite dans la matière pour permettre à la nature de reprendre ses droits, notamment à travers les questions écologiques, climatiques et alimentaires. Forcément, ces mouvements de fond suscitent toujours de fortes résistances, mais qui ne devraient pas pouvoir s'opposer longtemps aux changements qui s'imposent. C'est aussi une question énergétique. Il se passe des choses tellement puissantes à d'autres niveaux que les changements vibratoires qu'elles suscitent ont forcément des conséquences sur le plan terrestre, à commencer dans nos corps. À chacun d'entre nous d'être le plus aligné possible sur les grands enjeux du monde de demain pour pouvoir y trouver sa place et s'épanouir.

Comment peut-on se servir intelligemment de l'astrologie tout en restant acteur de sa vie ?

L'astrologie est un outil extrêmement précieux à condition de le traiter comme tel, avec amour et respect. Lorsqu'il est utilisé à mauvais escient, cela ne marche pas. Lorsque j'ai commencé à étudier l'astrologie, je cherchais à contrôler mon existence et à me prémunir des aléas de la vie. J'ai vite compris que c'est justement lorsqu'il y a une échéance identifiée qu'il faut la vivre complètement pour en faire une chance d'évolution. L'astrologie nous donne des directions et des enjeux avec des éléments de timing. L'analyse du ciel de naissance nous parle de forces en présence qui nous accompagneront toute notre vie, mais elle ne dit pas qui l'on est. Il s'agit d'un potentiel, non de ce que l'on en fait. Il est important de comprendre que les planètes sont comme des divinités qu'il convient d'honorer dans notre incarnation. L'idée n'est pas de nous perdre dans ce grand ciel étoilé mais d'éclairer notre existence grâce à la compréhension de messages cryptés et à leur intégration dans notre incarnation.

9. Le sacre des fleurs et des fruits

Il faisait déjà chaud sur la route qui nous menait du canal de Corinthe vers le sud du Péloponnèse en cet après-midi d'avril 2017. Je venais tout juste de rendre une énorme enquête pour le numéro spécial beauté du magazine *M* et j'étais épuisée. Mon mari conduisait notre voiture de location et ma fille dormait sur le siège arrière tandis que les senteurs d'herbes aromatiques embaumaient le véhicule. J'avais encore le cerveau aspiré par mon article sur le nouveau militantisme des marques cosmétiques, alors que mon corps commençait à relâcher ses nombreuses tensions. Le paysage défilait sous mes yeux à la vitesse des mois qui venaient de s'écouler. Mon poids était stable depuis plus d'une saison, ce qui ne m'était pas arrivé depuis des lustres. Je continuais à aller à ma réunion hebdomadaire de stabilisation Weight Watchers et au yoga quatre fois par semaine. J'avais même embarqué mon tapis dans le coffre de la voiture pour pouvoir pratiquer seule face à la mer. Mon rapport à l'alimentation avait infiniment changé et cela dépassait largement le cadre du régime que j'avais suivi pendant l'hiver.

À l'hôtel Antares d'Areópoli, un petit village de la région du Magne, je trouvais sur mon oreiller un petit bouquet de fleurs de thym et de lavande cueillies dans le jardin. Quelques brins serrés par une cordelette en coton. Les deux boucles du lien avaient été délicatement nouées et ce bouquet d'une simplicité folle me mettait les larmes aux yeux. Alors qu'on les piétinait sans les remarquer, ces fleurs sauvages qui dévoraient les côtes grecques me faisaient l'effet d'un trésor inestimable. Elles faisaient jaillir le beau dans la banalité du quotidien. Je sentais derrière chaque pétale la volonté humaine de faire plaisir sans rien attendre en retour. La présence à soi et aux autres. Le cadeau d'un souvenir olfactif agreste que mes cellules allaient miraculeusement sceller aux rochers d'Areópoli pour toujours.

Longtemps, je n'ai osé entrer chez les fleuristes sans justification. Je n'ai pas été éduquée à la botanique, bien que mon arrière-grand-père paternel ait été agriculteur. Je me souviens encore de lui, à l'aube, en train de jardiner dans son potager. Mais cette ascendance ne m'a pas transmis la main verte. J'ai grandi en ville, loin des champs, et ma mère, qui m'a élevée seule lorsque mon père est parti travailler au Canada, ne m'a pas habituée à aller chez le fleuriste pour choisir un bouquet sans raison. Les fleurs fraîches étaient réservées aux grandes occasions, aux invitations à dîner et aux fêtes des Mères. Enfant, j'étais d'ailleurs fascinée par les fleurs artificielles, ces modèles sophistiqués en tissu avec des tiges en plastique mat et du feuillage légèrement brillant. Je me demandais pourquoi les gens achetaient des variétés périssables puisqu'il en existait des modèles immortels. Un jour, j'ai suggéré à ma grand-mère paternelle, qui avait une passion pour les jonquilles, d'en acheter une version en plastique. Je devais avoir quatorze ans. Elle ne pouvait concevoir l'existence d'une nature artificielle. Elle m'a expliqué qu'elle n'aimait que les fleurs fraîches. Dans sa façon de me répondre, j'ai senti le fossé qui séparait les origines sociales de mes deux parents.

Adolescente et jusqu'à ce que je commence à travailler, je ne m'autorisais pas à aller chez le fleuriste par plaisir. J'avais même peur qu'on m'imagine en train de m'offrir des fleurs. Parmi mes croyances de l'époque, seuls les hommes étaient habilités à offrir des bouquets aux femmes dont ils étaient amoureux. Alors que je travaillais pour le *concept store* parisien Colette, j'ai commencé à observer la chorégraphie florale quotidienne. Chaque matin, on changeait l'eau des grands vases transparents et on coupait les tiges pour conserver les fleurs. Dans l'ère minimaliste des années 1990, je découvrais que la gypsophile n'était pas nécessaire aux roses. Pas utile non plus de mélanger les couleurs dans un même vase. Et puis, il y avait toutes ces variétés qui m'étaient inconnues. Les grandes amaryllis rouges qui flottaient derrière la caisse au rez-de-chaussée. Les branches de pommier dont je n'avais jamais remarqué les petites fleurs blanches et rosées auparavant, qui se mêlaient aux pulls en cachemire en vitrine.

Régulièrement, on m'envoyait chez une fleuriste rue de la Sourdière pour commander les bouquets de remerciements à l'intention des journalistes. Chaque semaine, le lieu se métamorphosait, révélant de nouvelles plantes rares. Des textures velues, des pétales froissés comme une robe de mariage meringuée, des timides pavots plissés prêts à se déployer, des sauvageons fragiles coupés au bord d'un champ de blé. Clarisse Béraud, la propriétaire, avait fait du bouquet libéré sa signature. Un ornement floral en apesanteur. Elle associait les fleurs entre elles sans les emprisonner. Elle mettait de l'oxygène dans ses compositions. Tout se tenait avec acrobatie, à l'instar d'un funambule qui traverse un chapiteau sans filet. Elle simulait le hasard et la légèreté alors que le moindre détail était réfléchi. Chez elle, la palette des couleurs changeait d'une semaine à l'autre. Vert cru au début du mois, orange sanguine et carmin le lundi suivant, pastels duveteux la semaine d'après. Je m'enthousiasmais en posant des noms sur des parfums enfouis dans ma mémoire cellulaire. Violette au goût des délices bourguignons de Flavigny. Pois de senteur aussi sucrés qu'une savonnette des années 1970. Roses de jardin évocatrices de vieilles Anglaises en robe liberty.

Mes lacunes en matière de botanique et d'art de vivre étaient abyssales. Les fleurs faisaient partie du quotidien des boutiques et des hôtels de luxe, de celui de leurs clients privilégiés et des usages de la bourgeoisie. Tout cela m'était étranger. Cependant, j'apprenais vite et chaque nom de fleur détenait un réservoir poétique qui m'envoûtait. Je me souviens des arums, très en vogue au début des années 2000, longues tiges graphiques surplombées d'un cornet blanc inodore et d'un pistil phallique jaune. À la fin de la semaine chez Colette, les employés emportaient chez eux les bouquets sur le point de faner. Ces fleurs sauvées des poubelles injectaient une dose instantanée de raffinement entre les murs modestes de mon petit rez-de-chaussée ponctué de fenêtres à barreaux.

À mesure que je m'éduquais à la beauté des pétales frais, je découvrais également l'art de la table. J'avais toujours aimé aider à mettre la table les soirs où mes parents recevaient leurs amis. J'adorais poser les petits porte-couteaux dont je n'avais pas bien compris l'utilité, plier les serviettes brodées en corolle dans les verres à pied, déposer la saucière et les plats de fête au centre de la table. Au quotidien, on n'avait pas l'habitude d'autant de sophistication. J'avais tellement soif de beauté que la première chose achetée lorsque je m'installais en colocation en Irlande après mon bac fut un service de vaisselle anglaise qui provoqua la moquerie de tous mes amis de l'époque.

Mes années dans le milieu de la mode et la beauté, juste après mes études, ont nourri mon aspiration à l'élégance et pas seulement en matière d'apparence. Les céramiques émaillées de blanc que je découvrais rue Saint-Honoré me faisaient vibrer de joie. Je m'émerveillais de la texture de certains objets, râpeuse à l'extérieur et aussi douce qu'une nacre de coquillage à l'intérieur. Je collectionnais les assiettes mates et les serviteurs à étages. J'avais une collection de sets de table, de nappes et de bougeoirs qui n'avait aucun sens, compte tenu de la taille ridicule de ma table à manger et de la superficie modeste de mon appartement. Je m'en fichais. La beauté au quotidien agissait comme un baume réparateur, me faisant oublier tout ce qui avait été lugubre et difficile dans mes premières années de vie.

Ma passion pour la cuisine nippone, découverte au cours des années 2000, n'a fait qu'amplifier mon besoin de raffinement à la maison. J'aimais la manière dont les Japonais célébraient le sacré en toute chose. La découpe des fruits, des légumes et du poisson, le pliage des petits papiers enveloppant les biscuits maison, la multiplication des contenants minuscules sur la table, la cérémonie du thé, l'épure des gestes... Chez eux, le divin parvenait à émerger sans effort dans les détails les plus inattendus et, à chaque fois que j'avais la chance d'observer les chefs japonais devant leurs fourneaux, j'habitais intégralement le moment présent.

Au fil des années à me nourrir de ces inspirations diverses et variées, je me suis mise à soigner la présentation des repas que je composais pour moi ou pour les autres, avec une attention particulière pour le petit déjeuner, mon repas préféré de la journée. À chaque fois que je repérais cette même maniaquerie chez les autres, en voyage, dans les hôtels ou chez des amis, je ne pouvais m'empêcher de photographier la table afin de faire partager cette beauté sur les réseaux sociaux. Plus les couleurs étaient déclinées, plus les fruits étaient minutieusement découpés, plus je me régalais. La présence de fleurs fraîches à la maison était devenue mon luxe indispensable et je ne me privais pas de les intégrer dans mes photographies de petit déjeuner.

Pendant ma période d'amaigrissement et de stabilisation chez Weight Watchers, j'ai fait de cette esthétisation de la vie quotidienne une règle absolue à table. J'avais envie que tout soit beau, délicat, raffiné. L'élaboration des repas prenait plus de temps, mais j'étais triplement gagnante. D'abord, faire la cuisine devenait une méditation. Ensuite, je ressentais un réel plaisir visuel en m'asseyant à table. Enfin, j'étais plus rapidement rassasiée qu'avant. Je mettais en pratique ce que j'avais découvert en théorie dans le livre *Manger en pleine conscience* du Dr Chozen Bays[a]. Sur Instagram, le hashtag que j'avais créé – #PimpMyBreakfast –, qui faisait référence à l'émission de télévision *Pimp My Ride* diffusée à la fin des années 1990 sur MTV, s'est mis à faire des petits. De nombreux abonnés ont soigné leur petit déjeuner ou photographié leur table de vacances en utilisant la même expression. Certains criaient au snobisme, d'autres me reprochaient de cultiver un perfectionnisme complexant. Mais la grande majorité attendait mes publications avec gourmandise et impatience. De toute façon, les réactions

a. Éditions Les Arènes, Paris, 2013.

m'importaient peu. J'avais décidé de n'écouter que mon envie et ce qui me faisait du bien. Or l'éloge du sacré à table était devenu le secret de ma réconciliation avec mon corps, car il me permettait de rester connectée à mes sensations de faim et de satiété.

En rentrant de mon *road trip* en famille dans le Péloponnèse, une jeune femme agent littéraire a souhaité me présenter à la maison d'édition Marabout. Elle était convaincue que je pouvais faire un livre de cuisine à partir de mon obsession pour le petit déjeuner. J'avais des milliers d'idées et le projet me paraissait clair. La réaction enthousiaste de l'éditeur dépassa largement mes espérances. Il voulait signer vite et j'allais en plus avoir le privilège de réaliser le stylisme et les photographies du livre avec mon mari. La perspective d'un projet aussi ambitieux à deux m'excitait. J'étais si heureuse de la confiance que l'on m'accordait… En moins d'un an, tout avait changé dans ma vie. La créativité et la joie étaient de retour. La légèreté de l'être aussi.

POURQUOI HONORER LA BEAUTÉ À TABLE ?

Entretien avec Jennifer Hart-Smith

J'ai découvert le travail de Jennifer Hart-Smith sur Instagram où elle aimante une communauté de plus de cinquante mille abonnés avec le compte @Tookies.gambetta. Cette pâtissière franco-australienne diffuse quotidiennement des photographies de ses créations raffinées. Une poésie comestible brodée de fleurs séchées, de volutes de meringue et de fruits disposés comme des jardins à la française. Elle fait partie des personnes qui m'inspirent le plus visuellement et nourrissent ma cuisine de nouvelles idées. Lorsque nous avons fini par nous rencontrer en 2018, j'ai été frappée par son sens inné du beau décliné dans le stylisme de ses assiettes, dans ses photographies, ainsi que dans ses recettes respectueuses de toute la chaîne du vivant. Diplômée de l'École Boulle, experte en typographie, naturopathe et chef pâtissière, Jennifer Hart-Smith raconte ce que cette quête de beauté apporte à son alimentation au quotidien.

D'où vient ce besoin de beauté dans les moindres détails ?

Je viens d'un milieu modeste. J'ai un père australien, mais j'ai grandi en banlieue parisienne. Pourtant, j'ai toujours eu besoin de m'entourer de belles choses. Mon grand-père était un poète australien, cela me rendait très fière. Mes parents, qui sont des êtres aimants et nourriciers, ne m'ont jamais imposé d'éducation normative. J'avais beaucoup d'envies et j'ai fait l'École Boulle en design d'espace. J'ai appris à appréhender un espace, à regarder les volumes et les matières. Je me suis fait beaucoup d'amis qui sont aujourd'hui ébénistes, sculpteurs sur bois, artisans... Puis je suis partie un an à San Francisco pour étudier la typographie. Une fois rentrée à Paris, j'ai été embauchée dans une agence de pub. Les gens n'y étaient pas heureux et mon travail manquait de sens. Je suis partie travailler pour Deezer, mais ma mission était répétitive et je m'ennuyais. Après la naissance de ma fille, j'ai passé un CAP de pâtisserie parce que j'avais la sensation que j'allais trouver dans cette discipline culinaire très technique l'esthétisme que je recherchais. J'ai fait des stages chez Yann Couvreur et Benoît Castel et j'ai adoré la rigueur militaire de ce métier. Néanmoins, je ne suis pas un bec sucré et je posais plein de questions. « Pourquoi est-ce qu'on n'utilise pas de sucre complet ? Ni de farine complète ? » On me répondait constamment que ça ne pouvait pas changer, que « c'était comme ça et pas autrement ». Cela ne me convenait pas, mais je ne voulais pas me reconvertir à nouveau. Du coup, parallèlement à mon métier de pâtissier, j'ai suivi une formation en naturopathie au Cenatho.

Qu'est-ce que la naturopathie a apporté à ta manière d'aborder la pâtisserie ?

Elle m'a reconnectée aux plantes et au vivant. Elle m'a poussée à imaginer de nouvelles solutions. En m'imposant de nouvelles contraintes, comme celle de ne pas utiliser de colorant artificiel ou de diminuer les quantités de sucre, j'ai rencontré la joie de faire à ma façon. La poésie a émergé à mon insu. Le respect du vivant, c'est-à-dire de l'intégrité de ce qui sort de terre et de la digestion du corps humain, m'a poussée à honorer le beau. J'ai commencé à casser les codes qu'on m'avait enseignés. Et même si ce n'était pas mon intention, je sais que ma démarche paraissait arrogante. Contrairement à la plupart des chefs pâtissiers, je n'avais pas commencé à l'âge de quatorze ans. Voilà que je débarquais comme un ovni et que je voulais déjà faire ma révolution. Encore aujourd'hui, je ne suis pas toujours comprise par mon métier. Mais ça ne me dérange pas de ne pas être dans cette confrérie, de ne pas être adoubée. J'ai autre chose à apporter.

Où puises-tu ton inspiration ?

Je suis très intuitive. Il me suffit de découvrir une plante sauvage ou une association entre un fruit et un légume pour commencer à imaginer un scénario. Je n'ai pas de visuel préconçu en tête. Récemment, j'ai eu envie de traduire les jardins versaillais sous forme de gâteaux. Je suis partie de cette idée sans connaître le résultat final. Lorsque je suis en train de créer, je ressens un immense plaisir dans la composition du beau. J'entre en méditation et je me connecte à un idéal que je ne peux pas vraiment expliquer. Je sais juste que c'est à cet endroit que je trouve ma joie. Pour moi, la beauté vient d'une envie dans le ventre, pas du mental. Il suffit parfois d'un parfum de fleur pour que je ressente l'urgence de l'honorer à travers un dessert. Au fond, le jour où j'ai arrêté de réfléchir avec mon mental, j'ai beaucoup gagné en créativité.

Ta quête de beauté a-t-elle changé ton rapport à l'alimentation ?

Complètement. S'intéresser à un légume ou un fruit, c'est déjà se nourrir. La beauté est une nourriture. La découverte d'une astringence ou de mucilages peut me donner envie de travailler avec un produit, de tout savoir de ses spécificités. Ensuite, j'ai la sensation que je vais avoir encore plus de respect pour la plante si l'assiette est belle. Je construis un travail graphique qui va changer le rapport au temps comme si j'invitais ceux qui vont déguster à se promener plutôt qu'à courir. Je n'ai jamais eu de problème avec mon alimentation, mais il est évident que la beauté nourrit autant que le goût. Ainsi, elle nous empêche de nous précipiter et d'être frénétique en avalant goulûment. Du coup, on prend le temps de se reconnecter au vivant. Et par ce biais, à soi-même.

Quels sont les outils qui te sont indispensables pour mettre de la beauté dans l'assiette ?

À l'École Boulle, on m'a appris à prendre soin de mes outils, à les entretenir. Au Japon aussi, où je suis allée après la naissance de mon fils, on cultive le respect de la coutellerie, de l'outil transmis d'une génération à l'autre. Je me sers évidemment beaucoup d'instruments de découpe. Je ne me sépare jamais de ma mandoline, même si c'est l'un des outils les plus dangereux que je connaisse. Le numérique est aussi un formidable moyen pour trouver de l'inspiration. Je suis comme beaucoup aujourd'hui : nourrie par toutes ces images qui défilent dans mon téléphone. Elles peuvent parfois susciter une envie stylistique. Attention néanmoins à ne pas perdre sa créativité intuitive. Car le numérique comme les instructions strictes peuvent appauvrir le geste. Lorsque j'organise des ateliers, j'essaie d'amener les participants à s'écouter. L'idée n'est pas d'atteindre un Everest photogénique mais de faire vibrer sa joie de faire, sans s'imposer le moindre jugement.

Je ressens exactement la même chose. On me reproche parfois de trop en faire mais je ne sais pas faire autrement, je ne me laisse guider que par le plaisir de la composition...

Moi aussi. J'ai souvent entendu mes parents me demander : « Mais enfin, pourquoi tu te donnes autant de mal ? » Je n'essaie pas d'en mettre plein la vue. Je réponds à un élan. Un appel intérieur. Et tant pis si c'est parfois mal compris ou perçu comme un snobisme. C'est au contraire beaucoup plus simple : je satisfais un besoin vital. Me réapproprier le vivant me rend joyeuse. Ce n'est pas un truc « modeux ». Je ne cherche pas à complexer les autres en faisant l'étalage de la beauté à table. Au contraire. J'aimerais que cela inspire ceux qui ne s'autorisent pas encore à déverrouiller leur créativité et à prendre le temps d'explorer leur joie.

10. L'apparition de l'inexplicable

Le mois de juin 2017 venait de commencer et, pour la première fois depuis plusieurs années, je n'avais pas peur du mercure. Jusqu'alors, je redoutais la chaleur car elle m'obligeait à montrer mes bras que je jugeais trop épais, à me mettre en jupe alors que je détestais mes jambes. L'été était synonyme de stratégies élaborées pour planquer la chair sans crever de chaud. Cela n'avait d'ailleurs rien à voir avec mon poids, car ces craintes me dévoraient même lorsque le chiffre sur ma balance correspondait à l'objectif que je m'étais fixé. Quelle que soit la situation, je me trouvais toujours moche et grasse. Cette fois-ci, ce n'était plus le cas. Mon corps me plaisait tel qu'il était. J'avais accepté qu'il soit différent des silhouettes de mannequin qui m'avaient fait fantasmer toute mon adolescence. Il ne ressemblait pas non plus à celui des professeurs de yoga vinyasa aux attaches délicates et aux muscles déliés. J'accueillais enfin le mien dans sa singularité avec ses cicatrices de lutte passée et sa puissance évidente. Je n'étais plus la lycéenne qui fuit quand le ballon de volley arrive vers elle. Je n'essayais plus de m'inventer un personnage en imitant les gestes de mes anciennes icônes. Je me fichais que mes bras paraissent moins « féminins » à présent que mes muscles révélaient leur force. Je n'étais plus celle qui se plaint du dos après avoir porté un sac de courses. J'aimais mon corps tel qu'il était, je lui faisais confiance et je le remerciais pour tout ce qu'il me permettait de vivre jour après jour.

Un jour de juin 2017, au tout début d'un cours de yoga, j'ai pris conscience que toutes mes douleurs dans le bas de la colonne vertébrale avaient disparu. Nous étions assis en tailleur, les mains agrippées à la cheville droite et au tibia devant nous. Les yeux fermés, on inspirait en tirant le nombril et la poitrine vers l'avant et on expirait en arrondissant le dos vers l'arrière. Je sentais mon sacrum rouler contre le sol, mon dos se cambrer puis se courber avec l'aisance d'un serpent, mon souffle m'accompagner dans le mouvement. Brusquement, une émotion traversa ma colonne vertébrale. Il n'était pas rare qu'elles émergent pendant mes cours de kundalini yoga. J'en avais l'habitude. Plutôt que de me raidir, je continuais le mouvement en observant ce qui venait. J'étais en train de prendre conscience que je n'avais pas eu de problème au niveau du sacrum depuis que j'avais commencé à pratiquer ce yoga. Tout en continuant le mouvement, avec un rythme plus soutenu, je m'apercevais aussi que je n'avais pas eu de lumbago depuis près d'un an. Moi qui avais passé vingt-cinq ans chez les kinésithérapeutes, les chiropracteurs et les ostéopathes à tenter de réparer ma colonne tordue et à mettre de l'espace entre mes disques pincés, je n'en revenais pas.

L'enseignante qui encadrait le cours ce jour-là avait décidé de faire durer cette posture d'échauffement. Elle parlait de premier chakra et de sécurité intérieure, de racines connectées avec la terre et de lignée. La chaleur grimpait du bas vers le haut de mon dos et je sentais mes joues rosir. D'un seul coup, une vision apparut. J'avais les yeux fermés et l'attention portée au point entre mes sourcils, dans la zone énergétique qu'on appelle « le troisième œil », la porte de la conscience. Une scène se déroulait sous mes paupières. Il ne s'agissait pas d'un souvenir ni d'une pensée fugace comme lorsque je sortais de ma concentration pour réfléchir à ce que je devais faire après le cours. Ce n'était pas non plus un rêve, car j'avais tout à fait conscience que j'étais en cours de yoga, dans une salle parisienne, en train de respirer puissamment par le nez. La scène se situait dans la cuisine de mon appartement. Je reconnaissais la teinte gris bleuté des murs que nous avions mis tant de soin à choisir avec mon mari. Je reconnaissais la table à manger sur laquelle étaient posés quelques objets, un pichet et peut-être une coupe de fruits. Mon regard entrait dans la pièce par le plafond, ce qui me permettait d'apercevoir deux silhouettes assises près de la fenêtre, en grande discussion. Très vite, je reconnaissais mes cheveux attachés et mes épaules. J'étais en train de parler à un homme, mais je n'entendais pas notre conversation. J'exigeais de me rapprocher du visage de celui à qui je parlais, car il ne me semblait pas le connaître. Il s'agissait d'un homme âgé avec une chevelure épaisse. Une grande mèche poivre et sel cachait son front. Je me rapprochais encore et mon regard se posait à présent sur sa peau parcheminée au coin des yeux et sur le front. En balayant la branche gauche de ses lunettes, je le reconnus. Cet homme, c'était mon père à l'âge qu'il aurait eu s'il avait survécu au cancer du cerveau qui le tua deux jours après qu'il a eu quarante-six ans. Je ne l'avais jamais imaginé vieux, ça ne m'avait jamais effleuré l'esprit. Son image était restée figée en 1989. Il me disait des mots que je n'arrivais pas à entendre et je lui répondais calmement. J'avais envie d'arrêter le cours de yoga pour révéler à tout le monde ce que j'étais en train de voir, mais j'avais bien trop peur que la vision ne disparaisse. C'était merveilleux de le retrouver. Cela faisait plusieurs années que je ne rêvais plus de lui. Je voulais me rapprocher encore, d'autant que je le voyais de biais. La caméra de mon regard plongea alors dans ses yeux bleus. Il me voyait en train de l'observer. Alors, il me dit calmement : « Tu vois, on peut se parler à présent. » J'ouvris les yeux. Sans surprise, je retrouvai le studio de yoga où j'étais. J'avais hâte que le cours se termine. Il fallait que je me rende au Canada le plus vite possible, là où il était mort vingt-huit ans plus tôt.

Des années que je m'étais promis de faire ce voyage. Près de trois décennies à le repousser. J'avais toujours mieux à faire et à vivre que d'aller passer mes vacances à pleurer sur la tombe de mon père. À l'époque où je voyais régulièrement ma psychologue et où je faisais beaucoup d'EMDR, il était apparu évident que cette traversée vers le Québec me serait indispensable pour finir mon travail de deuil. J'avais beau le savoir, je n'y arrivais pas. Mais ce jour-là, après l'avoir vu aussi distinctement, rien ne pouvait m'arrêter. Il fallait que je prenne des billets d'avion le plus rapidement possible. J'étais téléguidée à un niveau supérieur, mon mental qui se souciait du prix des billets et de l'accord préalable de mon mari et de ma fille n'avait aucune chance d'être entendu. J'étais saisie par une urgence d'agir ici et maintenant.

Je suis rentrée chez moi et j'ai aussitôt acheté trois allers-retours pour Montréal et loué une voiture sur place. Nous ne savions pas quoi faire la première semaine d'août, c'était réglé. Le soir, j'annonçais ma décision à mon mari qui s'assit l'air ahuri en entendant la nouvelle : « Mais enfin, Lili, on vient à peine de rentrer d'un *road trip* dans le Péloponnèse, on a un livre à préparer, du boulot par-dessus la tête, tu n'es plus salariée, je suis free-lance également, on ne va jamais pouvoir financer un voyage pareil. » Il fallait reconnaître qu'il avait raison sur toute la ligne. Ma fille ajouta : « Et qu'est-ce qu'on va faire au Canada ? » En effet, qu'allions-nous faire dans un pays où je n'avais plus mis les pieds depuis vingt-neuf ans, un an avant sa mort ? J'étais désolée de ne pas pouvoir répondre à leurs questions.

Cependant, j'avais confiance. Je me sentais soutenue par une force invisible. Il valait mieux éviter d'utiliser cet argument pour convaincre mon mari…

Le lendemain, une marque de luxe me demanda de rédiger un dossier de presse pour un montant équivalent, au centime près, à la somme que je venais de dépenser dans les billets d'avion, la location de la voiture et le petit appartement Airbnb que j'avais réservé pour notre arrivée à Montréal. J'y vis un signe évident de l'Univers qui me souriait. C'était déjà la fin du mois de juin et je devais aussi me presser pour faire la demande de formulaires administratifs obligatoires pour voyager au Canada. Notre départ était prévu fin juillet et je n'avais toujours aucune idée de ce que nous allions voir ou faire là-bas. À l'époque où j'allais passer mes vacances scolaires avec mon père l'été, je ne prenais pas de notes et je n'archivais aucune adresse. Je n'avais aucun contact sur place qui aurait pu me parler de mon père et je ne souhaitais pas renouer avec celle avec qui il s'était marié un an avant sa mort. L'empreinte qu'elle avait laissée dans mon enfance était encore douloureuse et mes tentatives de correspondance avec elle dans les années 1990 s'étaient révélées infructueuses. Je me souvenais uniquement qu'il dirigeait le département des Mines et Métallurgie de l'université Laval et qu'il avait habité, un temps, rue des Remparts, dans les hauteurs du vieux Québec. Sur Internet, j'ai trouvé le site de l'université. Ne sachant pas vers qui me tourner, j'ai rempli un formulaire en ligne pour savoir si le département que j'avais connu petite serait ouvert en août et s'il m'était possible de le visiter. J'ai cliqué sur le bouton « Envoyer » comme on jette une bouteille à la mer, sans grand espoir qu'on me réponde tant mon message paraissait étrange. Une fille sur les traces de son père décédé trente ans plus tôt… Je me demandais même si quelqu'un le lirait.

Deux jours plus tard, je venais de faire la demande des formulaires nécessaires à notre visite au Canada et je téléchargeais mes derniers e-mails. Mon cœur s'arrêta un instant lorsque je lus parmi mes messages l'intitulé suivant : « Gilles Barbery ». Mon père était mort bien avant l'arrivée d'Internet dans nos quotidiens et personne ne m'avait jamais envoyé de message avec pour objet son prénom et son nom de famille. L'e-mail venait d'un ancien collègue de mon père avec qui il avait travaillé jusqu'à ce qu'il tombe malade. Cet homme se réjouissait de ma venue. Miraculeusement, l'université lui avait transmis mon e-mail et, comme il serait au Québec pendant mon séjour, il proposait de me faire visiter l'ancien laboratoire de mon père, son bureau et les salles d'amphithéâtre dans lesquelles je jouais à la maîtresse chaque été. Il me mettait aussi en contact avec l'actuel directeur du département universitaire que mon père dirigeait autrefois. Cet homme – qui avait le même âge que moi – voulait me parler de son admiration pour les travaux de mon père, qu'il n'avait pas connu vivant. Il me mettait également en relation avec d'anciens élèves de mon père qui pourraient peut-être accepter de me rencontrer s'ils se trouvaient dans la région.

Je pleurais de joie devant l'écran de mon ordinateur. C'était bien plus que ce que j'espérais. Le soir, à table, alors que je lisais le message à mon mari avec enthousiasme, son visage blêmit. Ce jour-là, il avait également reçu un e-mail qui concernait mon père, venant de ma mère. Je n'avais plus de lien avec elle, mais elle écrivait régulièrement à mon mari pour voir notre fille. Lorsqu'elle avait appris quelques années plus tôt que nous avions eu un enfant, elle avait pris conseil auprès d'un avocat pour faire valoir ses droits de visite et d'hébergement en tant que grand-mère. Cette année de bataille juridique s'était soldée par une convention à l'amiable qui l'autorisait à rencontrer notre enfant quatre fois par an, en présence de mon mari tant que notre fille en aurait l'envie. Forcée par les circonstances, je l'avais brièvement revue au climax du conflit entre nos deux avocats. Je l'avais haïe si fort d'entamer ces démarches alors qu'elle ne connaissait même pas mon enfant que les dernières traces d'affection enfantine à son égard semblaient alors avoir totalement disparu. Sa relecture constante du passé m'était insupportable et son refus de reconnaître ses erreurs rendait nos rapports impossibles.

Pourtant, depuis que j'avais commencé le kundalini yoga, mes sentiments pour elle s'étaient adoucis. J'admettais qu'elle avait fait de son mieux avec l'histoire effroyable qu'elle avait eue et je ne lui en voulais même plus. Pour autant, je n'avais pas le désir de la voir, car tous les courriers qu'elle m'envoyait à un rythme soutenu me montraient que son état ne s'était pas amélioré en vieillissant.

« Ta mère m'a envoyé un e-mail aujourd'hui avec une photo d'un poème ancien de ton père », me dit mon mari. Elle avait mis sa maison en ordre avant un départ imminent en vacances et était tombée sur un petit texte manuscrit de mon père qu'elle avait pris en photo, pensant que cela pourrait m'intéresser. C'était la première fois en vingt ans qu'elle partageait un souvenir de ce genre. Le texte datait, d'après elle, de 1965. Mon père avait alors un peu plus de vingt ans. Le poème commençait ainsi : « La mort ne me quitte jamais. » La synchronicité du message de l'ancien collègue de mon père et de ce poème envoyé le même jour me coupait le souffle. Même mon mari, beaucoup plus rationnel que moi, s'était assis. Il était troublé. Il fallait bien reconnaître qu'il se passait quelque chose qui dépassait l'entendement. Aussitôt, je décidais de revoir ma mère. Il était temps. Il le fallait. Je devais suivre mon intuition sans chercher à comprendre. Je lui donnais rendez-vous deux semaine plus tard au café de La Paix, place de l'Opéra.

Pour une raison que j'ignorais, ma demande informatique d'autorisation de voyage auprès de l'ambassade du Canada était bloquée. Mon mari et ma fille avaient obtenu leurs formulaires de voyage sans difficulté. Mais mon cas semblait poser un problème. Je me retrouvais dans un imbroglio administratif kafkaïen puisque l'ambassade du Canada ne recevait que les citoyens canadiens et le que bureau des visas à Paris me renvoyait constamment vers l'ambassade pour dénouer le problème. J'étais certaine que j'allais pouvoir partir et que les choses allaient s'arranger, mais la réalité semblait jurer le contraire. On venait de découvrir que j'avais un statut d'immigrée permanente au Canada, ce à quoi aspiraient toutes les personnes attendant patiemment au bureau des visas. Au lieu d'être une chance, ce statut rendait mon voyage impossible : je devais justifier la raison pour laquelle je n'étais pas retournée au Québec depuis vingt-neuf ans et fournir toutes les fiches de paie reçues pendant cette période. C'était grotesque. Je pouvais également renoncer à ce statut, mais une personne au bureau des visas me l'avait déconseillé, car je risquais de perdre, d'après elle, la possibilité d'immigrer à nouveau dans ce pays. Je n'en avais pas l'intention, néanmoins ce statut me paraissait être un cadeau de mon père que je devais préserver. La date de notre départ approchait et je n'avais toujours pas trouvé de solution. J'étais en train de lire *L'Univers veille sur vous*, de Gabrielle Bernstein[a] et je me réconfortais en

a. Guy Trédaniel Éditeur, Paris.

me disant qu'il y avait sans doute une bonne raison derrière toute cette histoire.

Le week-end suivant, je revis ma mère avec un état d'esprit complètement différent de celui que j'avais la dernière fois que je l'avais croisée. Je me sentais apaisée et je voulais lui dire que je l'aimais, malgré tout ce qui avait pu se passer, et que je savais qu'elle avait fait de son mieux. Elle n'était pas que le souvenir du monstre qu'elle avait laissé en moi, elle m'avait aussi transmis la rage de la survie dont j'avais eu tellement besoin les premières années de mon enfance, énergie que je pouvais à présent abandonner pour m'autoriser plus de douceur. Elle m'avait transmis le goût du voyage et celui de la fête. La générosité et l'envie de rire de tout. Je la découvrais dans sa grande vulnérabilité. Elle ne me faisait plus peur du tout. Je lui ai posé des questions auxquelles elle n'a pas pu répondre. Très vite, sa mémoire s'est embrouillée et la discussion est devenue difficile. Il nous était impossible de parler du passé, cela la faisait vaciller. J'en avais fini de chercher la vérité. Celle-ci était différente pour chaque membre de cette famille bancale et ça n'avait plus d'importance. Je restais respectueuse de mon ressenti et de mes émotions. Elles ne valaient ni plus ni moins que celles des autres. J'ai su également pendant ce court échange qu'il me fallait renoncer définitivement à une relation « normale » avec elle. Cultiver la haine à son égard ne valait pas mieux que de me bercer d'illusions et espérer une relation qui nous aurait permis de partager une complicité comme le faisaient mes amies avec leur maman. Il y aurait probablement d'autres rencontres entre elle et moi, mais je ne voulais m'imposer aucune obligation dictée par les injonctions de bienséance.

À quelques jours du départ, la situation était complètement bloquée avec l'ambassade et je ne savais plus comment faire. J'ai demandé de l'aide sur Instagram et j'ai aussitôt reçu vingt-cinq messages précieux. Certains de mes abonnés travaillaient au Quai d'Orsay, d'autres étaient en lien avec l'Assemblée nationale ; chacun connaissait un ami d'ami susceptible de m'aider. Une heure plus tard, je reçus un appel de l'ambassade du Canada. Une femme très agressive se demandait qui je pouvais bien être pour qu'on la harcèle d'e-mails à mon sujet. Elle m'annonça alors que je n'avais aucune chance de monter dans l'avion, qu'il était trop tard et me cita plusieurs cas où des voyageurs dans la même situation n'avaient même pas pu assister au mariage de leur enfant. Elle ajouta : « Vous avez un statut d'immigrée permanente depuis l'automne 1982, arrêtez de faire comme si vous ne le saviez pas, vous ne pouviez pas l'ignorer ! » Novembre 1982 ? C'était impossible. J'entrais en classe de CP et mon père venait à peine de nous quitter pour s'installer au Québec. Il n'aurait pas eu le temps d'entamer une pareille démarche pour ses enfants. Je ne comprenais pas, ça n'avait aucun sens. Sur les conseils de cette dame, je décidai de renoncer à ce statut qui bloquait mon voyage. Après tout, si j'avais un jour envie de m'installer au Canada, j'entamerais les démarches nécessaires. Avec l'aide d'une autre fée envoyée par le réseau Instagram, la situation se débloqua à temps pour que je puisse décoller le jour du départ. Un autre miracle.

Le voyage que je fis en août 2017 accéléra la transformation des blessures infiltrées dans mes cellules depuis tellement d'années. Je découvris que, contrairement à ce que je pensais, des funérailles avaient été organisées, sans qu'on y soit conviés, mon frère et moi, nous privant du rituel des adieux si nécessaires pour entamer le travail du deuil. J'appris également que le projet initial de mon père n'était pas de nous abandonner en France avec notre mère. Nous devions immigrer tous les quatre dans ce pays. Les démarches administratives pour préparer l'expatriation de notre famille avaient été longues, ce qui expliquait mon statut si précoce d'immigrée permanente. Cela changeait totalement la mythologie sur laquelle je m'étais bâtie. J'ai pleuré sans vraiment m'arrêter du départ à l'aéroport Roissy-Charles-de-Gaulle jusqu'à notre retour en France. Je ne pensais pas que je logeais autant de chagrin à l'intérieur de moi. J'ai hurlé une colère de dragon dans le mémorial où ses cendres sont conservées. Les cris qui sortaient de ma gorge étaient si forts qu'ils fissurèrent mes genoux pliés à terre. J'en voulais tellement à mon père de ne pas m'avoir dit au revoir, de nous avoir laissés, mon frère et moi, avec cette mère en souffrance, de ne m'avoir jamais expliqué la violence qu'il portait en lui et qui avait déferlé sur moi, une fois, alors que je n'avais pas plus de cinq ans. Pendant des années, l'absence d'enterrement m'avait laissée espérer qu'il était encore en vie, caché à l'autre bout du monde. Cette fois-ci, c'était fini. Il était mort sans explication et il fallait accepter ce qui était.

Une fois les larmes séchées, je suis retournée dans les Cévennes comme à notre habitude en août. Les paysages ont pris soin de me guérir. La rivière, la Voie lactée, les arbres et le soleil se sont tous coordonnés pour me réparer. J'ai fini le livre de Gabrielle Bernstein et j'ai aussitôt pris une décision : je n'écrirai plus pour *Le Monde*. Je n'avais plus besoin que mon père soit fier de moi. La présence de son nom dans les pages du magazine *M* n'avait plus d'importance. J'allais m'autoriser à vivre pour moi seule à présent.

COMMENT DÉCELER LES SYNCHRONICITÉS ?

Entretien avec Odile Chabrillac

Psychothérapeute, naturopathe et journaliste, Odile Chabrillac est aussi l'auteure de nombreux ouvrages dont le formidable livre *Âme de sorcière*[a]. Fondatrice de l'Institut de naturopathie humaniste, elle forme une nouvelle génération de naturopathes avec beaucoup de modernité. Nous nous sommes connues lorsque j'étais journaliste pour le magazine *Vogue*, mais nous sommes devenues de véritables amies plus récemment. C'est en écoutant le récit de mon projet de voyage au Canada qu'elle a eu envie de tester son premier cours de kundalini yoga. Quelques mois plus tard, nous partions ensemble en stage au Maroc avec notre enseignante Caroline Benezet. En 2018, elle s'est décidée la première à se former à l'enseignement du kundalini yoga. Je l'ai aussitôt rejointe et nous avons fait tout notre niveau 1 ensemble. Depuis, nous poursuivons notre apprentissage en niveau deux avec le sentiment partagé d'avoir une chance inouïe.

a. Éditions Solar, Paris, 2017.

Qu'est-ce qu'une synchronicité ?

La synchronicité est la rencontre de deux événements qui n'ont a priori rien à voir et qui pourtant offrent un sens nouveau à l'existence. C'est le psychanalyste Carl Jung qui a élaboré ce concept. Il était reconnu comme un excellent clinicien et a beaucoup travaillé sur les rêves mais, contrairement à Sigmund Freud, il était convaincu que leur symbolique était variable d'une personne à l'autre. Un jour où une de ses patientes lui racontait qu'elle avait rêvé d'un scarabée, Jung posa son regard sur le rebord de la fenêtre, à l'extérieur de la pièce où ils étaient. Il aperçut alors un scarabée. La rencontre fortuite de ces deux occurrences qui ne semblaient avoir aucun lien de causalité lui permit de découvrir une nouvelle piste de travail pour sa patiente. Les synchronicités mettent à jour une hypothèse inédite, comme si la vie se chargeait de nous faire une proposition. Avec Jung, on parle de « piste d'âme ».

Et c'est ce qui le différencie de Freud ?

En partie. Disons que Jung introduit dans la psychanalyse la notion d'âme ou ce qu'on appelle le « Soi », c'est-à-dire le « grand » de nous. La synchronicité est donc le chemin proposé par notre âme et on peut l'utiliser comme un jeu de pistes. Tout à coup, la vie nous fait une proposition : libre à nous de dire oui ou non. Il ne s'agit pas de se laisser dicter son comportement par les signes, mais d'être à l'écoute des possibilités qui pourraient nous ouvrir à notre plus grand potentiel. C'est la grande modernité de Jung, car il injecte de la spiritualité dans la psychanalyse.

Était-ce un tabou ?

Ça l'est encore. Dans un pays rationnel comme la France, structuré par une psychanalyse extrêmement sexuelle, Jung paraît révolutionnaire. Chez lui, il y a l'idée que l'homme peut développer ses potentiels sur tous les plans, de l'ego – le petit moi – nécessaire pour s'ancrer dans la vie, jusqu'au grand Soi. Il a énormément voyagé, il est allé chez les Amérindiens, en Égypte et a même écrit *La Psychologie du yoga de la Kundalinî*[a]. Il a cherché partout des hypothèses et les a réunies. Mais sa vision spirituelle de l'être n'a rien à voir avec une religion. Il s'agit plutôt d'honorer le divin en soi, de le faire résonner avec le divin du collectif, d'imaginer qu'on nourrit ensemble une matrice collective et que cette matrice nous nourrit en retour.

Comment réussir à être plus attentif à ces signes ?

Tout ce qui va nous permettre de sortir de la névrose facilite l'identification des signes. Le travail sur soi, qui peut être psychothérapeutique ou psychanalytique, agit comme un nettoyage. En outre, on ne peut pas s'ouvrir à l'immensité des possibles si l'on n'est pas enraciné, si l'on n'a pas trouvé l'espace juste entre le Soi et l'ego. Or il est nécessaire d'ajuster cet espace, car nous sommes façonnés par notre environnement. Le travail sur soi permet de revenir sur les hypothèses proposées par les parents, l'entourage, le collectif et de changer de perception, comme si on enlevait les lunettes déformantes qu'on a toujours portées. Si on n'interroge jamais ces hypothèses, elles deviennent des pensées limitantes et finissent par créer notre réalité. Par

---

a. Éditions Albin Michel, Paris, 2005.

exemple, si on vit avec la croyance « je ne suis pas digne d'être aimé », on risque de passer à côté de dix personnes fantastiques, sans les voir, ou de ne pas croire en la sincérité d'une déclaration d'amour. Ainsi on reste célibataire et l'on confirme sa croyance limitante. C'est ce qui s'appelle la « loi de causalité ».

Donc la synchronicité ouvre un nouveau champ de possibles ?

En effet, de nouvelles pistes, de nouvelles fenêtres. « Et si j'essayais ? Et si je faisais un pas ? Et si je suivais ce que la vie propose ? » Lorsque nous cherchions des locaux pour l'Institut de naturopathie humaniste que j'ai créé, je ne trouvais pas ce que je voulais. Il a fallu que je sorte de la toute-puissance de l'ego pour suivre une autre piste et j'ai alors trouvé. En repérant les synchronicités, on accepte qu'on ne peut pas tout contrôler et qu'il y a une partie de nous qui connaît mieux la route à prendre.

Le danger n'est-il pas de voir des signes partout, même lorsqu'il n'y en a pas ?

Oui et c'est pour cela que l'ancrage est une condition absolue au déploiement du plein potentiel. Il ne s'agit pas de déléguer notre pouvoir à une forme de hasard, mais de cueillir une belle synchronicité lorsqu'elle se présente. Néanmoins, si l'on vient de rencontrer un homme qui s'appelle Marcel, conclure qu'il s'agit de l'homme de sa vie uniquement parce qu'un camion passe dans la rue avec le mot Marcel imprimé sur sa carrosserie serait un réflexe infantile. C'est une histoire de chemin et de maturité. Parfois, on a tellement envie de se convaincre qu'on se laisse manipuler par son ego. D'où l'importance du travail sur soi.

Comment faire la différence entre une synchronicité et une surinterprétation des signes par l'ego ?

Le Soi « supérieur » se trouve dans toutes les cellules du corps. Or le corps ne ment jamais. Rester attentif aux tensions corporelles et au relâchement causé par la plénitude de toutes les différentes parties de nous est un bon indicateur pour faire la distinction entre un signe qui résonne et une manipulation de l'ego. Et puis, il faut laisser reposer les choses et conserver le point d'interrogation. La vie ne nous envoie pas de lettre recommandée dirigiste. Lorsque j'ai travaillé avec des chamans amérindiens, ils disaient qu'il faut parfois trois répétitions du même signe pour que le message soit reçu. Le bon sens populaire l'a d'ailleurs compris avec l'idée du facteur qui sonne toujours trois fois.

Dans mon cas, l'écoute des synchronicités m'a permis d'arrêter de vouloir tout contrôler et de me sentir soutenue à un niveau qui n'est pas compréhensible par mon mental rationnel. Quel soulagement de ne plus être le chef de train et de se laisser porter !

Tu étais armée, tu étais adulte et tu avais fait le travail nécessaire pour pouvoir accueillir l'avalanche de synchronicités. Ce n'est pas toujours le cas. Lorsque j'ai fait une sortie de corps à l'âge de dix-huit ans, je n'étais pas prête. Certains vont trouver ça drôle ou ridicule sans y prêter plus d'attention. D'autres peuvent prendre peur. Lorsque la structure psychique est suffisamment souple et solide, elle autorise un échange entre les différentes parties de nous. Alors, on peut entrer dans le jeu du sacré.

11. La découverte de l'amour inconditionnel

Alors que je m'étais promis d'attaquer la rentrée scolaire en douceur après mes vacances d'été, je me retrouvais à nouveau prise au piège de mille engagements. Les propositions excitantes affluaient et j'étais incapable de les refuser. Au lieu de rester focalisée sur le livre de cuisine que je devais rendre avant Noël, je me laissais submerger par de nouveaux défis à relever. Je ne pouvais plus supporter l'ergonomie vieillissante de mon blog et son nom commençait à dissoner avec la réalité. Déjà six ans qu'il s'appelait *Ma récréation*, pourtant il n'avait plus rien d'un loisir en marge de mon activité professionnelle. Tout le monde me recommandait de le rebaptiser de mon nom, ce que je finis par accepter. Les modifications nécessaires pour enclencher la bascule s'annonçaient colossales et les réunions de préparation me déprimaient : je ne voulais rien comprendre à ce charabia numérique. Parallèlement, plusieurs marques souhaitaient collaborer avec moi. L'une me proposait de créer une collection de vêtements de yoga. L'autre voulait que j'élabore un livret avec des conseils de décoration pour un coffret beauté auquel les internautes pourraient s'abonner. Entre deux essais de pancakes à la courge butternut, j'éditais des photographies de ma salle de bains et je rédigeais les articles en attente de publication.

Mon entreprise avait suffisamment grandi pour que je me fasse assister par une collaboratrice qui m'aidait à garder le cap dans ce capharnaüm continu qu'était la cuisine où nous travaillions. Dès que j'arrivais à reprendre le dessus, une vague de produits de beauté envoyés par les marques envahissait le moindre recoin de mon appartement. J'arrivais cependant à m'extraire de ce bazar pour aller à mes cours de yoga hebdomadaires. Je n'aurais d'ailleurs jamais réussi à tout entreprendre simultanément si je n'avais pas eu ces rendez-vous qui me recentraient. Néanmoins, la composition des images de mon livre dédié au petit déjeuner se révélait plus difficile que nous l'avions imaginé. Nous venions d'entrer dans le creux de l'automne et la lumière naturelle disparaissait au fil des semaines, ce qui nous laissait peu de temps pour les prises de vue. Mon éditeur n'était pas convaincu par les premières photographies, ce qui m'avait complètement déroutée. Je ne savais plus dans quelle direction avancer. Je pris alors la décision de m'inscrire à la retraite kundalini yoga qu'organisait Caroline Benezet au Maroc. Il fallait que je prenne de la distance pour retrouver ma créativité.

Les avions directs pour Essaouira étaient rares en novembre et il ne fallait pas louper son vol. La nuit précédant mon départ, j'avais travaillé jusqu'à 2 heures du matin et je m'étais levée à 4 heures pour partir à l'aéroport une demi-heure plus tard. Dans la file d'attente vers la salle d'embarquement, j'essayais de repérer les silhouettes susceptibles de s'être également inscrites à cette retraite. Deux Parisiennes en trench, un grand panier à la main et un petit sac luxueux en bandoulière, me paraissaient être de bonnes candidates. Un couple plus âgé, un tapis de yoga sous le bras, ferait sans doute partie de la même bande. J'avais deux amies inscrites en même temps que moi, mais je ne les retrouvais pas dans la foule. J'étais soudainement prise de doutes. Qu'allions-nous chercher à Sidi Kaouki ? Quel programme nous réservait Caroline Benezet pour la semaine ?

Arrivés à l'aéroport d'Essaouira, nous avions tous la mine défraîchie et le regard inquiet. Un chauffeur de taxi nous attendait pour nous conduire jusqu'à Sidi Kaouki, un petit village au bord de l'océan Atlantique où les surfeurs chevronnés se pressent à longueur d'année. Le vent chaud balayait nos interrogations comme les volutes de sable sur les dunes : nous étions si heureux d'avoir échappé à la noirceur parisienne et à ses températures gelées de novembre ! Après les grenades et les dattes partagées au petit déjeuner, Caroline nous expliqua le fonctionnement du stage. Nous nous retrouverions en silence chaque matin, avant le lever du soleil, pour pratiquer pendant une heure, puis chanter des mantras pendant une autre heure et demie. Je n'avais jamais médité aussi longtemps et je me sentais totalement incapable de rester assise pendant près de deux heures, mais il était trop tard pour renoncer. On pouvait s'occuper comme on le souhaitait pendant la journée, mais il fallait retourner dans la salle de yoga en fin d'après-midi pour une nouvelle pratique de deux heures de yoga yin et de méditation. Le soir, nous avions la possibilité de dîner seul ou de retrouver le groupe pour tester les restaurants du village.

L'impression d'été mêlée au paysage paradisiaque de cette côte marocaine étincelante m'avait aussitôt dépaysée. Je découvrais les participants avec plaisir. Certains visages m'étaient familiers, car je les croisais dans les cours de Caroline. D'autres m'étaient inconnus. J'étais tellement heureuse de prendre le temps de m'installer dans le présent ! De ne plus agir. De ne plus penser. Le premier soir, Caroline introduisit la première pratique avec un cercle de parole. Chacun devait manifester une intention pour cette retraite et tirer une carte avec un message. Une fois le cercle terminé, on se leva, pensant pouvoir passer au yoga.

Caroline mit de la musique et nous demanda de bouger dans l'espace et de saluer chaque participant avec un *hug*. Il fallait se regarder droit dans les yeux, puis se serrer dans les bras en ayant un contact avec la poitrine et le ventre de son partenaire. Je n'ai rien dit, mais j'étais horrifiée. Je détestais le contact physique avec des personnes étrangères. À l'époque, je faisais déjà mon possible pour éviter de distribuer des bises, alors coller mon ventre contre un inconnu me dégoûtait. En bonne élève qui se soumet aux règles, je me pliais à l'exercice. Au bout de quelques jours, j'avais complètement dépassé mon blocage et je serrais généreusement chaque personne dans mes bras comme si elles étaient mes propres enfants.

Je me souviens très bien de la première pratique du matin que nous avons partagée en groupe dès le deuxième jour. Caroline voulait nous initier à la *sadhana* de l'ère du Verseau, une prescription transmise par Yogi Bhajan, le maître indien qui a démocratisé le kundalini yoga aux États-Unis à la fin des années 1960. Cette pratique s'exerce habituellement deux heures et demie avant le lever du soleil, pendant les heures « ambrosiales » qu'on appelle aussi l'*amrit vela*, le moment le plus propice à la méditation, lors duquel on peut savourer le « nectar ». Les rayons lumineux du soleil encore couché ne sont pas visibles à l'œil nu, mais leur longueur d'onde porterait une infinie quantité d'informations essentielles à la vie. On dit que leur fréquence est identique à celle d'un cerveau en méditation intense. Ainsi, ces heures optimisent la connexion entre la conscience individuelle et la conscience universelle.

Ces informations n'étaient que des concepts étrangers jusqu'à ce que j'en fasse l'expérience. Inutile d'être médium pour sentir que l'énergie est très particulière avant le lever du soleil. Elle facilite la concentration et la connexion avec l'invisible. Ne voulant pas dégoûter ses stagiaires dès le premier jour, Caroline avançait le réveil chaque matin de trente minutes : la première *sadhana* débutait à 7 heures du matin et la dernière de la semaine se ferait dès 5 heures. Dans la pénombre, nous nous installâmes en silence au son du Japji Sahib, un texte sacré sikh à l'intérieur duquel on reconnaît les mantras chantés pendant la pratique du kundalini yoga. Certains participants luttaient pour rester éveillés, d'autres profitaient du bercement de la voix pour piquer du nez. Une fois la récitation terminée, Caroline nous proposa une première heure de pratique dynamique sans accompagnement musical. Beaucoup de respiration, puis des mouvements corporels intenses engageant tous les muscles. Cette première partie se termine traditionnellement par une longue relaxation juste avant la méditation chantée. Lorsque Caroline distribua les textes avec les paroles des sept mantras, je m'aperçus que la plupart des chants duraient sept minutes chacun. Il y en avait même un sensé être chanté vingt-deux minutes d'affilée. Il devait s'agir d'une erreur ! C'est pourtant bien la durée pendant laquelle nous avons chanté ce mantra chaque matin du stage.

Le premier jour, l'ensemble me parut difficile. J'avais mal aux genoux à rester en tailleur, je ne maîtrisais pas la prononciation des mantras et j'avais le nez rivé sur la feuille avec les paroles. J'essayais de repérer l'heure en regardant le soleil se lever, espérant qu'on puisse enfin aller petit-déjeuner. Le deuxième matin, Caroline choisit un accompagnement musical pour les chants de la *sadhana* qui me fit l'effet d'un électrochoc. Un chœur d'hommes et de femmes chantait accompagné par des guitares, des violons, des percussions et le pépiement d'oiseaux. Je reconnaissais ces voix. Elles m'étaient familières. C'était cependant impossible, car j'entendais ces arrangements pour la première fois. Je me mis à chanter avec joie, sans difficulté. Les syllabes se mettaient naturellement en place et je n'avais plus besoin de regarder le texte. J'étais tout à l'intérieur de moi, concentrée sur la vibration du son contre mon palais et jusque dans ma cage thoracique. Les yeux complètement fermés, je perçus une faille de lumière qui venait fissurer le noir sous mes paupières. Je décidai d'y plonger le regard. J'atteignis alors un cœur lumineux qui irradiait au centre de mon corps. Plus j'observais sans chercher à comprendre, plus le scintillement se déployait. On aurait dit de l'or étincelant, mais aussi des diamants qui se démultipliaient à mesure que je les regardais. La lumière traversait chacune de mes cellules et continuait à s'étendre. Je n'avais jamais fait l'expérience d'une sensation pareille. Une source infinie d'amour inconditionnel à l'intérieur de moi. J'étais autorisée à en boire autant que je le souhaitais. Plus je m'en nourrissais, plus elle grandissait. La puissance du rayonnement de ce trésor intérieur m'éblouissait. J'avais tellement cherché l'amour à l'extérieur de moi… Voilà que je le rencontrais en moi pour la première fois.

Au cœur de la semaine, une journée de marche en silence nous était proposée. Ce matin-là, j'étais assiégée par un gros rhume que j'avais embarqué dans mes bagages parisiens, séquelle de tout le stress que j'étais en train de relâcher. J'étais même fiévreuse et j'avais peu dormi la veille, secouée par tout ce que nos pratiques quotidiennes venaient mettre à nu. Le protocole de la journée était strict : interdiction d'utiliser nos téléphones pour communiquer, seulement pour prendre des photos si on le désirait, pas de paroles échangées et pas d'autre nourriture qu'un œuf et un fruit distribués le matin. Personne ne savait combien de temps nous allions marcher ni dans quelle direction, à quelle heure on s'arrêterait pour faire une pause, combien de temps durerait la pause ni à quelle heure nous rentrerions ni si nous pourrions nous remettre à parler. J'avais toujours été du genre à tout planifier, un chronomètre à la main. Ne rien savoir m'horripilait au plus haut point. Pire : Caroline nous fit commencer la marche sur la plage les yeux bandés, les mains agrippées aux autres participants en file indienne. Contre toute attente, ce premier exercice me plut énormément. Je me laissais guider par celui qui avançait devant moi, contrainte de me fier à mes sensations corporelles pour éviter de tomber. J'étais pleinement présente. J'en oubliais l'heure et les kilomètres parcourus. Chacune de mes résistances au cours de cette journée de marche – la lassitude, la faim, l'envie de parler avec mes copines ou de connaître la suite – s'est dissoute tandis que je restais concentrée sur l'instant présent. Un pas après l'autre dans l'« ici et maintenant ». Zéro projection. Dès que je m'élançais vers le futur, je perdais à tous les coups, et les tensions, la fièvre et la migraine revenaient au galop. Un formidable enseignement que j'allais pouvoir utiliser de retour à Paris.

Au loin sur la plage, j'observais les silhouettes de mon groupe devant moi, devenues de simples « i » avec la distance. La chaleur de la dune rencontrait la vapeur des vagues et floutait les contours de chaque individu. Ils semblaient tous indispensables à l'harmonie parfaite du paysage et de cette expérience. Je ne me sentais ni supérieure ni inférieure à eux. Nous étions la dune, nous étions l'océan et les galets, nous étions les chèvres que nous venions de croiser, nous étions le berger et les herbes sèches. Nous n'étions qu'un. Toute idée de séparation entre les êtres selon leur genre, leur milieu social, leur degré de notoriété, leur savoir, leur couleur de peau ou leur orientation sexuelle, tout concept de frontière entre les pays et les continents me paraissaient caduques. Je saisissais enfin ce que signifie ne faire plus qu'un avec l'Univers.

POURQUOI CHANTER DES MANTRAS ?

Entretien avec Simrit Kaur

Suivie par plus de vingt mille personnes sur Instagram, Simrit Kaur est une chanteuse de mantras installée aux États-Unis. J'ai découvert sa musique pendant mes premiers cours de kundalini yoga et je n'ai plus cessé de l'écouter depuis. L'authenticité de sa vibration comme ses arrangements musicaux m'ont fait l'effet d'un choc. Tournant à travers le monde avec une violoncelliste, un joueur de kora, un percussionniste et un bassiste, Simrit Kaur a complètement modernisé ces chants millénaires tout en leur rendant grâce. Ayant grandi dans une famille grecque, elle s'est inscrite dès son plus jeune âge à la chorale de l'église orthodoxe où elle a été initiée à la musique ancienne byzantine. À vingt ans, elle a découvert le kundalini yoga et compris, dès le premier cours, qu'elle ne pourrait plus jamais se passer de cette pratique. Je me suis déplacée à Londres pour aller l'écouter en concert en septembre 2018. J'ai eu l'impression d'être transportée dans des dimensions inconnues. Elle canalise et emporte toute la salle avec sa voix. Elle livre ici l'intérêt de la méditation chantée et les chemins du son dans le corps.

Comment êtes-vous devenue chanteuse de mantras ?

J'ai toujours chanté. Quand j'étais petite, je chantais à l'église grecque orthodoxe que mes parents fréquentaient. J'adorais les mélodies, mais je m'interrogeais sur les règles dogmatiques de l'Église. Je rêvais de trouver une pratique qui me mette en lien avec ma propre essence, sans toutes ces doctrines. J'avais déjà une connexion avec la conscience universelle. Je sentais qu'il y avait une plus grande puissance que mon mental limité. À dix-neuf ans, je me suis mise au yoga et j'ai adoré, mais il manquait une dimension spirituelle à cette discipline. À vingt ans, j'ai essayé le kundalini yoga. La combinaison des mouvements du corps avec la musique et les respirations m'ont fait tellement de bien ! Il m'a fallu trois minutes pour ressentir une impression très familière : je me sentais chez moi. C'était si authentique ! J'étais déjà musicienne à cette époque. J'avais étudié le piano, les percussions et le chant. Mais je n'avais pas l'intention d'en faire une carrière. L'année d'après, lors d'un festival de yoga au moment du solstice d'été, on m'a entendue chanter. La communauté de yogis présents m'a demandé d'enregistrer des versions de mantras pour accompagner leur pratique. Je l'ai fait sans chercher à les commercialiser. J'ai ainsi créé plusieurs albums sans les vendre. Et puis, alors que je m'apprêtais à devenir naturopathe, on m'a convaincue de partir en tournée. Cela fait désormais huit ans que je chante avec le même groupe. Ma vie s'organise entre les concerts où nous réunissons cinq cents à mille cinq cents personnes selon les villes et l'enregistrement de mes albums. Il m'arrive aussi de donner des cours de kundalini yoga et de chant sur Internet.

Comment le fait de chanter des mantras dans une langue qui nous est étrangère peut-il avoir autant d'effets sur les émotions et le bien-être ?

Le son est une vibration qui modifie l'état d'être sur un plan cellulaire. Nous avons sous le palais quatre-vingt-quatre méridiens – des canaux énergétiques – qui, lorsqu'ils sont stimulés par la langue et la vibration du son, vont enclencher la sécrétion de messagers chimiques. Comme un GPS, ces fluides dans le cerveau nous conduisent jusqu'à notre conscience. Chanter des mantras permet de transcender le mental, c'est-à-dire d'aller au-delà des pensées limitantes stockées dans le subconscient pour nous mettre en connexion avec notre âme. En chantant, toute la chimie du corps change. La forme des cellules évolue au contact de la vibration. La nature des sécrétions est modifiée. Ainsi, chacune des syllabes détient une énergie d'auto-guérison. C'est d'une efficacité troublante. Il suffit de chanter trois fois l'*adi mantra*, le mantra d'ouverture *Ong Namo Guru Dev Namo* pour se sentir immédiatement propulsé à l'intérieur de soi. En soixante secondes seulement.

Pourquoi est-ce que ces mantras ne sont pas traduits dans la langue du pays où on les chante ?

Pour plusieurs raisons. D'abord, le gurmukhi exige de faire rouler ou de frapper sa langue sur le palais d'une manière spécifique. C'est un peu comme si on tapait des codes pour reprogrammer le corps tout entier. Ensuite, qu'ils soient en gurmukhi ou en sanskrit, ces mantras sont très anciens. Ils ont été transmis par des êtres éclairés et chantés pendant des millénaires avant d'arriver jusqu'à nous. Même s'ils ne font pas partie de notre culture, ils résonnent en nous depuis longtemps. Les traductions dont on dispose sont des raccourcis assez maladroits. Par exemple, *Sat Nam* ne saurait être réduit à « véritable identité ». C'est mille fois plus subtil. Et puis, il y a une autre raison : ne pas comprendre la signification permet de se concentrer sur la prononciation et le ressenti du son. Cela va éviter au mental de reprendre une activité qui pourrait nous empêcher de faire le voyage offert par le mantra. Il faut vraiment se laisser porter par sa voix pour faire l'expérience des bénéfices.

Est-ce qu'on peut les chanter quand on en a envie ?

Oui ! En faisant la vaisselle, sous la douche, en conduisant ou en découpant des légumes… Les mantras doivent s'adapter à la vie moderne. S'ils viennent à nous et qu'on ressent le besoin de les chanter, il ne faut pas s'en empêcher sous prétexte qu'on n'est pas dans une salle de yoga, assis en tailleur sur un coussin de méditation. Plus on les chante, plus on a envie de les chanter. En quelques minutes, les tentations d'auto sabotage diminuent, les problèmes que l'on croyait si grands se sont micronisés.

Comment choisir le mantra dont on a besoin ?

En faisant confiance à son intuition. Le mantra qui va venir à l'esprit est probablement celui qui va nous faire le plus de bien. On peut évidemment chercher des informations dans des livres ou sur Internet. Mais plus on les chante en cours de kundalini yoga, plus on sait les utiliser au quotidien. Si je suis traversée par des pensées terrifiantes, je chante *Ang Sang Wahe Guru* qui signifie que l'infinie source d'énergie d'amour danse à travers chacune de mes cellules. En quelques minutes, la paix intérieure revient. Quand j'ai besoin de me mettre en sécurité, je chante *Aad Guray Nameh, Jugaad Guray Nameh, Sat Guray Nameh, Siri Guru Dayvay Nameh.* Yogi Bhajan recommandait d'utiliser ce mantra de protection avant de démarrer le moteur d'une voiture, car il amplifie la concentration au volant. On peut aussi appeler la guérison avec le mantra *Ra Ma Da Sa.* J'adore chanter *Wahe Guru*, ce cri d'extase face à notre capacité à passer de l'ombre à la lumière. En ce moment, je travaille sur un nouvel album, je viens d'enregistrer une version de *Chattr Chakkr Varti…* qui me rend très joyeuse.

La prononciation des premières phrases exige un roulement de la langue qui me plaît énormément.

Comment rassurer ceux qui sont attirés par le kundalini yoga mais qui ont peur de chanter ?

Venez profiter d'un cours sans vous forcer à chanter ! Laissez-vous envelopper par les autres voix et peut-être qu'un jour vous vous sentirez prêts à vous joindre au groupe. Souvent, cette volonté de rester silencieux vient de la peur de son propre son. Peur d'être ridicule ou de chanter faux. Alors qu'en réalité, tout le monde s'en fout. Il y a de vrais traumas autour de la voix. Et je ne suis pas étonnée qu'il y ait actuellement autant de problèmes de santé autour de la thyroïde et de la zone de la gorge, chez les hommes comme chez les femmes. On s'est habitué à réprimer son propre son. On ne s'autorise pas à porter sa voix. À exprimer ce qu'on a à dire. À être entendu. À dire : « je suis ». Or la voix est un outil qui libère. Peu importe qu'elle soit juste ou fausse. C'est l'énergie du son suprême qu'on vient chercher, pas une bonne note à un concours de chant.

12. La formation

Les bénéfices de ma retraite au Maroc se sont immédiatement matérialisés à mon retour. J'avais trouvé une zone de confiance intérieure si grande que j'étais à nouveau capable de faire preuve de créativité dans mes projets en cours. J'ai fini mon livre à temps et réussi à mettre la nouvelle version de mon blog en ligne à la fin du mois de janvier 2018, juste avant la sortie du coffret beauté que j'avais élaboré à l'automne. L'ensemble avait été accompagné de petits miracles que je ne pouvais ignorer. Parallèlement, le nombre d'abonnés me suivant sur Instagram ne cessait d'augmenter, ce que j'avais du mal à comprendre. Je pensais même qu'il s'agissait d'une erreur d'algorithme en ma faveur.

Intriguée par l'arrangement musical des chants que j'avais découverts à Sidi Kaouki, j'avais demandé à Caroline Benezet de m'en dire plus sur leur origine. Ils étaient introuvables sur les plateformes numériques et avaient été enregistrés quelques années plus tôt par le yogi qui l'avait formée à l'enseignement du kundalini yoga. Je décidai aussitôt de prendre un cours avec lui à l'occasion d'un de ses passages à Paris. La pratique mêlée à un discours d'une modernité qui tranchait avec tout ce que j'avais pu entendre au sujet du kundalini yoga sema une nouvelle graine : et si je suivais une formation dans son école ? L'idée me paraissait aussi irrésistible que ridicule. Je n'avais pas le niveau, c'était trop tôt. Et puis, je n'avais pas envie d'enseigner. J'étais très heureuse de la vie que je menais. Cependant, la perspective d'être autonome dans ma pratique, de connaître des séries que je pourrais faire seule, d'en apprendre plus sur ce yoga et sur sa technique me semblaient indispensable dans ma progression personnelle. Odile Chabrillac, qui avait participé à la retraite de Caroline au Maroc et au même stage intensif à Paris, prit sa décision avant moi : elle partirait se former en avril. La tentation était encore plus grande. L'avoir à mes côtés me rassurait. Mon mari était évidemment d'accord, néanmoins je m'en voulais de laisser ma fille pendant les vacances scolaires. Mon amie Aurélie me proposa aussitôt de l'emmener en vacances avec sa petite du même âge. Les deux enfants étaient inséparables et se réjouissaient à l'idée de passer une semaine au bord de la mer. C'était réglé, je n'avais plus d'excuse pour reculer.

Je n'avais aucune idée de ce qui m'attendait lorsque je quittai Paris pour ma première semaine de formation en avril 2018, au lendemain de la sortie de mon livre. Je me doutais qu'on allait faire beaucoup de yoga et j'avais un peu peur de ne pas avoir assez d'endurance physique. J'imaginais une salle de classe avec des pupitres pour les cours théoriques et une salle pour pratiquer tous ensemble. Plusieurs profs formés là-bas m'avaient prévenue que ce serait difficile, mais aucun n'avait accepté de me révéler leurs expériences sur place. Tout cela me paraissait bien mystérieux, ce qui augmentait mes interrogations. Je ne cessais de me rassurer en me rappelant que le directeur de l'école m'avait fait bonne impression et que j'adorais la manière dont Caroline enseignait. J'avais demandé à être dans une chambre de trois avec Odile et son amie Laetitia que j'allais rencontrer pour la première fois. À l'arrivée, on nous conduisit dans un dortoir pour six que nous allions partager avec trois autres élèves. Cela faisait quinze ans que j'étais reçue dans des hôtels de luxe et que je voyageais en business : la vie avait décidé de me montrer qu'il était temps d'apprendre à se détacher du confort matériel. J'étais pétrifiée à l'idée de réveiller les autres en allant aux toilettes la nuit et plus paralysée encore en voyant que ma grande pudeur ne suffirait pas à éviter que l'on me voie nue : la salle de bains minuscule n'était pas fermée par une porte. Je ne savais pas encore que les douches seraient, de toute manière, de courte durée puisque l'eau chaude n'a jamais daigné fonctionner au cours de cette première semaine. Ça tombait bien, puisqu'il nous était recommandé de commencer la journée par une douche glacée avant la pratique du matin. Je me rendis compte que je n'avais pas emporté assez de vêtements chauds. J'étais gelée et j'avais faim. Le bouillon du premier soir m'avait semblé bien léger. J'avais honte de mes premières impressions, car le dortoir n'avait rien d'un taudis et je gardais pour moi toutes les pensées qui me traversaient. « Mais qu'est-ce que je fous là ? » hurlait mon mental négatif. Il m'arrive souvent de repenser à mon visage ahuri dans cette chambre le premier soir et de pouffer de rire. J'ai désormais fixé tellement d'éclats de joie sur les sommiers de ces lits superposés, j'ai trouvé tant de soutien auprès des filles qui ont partagé cette formation avec moi que j'ai autant d'affection pour ce lieu que pour une maison de vacances.

Après une première nuit sans sommeil, la magie de la *sadhana* en groupe a opéré. La pratique et les chants à l'aube m'ont instantanément régénérée. Je commençais à m'habituer aux règles de vie en collectivité et au rythme soutenu de la formation. Les cours théoriques nourrissaient chaque fibre en moi : j'avais la sensation qu'on m'apprenait tout ce que j'avais toujours voulu savoir. Il m'est cependant impossible de raconter le contenu de ces semaines de formation à l'enseignement qui associent théorie, pratique intense, exercices de développement personnel et expériences en pleine nature. Révéler le programme en détail gâcherait les effets de surprise si importants pour les yogis qui iront peut-être un jour se former là-bas. Par ailleurs, l'intensité de ces expériences ne se partage pas avec des mots. Les quelques tentatives de récit auprès de mon entourage proche se sont soldées par un échec cuisant : personne ne comprenait ce qui avait pu provoquer de tels éveils de conscience. Je percevais enfin ce qu'Albert Einstein signifiait en déclarant : « La connaissance s'acquiert par l'expérience. Tout le reste n'est que de l'information. » Je ne pouvais pas exiger de mes amis qu'ils comprennent ce qu'ils n'avaient pas expérimenté et leurs ricanements comme leurs jugements étaient à la hauteur de ceux que j'aurais eus si j'avais lu le programme avant de le vivre.

En rentrant, je me suis également décidée à ne pas faire part du nom de mon école sur mon blog. Même si je rêve que de tels programmes d'enseignement soient un jour intégrés, en partie, à la scolarité classique, j'ai bien conscience que cette formation n'est pas faite pour tout le monde. En faire la promotion au même titre que les hôtels ou les spas dont j'avais l'habitude de parler sur mon blog n'aurait été respectueux ni des enseignants ni de mes abonnés. On n'entame pas un chemin vers Soi comme on prend un billet d'avion pour New York. Motiver sa démarche en comparant toutes les formations existantes ici ou là me paraît essentiel pour sentir ce qui résonne profondément en soi.

J'étais venue pour en savoir plus sur le kundalini yoga. Je rentrais de cette première semaine riche de découvertes sur moi. J'avais identifié en quelques jours d'innombrables blocages non résolus, une colère compacte qui ne s'était pas totalement dissoute pendant mon voyage au Québec, un besoin évident d'opérer des changements importants à mon retour. Pourtant, à l'école, on ne m'avait rien demandé. Je ne faisais que tirer les conclusions qui s'imposaient à moi. Je pris plusieurs décisions. Une semaine sans café, sans thé ni Coca zéro m'avait permis de voir que je naviguais mieux sans ces boissons excitantes. Je décidai aussitôt de les abandonner. Cela faisait plusieurs mois que je n'avais plus envie de manger de viande. Je m'en étais passée sans difficulté pendant une semaine et je voulais prolonger l'expérience. Les scandales sur le traitement des animaux dans les abattoirs, les informations effroyables sur l'élevage industriel ainsi que son impact écologique et sur la santé des humains me déprimaient. La suppression totale de la viande se révéla jouissive puisqu'elle fit disparaître un grand nombre d'angoisses quotidiennes. La découverte de la douche froide au réveil – l'*ishnan* – m'avait apporté tant de bénéfices que je choisis d'en prendre l'habitude également. Je me mis aussi à tenir un journal afin de faire un scanner régulier de mes émotions et de m'entraîner à éviter de m'identifier à elles. Les émotions ne cessent de bouger d'une journée à l'autre. Écrire à leur sujet permet de les accueillir pour ce qu'elles sont et de les observer avec distance.

Je me doutais que cette première semaine serait difficile physiquement. Je n'avais pas envisagé qu'il ne s'agissait que d'un simple point de départ et que la pression allait monter graduellement comme quand on gravit une montagne. Il ne suffisait pas de suivre quelques stages dans l'année pour être diplômé. Nous héritions aussi de devoirs à la maison et de réunions régulières par écran interposé avec nos mentors et nos groupes de travail pour nous épauler dans notre cheminement. Les devoirs se déroulaient par cycle de quarante jours, car on dit que c'est le temps minimum requis pour se défaire d'une habitude et en ancrer une nouvelle.

Le premier cycle exigeait que nous pratiquions la même série d'exercices abdominaux. Sans pause, la série (qu'on appelle *kriya*) prenait quarante-cinq minutes, auxquelles je devais ajouter quelques exercices d'échauffement ainsi qu'une méditation. Cela me prenait rarement moins d'une heure et demie. Cet engagement, chacun le scellait avec lui-même, mais la règle voulait qu'on l'exécute pendant quarante jours d'affilée et sans relâche, sous peine de devoir repartir du début. L'entraînement quotidien m'a tellement métamorphosée qu'il m'est à présent impossible – ou presque – de commencer mes journées sans pratiquer.

Les challenges de quarante jours s'enchaînent depuis les uns après les autres, certains me prennent une heure, d'autres plus de deux heures. Quand je manque de temps, je réduis les durées. Ils me permettent de maîtriser les *kriyas* et les méditations choisies, d'en comprendre les échos émotionnels et physiques. Il en existe des centaines. Il faudrait donc plusieurs vies pour dédier quarante jours à chaque série du kundalini yoga. Il arrive cependant qu'on n'arrive pas à se lever suffisamment tôt pour pratiquer ou bien qu'un départ à l'aube nous oblige à modifier notre programme. On réalise alors que les bénéfices d'une pratique le soir sont bien moins grands. Les premiers mois, je me suis levée sans difficulté et sans réveil. Il faut reconnaître que j'ai la chance de ne pas avoir besoin de longues nuits de sommeil. Néanmoins, pendant l'hiver, j'ai pratiqué un peu plus tard en suivant le lever du soleil plus tardif dans notre hémisphère. Cette pratique quotidienne m'a appris à beaucoup m'écouter, à m'adapter et à noter sans juger mes impressions et mes besoins physiques.

Seul problème, lorsque je suis rentrée de ma première semaine de formation : il fallait trouver du temps dans mes journées déjà bien remplies pour intégrer ces nouveaux programmes. Je ne voyais pas où j'allais pouvoir le créer. L'Univers avait déjà bien planifié les choses pour moi.

COMMENT INSTAURER UNE PRATIQUE QUOTIDIENNE ?

Cette question revient constamment dans les échanges avec les internautes sur Instagram. Comment trouver l'énergie de se lever tôt le matin ? Comment trouver le courage de méditer, faire des exercices de yoga ou de respiration ? Quelle pratique adopter lorsqu'on n'a jamais osé ? J'ai réuni les réponses que je donne régulièrement en message privé. Elles n'ont pas valeur de vérité absolue. Je fais part ici de ce qui m'a été utile pour établir un rendez-vous régulier dont je ne peux désormais plus me passer.

À quelle heure doit-on se lever ?

Je me suis toujours levée à l'aube. Adolescente, j'avais horreur d'aller dormir chez des copines qui aimaient la grasse matinée, car j'étais condamnée à attendre qu'elles se réveillent. Les naturopathes à qui j'en ai parlé m'ont dit que c'était ma constitution. Le revers de cette nature est que je suis toujours la première à m'éclipser des soirées où je suis invitée. J'ai beaucoup d'amies qui sont, à l'inverse, incapables de se lever tôt, mais qui sont très productives la nuit. Leur demander de mettre leur réveil à 5 heures chaque matin serait inadapté. De même, il faut apprendre à assouplir la mise en place d'une pratique quotidienne lorsqu'on est parent de jeunes enfants et que le sommeil est morcelé par leurs réveils à répétition la nuit. Donc, tout dépend de l'âge des enfants et du quotidien de chacun. Un élève qui était avec moi en formation à l'enseignement du yoga gagnait sa vie comme éboueur avant de devenir prof. Il lui était impossible de pratiquer avant de partir travailler. Donc il a instauré un autre horaire que celui recommandé par les yogis : après son retour du boulot. Si l'on n'a pas la possibilité de se réveiller avant le lever du soleil pour pratiquer, on fait comme on peut et on avance pas à pas. Peut-être qu'on peut commencer par avancer son réveil de quinze minutes sur son horaire habituel pour s'accorder un moment à soi. Si l'on tient un mois d'affilée, on pourra avancer la sonnerie de quinze minutes supplémentaires. Et ainsi de suite. Faire l'expérience d'un début de journée à écouter sa respiration dans le silence est le meilleur moyen de prendre de la distance avec toutes les émotions du moment et de vivre pleinement la journée qui vient.

Quel est l'intérêt de la douche froide ?

Encore une fois, ce n'est pas une obligation, mais une suggestion. L'idée me paraissait complètement saugrenue jusqu'à ce que j'en fasse l'expérience quarante jours d'affilée en 2018. La douche froide n'est pas un moment pour se laver. Les yogis sortent du lit et vont sous l'eau glacée pour les bénéfices que cette dernière procure. Elle booste la circulation sanguine, active le drainage lymphatique, fortifie le système immunitaire et remonte instantanément le niveau d'énergie dans le corps. J'ai remarqué avec d'autres élèves qu'elle libère également le corps des courbatures. Comment essayer ? On peut commencer par se brosser le corps à sec avec une brosse adaptée. Puis se masser le corps avec une huile végétale (amande, sésame, coco, chanvre…). Pour ma part, je préfère commencer par le massage et me brosser le corps après, ou me brosser, aller sous la douche puis me masser le corps en sortant… L'intérêt du brossage est lymphatique et il va aussi réchauffer la peau avant de passer sous l'eau froide. La fine pellicule d'huile, quant à elle, permet de moins sentir le froid. Pour entrer sous l'eau, on dirige le pommeau de douche sur les pieds, les chevilles et les mains. On a tout à fait le droit de hurler, mais, chez moi, tout le monde dort encore, donc j'expire puissamment entre les deux en faisant des grands « chhhhhhh ». Ensuite, je compte jusqu'à trois et je passe directement le pommeau au centre de la poitrine. On sent tout de suite son cœur battre plus vite (attention : si vous souffrez d'une maladie ou d'un problème cardiaque, consultez votre médecin pour savoir si cette pratique est adaptée). On n'oublie pas les aisselles et le dos, mais, contrairement à ce qu'on a toujours répété aux femmes, on ne dirige pas le pommeau sur les cuisses. Cela n'enlève pas la cellulite et, surtout, ça déminéralise. On n'oriente pas non plus l'eau glacée sur les organes génitaux et on ne remonte pas au-delà du menton : pas de froid au sommet du crâne ! On commence par quelques secondes et on augmente progressivement d'une à trois minutes. Résultat : on a une pêche d'enfer en sortant et on a chaud. Les vaisseaux sanguins qui se sont contractés au contact du froid reprennent leur taille normale et c'est comme si un flot de sang neuf inondait tous les organes. À expérimenter pour en comprendre les bénéfices.

Comment choisir le bon set d'exercices ?

Une fois douché et en tenue confortable, il faut trouver un lieu, même petit, où l'on peut s'isoler. Idéalement avant que le reste de la famille ne soit levé pour ne pas être dérangé, mais lorsque les enfants sont petits, c'est délicat. Quand ils sont en âge de comprendre, on peut leur demander de nous laisser seul pendant quinze minutes. Si on installe ce rendez-vous de façon quotidienne, ils finiront par s'y habituer et le respecter. Inutile de leur hurler dessus s'ils entrent pendant la pratique : mieux vaut les inclure et apprendre à méditer en leur présence. Tout dépend ensuite du temps dont nous disposons. Cinq minutes, c'est mieux que rien. S'y engager chaque matin, c'est déjà formidable. En cinq minutes, on peut s'asseoir sur un coussin de méditation ou sur une chaise et se concentrer sur sa respiration (guidé ou non par une application). En dix minutes, on peut ouvrir l'espace en chantant trois fois *Ong Namo Guru Dev Namo*, faire trois minutes de respiration du feu, les bras en V dans le *mudra Ego Eradicator* (les premières phalanges repliées, les pouces tendus, comme branchés dans le ciel), onze grenouilles et deux minutes allongé sur le dos avant de fermer l'espace en chantant trois fois *Sat Nam*. Un quart d'heure suffit à faire quatre salutations au soleil, trois minutes d'*Ego Eradicator* et cinq minutes de *shavasana*. Lorsqu'on manque d'idées ou de connaissance des postures, il faut faire un tour sur les sites payants : My Yoga Connect, Gaia ou encore celui de Jai Dev (teachings.jaidevsingh.com). Il y a aussi de nombreuses vidéos gratuites sur Youtube (Kimilla, Karena Virginia, Anne Novak, Guru Jagat…). Lorsqu'on est avancé dans sa pratique, on peut s'engager dans un challenge de quarante jours avec, par exemple, le *nabhi kriya* (termes à saisir dans un moteur de recherche) en réduisant la durée des exercices au début. Il s'agit d'un set de postures qui cible la réserve énergétique au niveau du nombril et renforce les abdominaux.

Doit-on privilégier les exercices physiques ou la méditation ?

Tout dépend du temps dont on dispose. Si l'on peut, chanter un mantra, même cinq minutes, est très efficace pour retrouver son alignement. Idéalement, on commence par agiter le corps, puis on médite. Et on n'oublie pas de prendre le temps d'intégrer en s'offrant une relaxation d'une durée proportionnelle à l'engagement physique. On peut se relaxer avant ou après la méditation.

Quand doit-on tenir son journal quotidien ?

Le journal est un formidable outil pour repérer les schémas qu'on répète. Certains prennent cinq à vingt minutes pour écrire avant la douche froide, d'autres après leur pratique du matin. J'ai mis longtemps à trouver l'horaire qui me convenait. Le matin, je suis trop occupée. Après 19 heures, je n'ai plus le courage. J'ai finalement trouvé une alternative en enregistrant des messages vocaux. L'une de mes enseignantes utilise cette technique qui me convient bien. Il faut juste avoir beaucoup de place sur son téléphone et ne pas laisser traîner les enregistrements confidentiels…

13. Ralentissement forcé

« Quelle est ton intention pour cette formation ? » m'a demandé l'une de mes enseignantes à l'école de kundalini yoga. « Ralentir et écrire le livre que je porte en moi », ai-je répondu devant l'ensemble des élèves. Elle a souri et ajouté « Méfie-toi parce qu'une intention aussi clairement énoncée pourrait bien se matérialiser plus vite que tu ne l'imagines. » Elle ne faisait pas ici référence à ma volonté individuelle. Encore moins à mon énergie de conquête. En répondant à sa question, je n'avais pas envisagé que ma demande puisse être entendue par l'Univers. Or les énergies subtiles qui nous entourent sans qu'on les voie n'en avaient pas perdu une miette.

La semaine qui avait précédé mon départ en formation avait été si dense que je ne me souviens pas avoir eu le temps d'aller aux toilettes. En cinq jours, j'avais réussi à organiser le lancement presse de mon livre *Pimp My Breakfast*, à gérer la décoration et le traiteur et à négocier des sponsors pour offrir in extremis des cadeaux aux journalistes, à signer les exemplaires envoyés à la presse, à publier plusieurs articles sur mon blog, à préparer mon départ en stage, à organiser la valise de vacances de ma fille, à répondre à une vingtaine d'interviews pour assurer la promotion de mon livre, à le dédicacer en public dans une boutique de mode et à signer une promesse d'achat pour une chambre de bonne qui allait devenir mon bureau.

Même si je me rendais toujours à mes multiples cours de kundalini yoga hebdomadaires et que je prenais soin de faire les courses pour manger sainement, le reste de mon emploi du temps était si rempli qu'il n'y avait pas la moindre place pour une pause. Je courais en apnée comme un hamster dans sa roue et je ne reprenais mon souffle que lorsque je pratiquais sur mon tapis de yoga. Certes, je ne travaillais plus dans un open space et je m'offrais le luxe d'accepter les projets qui me plaisaient, mais j'étais constamment occupée. Même mes trajets en taxi étaient dédiés à la gestion des réseaux sociaux. Faire du yoga avec autant d'intensité et « manucurer » mon alimentation ne servait pas seulement au développement de mon Soi supérieur. Cette hygiène de vie me permettait de supporter tout le reste et d'augmenter mes performances. Plus j'en faisais, plus j'impressionnais les autres, plus je me sentais valorisée. Même si globalement je remarquais un mieux-être général, je déclinais encore et sans m'en rendre compte la croyance collective « travailler plus pour gagner plus ». Plus d'argent, plus d'amour extérieur, plus de reconnaissance, plus d'ego.

De retour chez moi, l'Univers se chargea de me faire ralentir. Je l'avais demandé ? J'allais être servie. D'abord, mon ordinateur portable refusa de se remettre en marche après ma semaine de formation. Un point d'interrogation que je n'avais jamais vu sur mon écran s'afficha au démarrage sans raison. Le pronostic vital de l'ordinateur était engagé : les réparateurs informatiques allaient devoir le réanimer pendant plusieurs semaines afin de tenter d'en extraire les données, dans l'éventualité où ils arriveraient à les sauver. Je conservais tout sur mon ordinateur. Il me suivait dans mes déplacements telle une tétine collée dans la bouche d'un jeune enfant. Mes textes, ma galerie de photographies personnelles et toutes mes images professionnelles, mes codes d'accès, mes adresses de contact… J'entretenais une relation fusionnelle avec l'objet. Je n'avais bien évidemment fait aucune sauvegarde depuis mon départ du journal *Le Monde* deux ans plus tôt. Jamais le temps, plus de place sur mon disque externe, flemme d'aller en acheter un autre… Presque simultanément, mon téléphone montra de grands signes de faiblesse et se mit à s'éteindre inopinément en pleine conversation. J'avais beau le faire réparer, personne n'était capable de fournir une explication à ce phénomène étrange. Pourtant, je restais calme. Même ma collaboratrice, qui m'avait vue sortir de mes gonds plus d'une fois avant ma formation, n'en revenait pas. Qu'était-il en train de m'arriver ? Tout ce qui m'avait paru essentiel jusqu'ici ne l'était plus depuis mon retour. J'avais confiance en mon chemin : j'étais prête à perdre toutes mes données, tout finirait par s'arranger. Je percevais ce ralentissement technologique forcé comme une bénédiction. Un clin d'œil planétaire qui murmurait : « Tu as été entendue. »

J'ai toujours vu mon père travailler avec acharnement. Il n'aimait pas les vacances et, même lorsque nous étions en vacances chez lui, au Canada, il continuait inlassablement ses recherches scientifiques. Il courait, lui aussi. Parfois, il louait un chalet au bord d'un lac. Je le revois allongé sur la plage une seule et unique fois. Dix minutes avaient suffi à griller la plante de ses pieds comme la carapace d'un homard dans l'eau bouillante. Sa peau blanche ne tolérait pas le soleil. Il ne supportait ni les vacances ni l'inaction. Il m'impressionnait beaucoup lorsque je le voyais entouré de ses élèves à l'université Laval. Je me disais que plus tard, moi aussi, je mettrais autant d'énergie au travail puisque c'était le facteur de réussite le plus valorisé par ma famille. Lorsqu'il est mort d'un cancer du cerveau à l'âge de quarante-six ans, j'ai élaboré de nombreuses hypothèses pour expliquer la naissance de sa maladie. Je me disais qu'il s'était épuisé à la tâche. Il avait « usé » son cerveau. Pourtant, je reproduisais le même schéma : je jouissais d'être perçue comme une « bosseuse overbookée ». Même en congé, je me maintenais occupée du matin au soir avec des listes de courses, des heures derrière les fourneaux pour combler les copains, des activités planifiées sans interruption. Si je m'asseyais un instant, c'était pour méditer ou faire du yoga : chaque seconde était rentabilisée dans un but précis. Ma mère, qui avait été obligée d'arrêter l'école à l'âge de treize ans, avait commencé à travailler dès l'adolescence. Elle avait repris ses études une fois adulte et n'était pas restée mère au foyer bien longtemps. Contrainte de trouver un salaire au moment de sa séparation d'avec mon père, je la vis grimper les échelons d'une grosse société informatique où elle entra en tant que standardiste et dont elle sortit ingénieure commerciale. Sa détermination à ne plus jamais subir la pauvreté de son enfance a également encodé dans mon fonctionnement plusieurs croyances collectivement partagées. « Il faut se battre pour y arriver. » « Travailler dur. » « Ne pas se reposer sur ses lauriers. » « On n'obtient rien sans effort. » « L'argent est le nerf de la guerre. » « On se reposera quand on sera mort. » Un champ lexical du combat qui me paraissait révolu après ma première semaine de formation. Ce n'était plus ce que je voulais pour moi. Ce n'était pas non plus aligné sur les changements de paradigme de notre époque.

L'intégration d'une pratique quotidienne à la maison m'obligea à alléger mon agenda. Je m'étais toujours levée à l'aube, mais je dédiais jusqu'alors ce temps matinal à mon ordinateur. Je m'installais, l'écran sur les genoux, et je profitais du fait que tout le monde dormait encore pour répondre à une centaine d'e-mails en attente ou pour rédiger un projet en cours. Supprimer ces deux heures de travail pour les consacrer au yoga allait m'obliger à réduire mes engagements professionnels. La pratique quotidienne ne se contentait pas d'entraîner mes muscles. Elle développait mon oreille absolue. Plus les jours passaient, plus j'amplifiais l'écoute de mes besoins profonds. Il ne m'était plus possible de les trahir, car j'étais en connexion permanente avec mon corps. Je pensais que ces exercices me prendraient une à deux heures, tout au plus. Je découvrais qu'ils exigeaient aussi de longues phases d'intégration. Les mouvements, les respirations et les méditations quotidiennes avaient un effet diffus sur mon « état d'être », tout au long de la journée. Ils m'assouplissaient le corps comme l'esprit. Il me fallait désormais faire des pauses, voire des siestes, pour décanter les processus en cours.

Ce qui me surprit le plus pendant la panne de mon ordinateur fut la leçon que je reçus au sujet de la gestion de ma boîte mail. Toutes mes journées commençaient et finissaient jusqu'alors par la suppression d'e-mails. Chaque jour, ma boîte était envahie par trois cents à cinq cents messages que je devais trier rapidement pour ne pas être complètement ensevelie. Je le faisais même pendant mes vacances pour éviter le vertige au retour. Mon cerveau passait en revue l'énoncé des objets, le nom de l'expéditeur et je décidais en moins d'une seconde de son intérêt. Il m'était impossible de tout lire ou de regarder en détail chaque information et j'avais pris l'habitude d'en effacer un grand nombre sans les ouvrir. J'étais submergée par des communiqués de presse et des invitations à déjeuner, dîner, petit-déjeuner, prendre un café pour discuter d'un projet... Souvent, je refusais par manque de temps. Parfois, je réservais ma réponse dans l'attente d'un allégement d'agenda qui ne viendrait jamais. Donc, en plus du flot d'e-mails quotidiens, j'accumulais un nombre invraisemblable de messages auxquels je n'arrivais pas à offrir une réponse claire. Les passer en revue me donnait la nausée et, lorsque la culpabilité de n'avoir pas répondu à temps était trop forte, je proposais une date de déjeuner trois mois plus tard, ce qui étranglait un peu plus mon planning à venir.

Ma collaboratrice dédiait un temps fou à l'organisation des événements dans l'agenda numérique que nous partagions sur nos téléphones et que je finissais, bien souvent, par annuler à la dernière minute, par manque de disponibilité. Mon ambition d'être partout à chaque instant ne générait que de la frustration. Je n'étais pas à la hauteur du marathon impossible que je m'imposais. Or, pendant ma semaine de formation à l'enseignement du yoga, je n'avais pas de wifi et je n'ai pas eu envie de consacrer du temps au nettoyage de mes messages. Et quand je suis rentrée, mon ordi comme mon téléphone se sont écroulés, m'obligeant à faire l'expérience du silence numérique. J'ai pris tellement de retard dans mes e-mails pendant les semaines de réparation qu'il a fallu renoncer à trier les milliers de messages en attente. Dès que j'y ai eu accès, je les ai tous sélectionnés et mis à la poubelle d'un coup. Miracle : les murs de mon appartement n'ont pas tremblé. Je m'attendais à des secousses sismiques, mais la Terre comme toutes les planètes du Système solaire ont continué à naviguer autour du Soleil. Les personnes qui avaient des choses importantes à me dire ont fini par m'appeler. Et puis, il y a toutes celles à qui j'ai pensé sans avoir lu leur demande. Pendant un rêve ou après une méditation, leur nom avait émergé. J'avais aussitôt repris contact avec elles et la magie opérait. Chacune m'avait écrit avec une proposition irrésistible, totalement en lien avec les valeurs que je portais. Il était encore temps d'accepter, c'était parfait. Je n'étais plus esclave de la technologie ni de la compression du temps. Il me suffisait de faire confiance à mes intuitions pour que tout se règle sans effort. Parfois, une simple transmission de pensée suffisait.

Je n'eus ensuite aucun mal à alléger le nombre de déjeuners et de dîners professionnels qui asphyxiaient mon planning. Je refusais plus facilement les sollicitations des marques qui organisent toute l'année des événements pour faire la promotion de leurs futures nouveautés auprès des journalistes et des influenceurs. J'avais longtemps cru que ma présence était indispensable si je ne voulais pas être oubliée du secteur dans lequel j'évoluais. En outre, j'étais anxieuse à l'idée de manquer une occasion de vivre une expérience hors du commun, car ces lancements se déroulent souvent dans des restaurants étoilés ou des adresses que j'étais heureuse de découvrir. La peur de « ne plus en être » m'avait quittée.

En revanche, il m'était encore difficile de refuser des propositions rémunérées, à l'instar des dossiers de presse que je rédigeais pour les marques de luxe. Ce que je développais sur mon blog et autour du yoga m'amusait mille fois plus que d'écrire l'histoire marketing d'une fragrance qui ne sentait pas bon et dont le créateur comme le chef de projet reconnaissaient qu'elle n'était motivée que par des contraintes commerciales. Mais comment allais-je rembourser mon crédit immobilier ou partir en vacances si j'abandonnais l'essentiel de mon économie ? Je décidai de tenter d'en faire moins, juste pour voir. Je me mis à renoncer à certains projets copieusement payés. Miracle : je continuais à m'en sortir. Très bien même. Je gagnais un peu moins, mais suffisamment pour maintenir le niveau de confort dont je ressentais le besoin. J'avais surtout fait la rencontre d'une richesse inestimable : la joie. Mais aussi la présence à moi-même et à mes proches. La confiance. Je ne me sentais plus seule. J'étais soutenue par l'Univers tout entier. Nous cocréions ensemble ma réalité.

POURQUOI RALENTIR ?

Entretien avec Nathalie Desanti

J'ai connu Nathalie Desanti, journaliste depuis plus de vingt ans, lorsque je commençais à travailler pour le magazine *Vogue*. Nous nous croisions sans vraiment nous fréquenter, mais toujours avec une sympathie réciproque. On ne s'est jamais perdues de vue et suivions nos changements de vie avec beaucoup d'intérêt. Experte en psychologie, beauté, santé et bien-être, elle est récemment devenue coach certifiée et est également formée en PNL (programmation neuro linguistique). Dans son cabinet, elle diffuse son enthousiasme communicatif auprès de ceux qui ont besoin de motivation pour donner vie à un projet. Spécialiste de la parentalité, elle aide les parents, les enfants comme les adolescents en difficulté. Au printemps 2019, la maison d'édition Horay a publié son livre : *Et un jour, j'ai décidé de faire la tortue… Comment le slow parenting a changé ma vie.*

Quand a-t-on commencé à utiliser le mot *slow* pour qualifier un nouvel art de vivre ?

La première fois que j'ai vu ce mot anglais qualifier un courant, c'était en 2004, à l'occasion de la première édition du salon du goût Slow Fooding organisé à Turin. J'étais invitée en tant que journaliste et j'avais été interpellée par le mot qui me rappelait les premières danses de mon adolescence. Instauré par Carlo Petrini et un groupe d'activistes dès les années 1980, le mouvement lançait alors son premier salon. On ne parlait pas encore de pleine conscience, de pleine présence ni de méditation dans la sphère publique. Tout cela existait déjà mais c'était plutôt réservé à un public d'initiés.

Dans ce salon, on présentait l'alimentation comme le premier soin de soi, une manière de mieux vivre en mangeant différemment.

Aujourd'hui, le mot est décliné sur tous les tons. Que signifie avoir un mode de vie *slow* ?

L'idée est de faire un pas de côté pour observer notre tempo personnel. Est-ce que le rythme que l'on s'impose est juste ? Est-ce qu'il nous convient ? Est-ce qu'il nous permet de respirer, de ne pas retarder des besoins essentiels comme aller aux toilettes ou boire un verre d'eau, de ne pas se presser lorsqu'on mange ? Pour analyser son rythme, il suffit de prendre une loupe, d'observer l'agenda de la semaine qui vient de s'écouler et de rester attentif aux réactions corporelles. Si la simple vue de notre planning nous donne une boule au ventre, c'est qu'il y a quelque chose qui ne va pas. Qu'est-ce qui n'était pas nécessaire ? Est-ce que ce déplacement aurait pu être remplacé par un appel téléphonique ? Est-ce qu'on aurait pu regrouper ces trois réunions à l'autre bout de la ville et économiser plusieurs trajets en taxi, coûteux pour notre compte en banque comme pour l'environnement ? Ralentir, c'est d'abord avoir un regard plus respectueux pour nos rythmes physiologiques. Or, ce faisant, on a forcément un impact positif sur la planète ainsi que sur les autres car on ne leur impose plus notre stress ni nos retards à répétition.

Quels sont les bénéfices d'une vie au ralenti ?

Les bénéfices sont immédiats sur la santé, les relations aux autres et le niveau de stress, mais il arrive qu'on passe d'abord par une phase d'inconfort. Avoir des journées moins denses peut générer un vide, une peur du manque, ou de la culpabilité. Au début, on a tendance à retirer des cases de son agenda pour souffler puis à repartir à un rythme effréné juste après. Il faut du temps pour trouver de la fluidité et ne plus être dans une alternance de chaud et de froid. Au fil du temps, on apprend à décliner la douceur à chaque instant.

Pourquoi est-ce si difficile à appliquer ?

Pour beaucoup, ralentir, c'est être moins efficace, moins productif et cela produit beaucoup de culpabilité. On l'associe à la fainéantise, au « faire néant ». Est-ce que je vais faire aussi bien qu'avant si on décélère ? Est-ce que je vais rester à la hauteur de mes exigences et de celles des autres ? D'ailleurs, certaines personnes ne ralentissent que dans l'espoir que cela les rende encore plus performantes. Or, il n'y a pas de retour sur investissement à attendre du chemin du *slow*. En étant plus connectés à nos besoins physiologiques, on va tout de suite se sentir mieux, mais il faudra probablement accepter de gagner moins d'argent ou de reconnaissance immédiate. Reste à savoir qui on cherche à épater.

Est-ce qu'il n'y a pas une tension permanente entre le ralentissement qui fascine notre époque et l'accélération nécessaire pour accéder à la réussite sociale dont tous les médias, y compris les réseaux sociaux, font la promotion ?

Les injonctions paradoxales ont envahi notre quotidien. On nous demande de ralentir et de nous déconnecter. Du coup, on télécharge quinze applications de méditation en pleine conscience et l'on ne sait même plus laquelle choisir au réveil. Et si jamais il n'y a pas de wifi pour obtenir la méditation du jour, alors le moment pour soi est ruiné. Ces messages contradictoires sont partout et ils perturbent notre discernement comme nos désirs. Observons les publicités pour les véhicules automobiles. Je suis troublée par le fait que les voitures, même lorsqu'elles s'adressent à des classes moyennes, sont toujours conduites par des personnages qui vivent dans des maisons d'architecte avec piscine. Leur style de vie élitiste correspond plus à des conducteurs de Ferrari qu'au prix de la voiture mise en avant. Or, celui ou celle qui reconnaît son véhicule dans le film publicitaire finit par ressentir une grande frustration : il ou elle a la même voiture, pourtant il ou elle ne possède pas la villa qui va avec. Pourquoi ? Il faudrait donc qu'il arrive à gagner plus pour arriver au même niveau de réussite sociale. Parallèlement, d'autres publicités de voiture nous montrent une jeune femme qui s'arrête pour observer la beauté d'un cerf. On obtient donc deux messages contradictoires : accélérez ! Mais ralentissez !

Alors comment réussir à prendre le temps de vivre et à échapper à ces injonctions ?

On a parfois du mal à le faire pour soi-même. Je propose de commencer par regarder les gens qui comptent vraiment pour nous. Si tout devait s'arrêter demain, est-ce que j'aurais été bien présent à moi-même et aux autres ? Est-ce que je passe suffisamment de temps avec les êtres que j'aime ? Il ne s'agit pas d'alimenter sa culpabilité ou de se sentir dans la contrainte du devoir vis-à-vis des autres, mais de cultiver une présence de qualité. Redéfinir dans son quotidien les petits gestes de bienveillance. La main sur l'épaule pour remercier celui qui a préparé un bon repas, changer son emploi du temps pour passer un moment imprévu avec ses enfants, laisser de l'espace pour la relation à l'autre, appeler l'amie à laquelle on pense au moment où elle nous vient à l'esprit. Au fur et à mesure, on s'allège – d'ailleurs, il n'est pas rare qu'on s'aperçoive qu'on n'a plus besoin de toutes les choses qu'on accumulait chez soi, on nourrit des relations plus authentiques avec son entourage, on fait de la place à l'inattendu et on se laisse guider par la joie d'être en vie, ici et maintenant. Comme écrivait Arthur Schopenhauer : « Tout ce qui est exquis mûrit lentement »…

14. L'éveil de ma conscience écologique

Trois mois seulement s'étaient écoulés depuis le début de ma formation à l'enseignement du kundalini yoga et je sentais mes ailes se déplier progressivement à l'arrière de mes omoplates. La douche froide n'était plus un supplice, j'en avais désormais besoin, tout comme la pratique quotidienne. Chaque matin, ce rendez-vous dans ma salle de bains, où j'avais assez d'espace pour glisser un tapis et quelques bougies, m'offrait un nouveau message, un cadeau du ciel, comme si un facteur se chargeait de livrer du courrier à ma conscience supérieure à l'instant le plus inattendu. Seule, encore dans la nuit, lorsque le jour perçait l'encre du ciel et floutait les étoiles, j'accueillais tout ce que j'étais. Ma capacité d'observation s'aiguisait de jour en jour. La loupe que j'employais au début pour scanner mon état était devenue un microscope de laboratoire s'engouffrant dans les moindres recoins émotionnels. Ce qui se jouait sur mon tapis de yoga n'avait rien à voir avec une séance de fitness. Pendant le temps de ma pratique, je me branchais sur une nouvelle fréquence vibratoire. Chaque semaine, ma mue s'accélérait à mon insu et je faisais la découverte d'une nouvelle prise de conscience. Une multitude d'habitudes disparaissaient. Ce que j'avais très bien supporté pendant des années, voire justifié, argumenté, souhaité, ne correspondait brusquement plus à mes aspirations profondes. Pourtant, personne ne me donnait d'ordre. Ni mes formateurs, ni mon entourage. Tout se passait de manière organique.

Le mois de juillet 2018 fut donc bien différent des étés précédents. Je n'avais plus cette panique qui tenaille le ventre de ne pas réussir à tout faire avant de partir en vacances en août. Je ferais de mon mieux et ce serait comme ce serait. Tout finirait par aller bien puisque j'en recevais des preuves quotidiennes. Je croisais parfois des amis qui se plaignaient : « Qu'est-ce que c'est dur cette période avant les vacances ! Les gens deviennent fous, tout le monde est crevé, la pression est délirante… Toi aussi, tu cours dans tous les sens, non ? » Non. Je marchais. Mes semaines étaient certes bien remplies, mais il n'y avait plus d'alternance cyclique entre apnée prolongée et soulagement momentané.

La deuxième semaine de formation fin juillet fut très différente de la première. Cette fois, il fallait camper, ce que je redoutais. J'avais déjà fait quelques colonies de vacances sous la tente et je n'avais pas une passion pour le rouleau de papier-toilette qu'il faut glisser sous l'aisselle au moment du brossage collectif de dents. Je ne nourrissais pas non plus de passion pour les insectes qui se glissent dans le sac de couchage. Encore moins pour les lampes frontales à remettre fissa sur la tête, en plein milieu de la nuit, pour aller faire pipi. Nous ne savions pas grand-chose du programme, mais nous étions si heureux de retrouver les élèves avec lesquels nous avions partagé la première aventure que l'enthousiasme prenait l'avantage sur les craintes.

À l'arrivée, je me sentis perdue au milieu des cent trente élèves venus du monde entier. Je n'en connaissais que la vingtaine qui avait commencé cette formation en même temps que moi. Les autres étaient originaires de Suisse, de Russie, des Pays-Bas, du Royaume-Uni, de Guadeloupe, de l'île de la Réunion et d'Allemagne. Ils terminaient leur année d'apprentissage avec cette semaine d'immersion en pleine nature. Ces nouveaux visages que je croisais en train d'installer leur tente m'impressionnaient. Le lendemain matin, nous étions beaucoup trop nombreux pour utiliser les quelques cabines de douche ; il valait mieux aller directement se baigner dans la rivière gelée. En arrivant près de l'eau, je trébuchai et tombai menton contre terre. Une chute enfantine qui m'écorcha les genoux et me mit les larmes à fleur de cils. Et puis, quelques minutes plus tard, en tenue, installée sur mon tapis, je me mis à pratiquer avec tous ces inconnus. Il y avait beaucoup d'hommes, presque autant que de femmes. La magie opérait à nouveau. Les yeux fermés, concentrée sur la puissance de nos voix entremêlées, je me sentais de retour chez moi : tout à l'intérieur de mon cœur.

Il fallait aussi me défaire de mon téléphone. Son usage n'était pas interdit, mais il était impossible de le recharger : nous étions bien trop nombreux pour qu'une seule prise alimente toutes les batteries des élèves. Je prévins ma famille que la communication serait limitée au minimum syndical et que l'appareil resterait éteint quasiment toute la semaine. Ma fille s'éclatait en vacances avec ses cousins et se moquait pas mal de mes expériences spirituelles. Mon mari avait confiance en moi et savait que je n'hésiterais pas à l'appeler si c'était nécessaire. Il était convaincu que j'allais revenir enchantée. Il n'avait pas tort. D'autant que la restriction de communication numérique me permit de goûter à la joie de me couper du monde pendant quelques jours. Une expérience si bienfaisante que je décidai de la prolonger en août : pour la première fois depuis des années, je ne publiai rien sur les réseaux sociaux, ni message, ni photo. Une détoxification qui fut l'une des plus grandes joies de mon été 2018.

Ayant grandi en ville, foulé le bitume plus souvent que la terre fraîche, serré des barres métalliques dans le métro plus que de branches d'arbre entre mes mains, j'ai longtemps sous-estimé le pouvoir de guérison de la nature. Cette semaine de pratique intensive à son contact, sans matelas ni mur en pierre pour me séparer d'elle, sans tuyauterie ni prise électrique, m'offrit l'expérience la plus transformatrice de ma vie. J'eus l'impression d'être plongée dans un bain révélateur à l'instar d'une photographie argentique. Jamais je ne m'étais sentie aussi reliée à l'eau, à la terre, au feu, aux arbres et aux étoiles. Je m'apercevais enfin qu'il n'y avait aucune frontière entre ces éléments et ce que je suis. Ils vibraient en moi et je vibrais en eux. Je pouvais leur parler, ils savaient m'écouter et me soigner de toutes mes peines. En rentrant, je pris conscience que je m'étais longtemps coupée de la planète tout entière. Bien évidemment, j'aimais mon confort et le moelleux de mon oreiller. Cependant, je savais désormais que je pouvais me contenter d'un feu de bois, d'une pleine lune, du chant des oiseaux et d'une rivière pour rencontrer la béatitude. Et cela allait changer ma perception de ce qui m'avait toujours paru essentiel.

Le mois suivant, en août, des sensations aussi élémentaires que nager ou marcher me paraissaient inédites. Je me souviens d'une journée à Cassis en pleine mer. La texture de l'eau me semblait onctueuse. Pourtant, après un orage spectaculaire la veille, elle était presque aussi glacée qu'en Bretagne. La mer me prenait dans ses bras. Je me sentais accueillie, portée, soutenue. Même impression dans la rivière des Cévennes que je pensais pourtant bien connaître. Chaque talon posé au sol, sur le chemin en remontant de la baignade, me ramenait vers moi. Mes amis m'observaient de loin enlacer les arbres autour de nous et se demandaient peut-être si je n'étais pas devenue complètement folle. Je me moquais de ce qu'on pouvait bien en penser. Je ne voulais plus perdre la connexion qui me permettait d'échanger avec toutes les énergies en présence. À mon retour de vacances, je décidai de faire entrer mes prises de conscience dans la matière. J'avais tellement reçu de cette nature abondante, il était temps de l'honorer. J'avais conscience que mon comportement allait devoir changer. J'étais prête. Impatiente, même.

Alors que les valises étaient encore pleines de linge sale à trier, je reçus une notification sur mon téléphone : le ministre de la Transition écologique et solidaire Nicolas Hulot venait de démissionner. Il l'avait annoncé en direct sur France Inter. Intriguée par la nouvelle, je me mis aussitôt à écouter l'enregistrement de l'entretien qu'il venait de donner. Cela faisait plusieurs mois que le discours de la grande majorité des femmes et des hommes politiques ne m'intéressait plus. Je les sentais cadenassés par un système obsolète qui ne leur permettait pas de livrer une parole authentique, même si certains semblaient en avoir le désir. Il m'était devenu insupportable de les entendre. Mais ce matin du 28 août 2018, j'étais curieuse de comprendre les motivations de cette démission soudaine. Nicolas Hulot avait la voix chevrotante et le ton grave. On sentait tous les efforts qu'il fournissait pour retenir ses larmes. Je m'assis, surprise par cette fragilité inhabituelle. « Et petit à petit, on s'accommode de la gravité et on se fait complice de la tragédie en gestation », disait-il au sujet du drame écologique en cours. Et puis, ces mots « Je ne veux plus me mentir »… C'était si étrange d'entendre un membre du gouvernement faire une pareille déclaration. Les deux journalistes qui l'interviewaient étaient tellement surpris qu'ils laissèrent pendant une longue seconde un silence s'exprimer à leur place. Un instant suspendu. Celui qui avait été présenté comme un sauveur providentiel faisait un constat d'échec : il n'y arrivait pas. Et personne n'y arriverait sans le soutien et l'engagement individuel de chaque citoyen. Il était grand temps d'arrêter de croire en des solutions extérieures à nous-mêmes, de cesser de nous comporter comme des enfants qui espèrent que leurs parents vont tout régler miraculeusement. La solution ne viendrait pas sans nous.

Quelques jours plus tard, en septembre, apparut dans mon fil d'actualités Facebook la vidéo d'une conférence issue du Climax Festival 2018. Je ne connaissais pas cet événement, encore moins les personnes qui participaient à cet échange filmé. Un astrophysicien en short et aux cheveux longs, dont je n'avais jamais entendu le nom, exposait la situation dramatique dans laquelle se trouvaient la planète et tous les vivants qui y étaient hébergés. La manière extrêmement habile avec laquelle il s'exprimait attira mon attention. Plutôt que de dresser la liste des conséquences scientifiquement reconnues du réchauffement climatique, de la pollution des eaux et de l'air, de la disparition de nos ressources et de la biodiversité, Aurélien Barrau choisit un exemple frappant pour illustrer son propos. Alors que l'Europe n'arrivait pas à accueillir dignement les quelques centaines de milliers de migrants qui venaient se noyer sous nos yeux en Méditerranée, il dit : « On sait aujourd'hui, et ce sont des chiffres officiels, pas ceux d'hurluberlus alarmistes, que nous aurons entre deux cents millions et un milliard de réfugiés climatiques dans moins de trente ans. Pas dans cinq siècles. Dans trente ans. Que voulez-vous qu'il se passe ? Ça ne peut pas être autre chose que la guerre. Ce n'est pas une sorte de fantasme catastrophiste. C'est une analyse géostratégique élémentaire. » Son idée n'était pas seulement de nous alarmer mais de rappeler qu'il était urgent de mobiliser nos gouvernements pour qu'ils prennent les décisions que nous n'arrivions pas à nous imposer individuellement. Cependant, attendre ou espérer ne me convenait pas. Le yoga m'avait appris à ne pas déléguer mon pouvoir ni reporter la responsabilité sur les autres et surtout à garder confiance. Quelles étaient les décisions que je pouvais prendre à mon niveau, ici et maintenant, pour me réconcilier avec la terre et le ciel ?

Je ne partais pas loin du niveau zéro en matière d'engagement écologique lorsque je pris conscience de l'urgence. La naissance de ma fille, onze ans plus tôt, m'avait permis d'interroger la provenance des légumes et des fruits que nous consommions. Jusqu'alors, il ne me serait pas venu à l'esprit de faire mes courses dans un magasin bio. Je visitais ces adresses encore rares comme on entre dans une boutique de souvenirs exotiques. Les prix me paraissaient exorbitants – cependant, je n'étais pas choquée par le tarif des nombreux escarpins de luxe dans lesquels je me déplaçais. J'avais été éduquée aux « promos » en tête de gondole à l'hypermarché, aux packs de seize yaourts dont on finissait toujours par jeter les derniers pots parfumés synthétiquement à la cerise, aux barils de lessive XXL dans lesquels on espère un cadeau. Je faisais mes courses dans un supermarché à proximité de mon domicile et je remplissais mon Caddie à ras bord une fois par semaine de bouteilles d'eau en plastique, de fruits issus du bout du monde emballés sous blister, de framboises en février, de pain de mie industriel et de jambon sous vide.

L'arrivée de ma fille nous força à changer nos habitudes. Lorsque son pédiatre, qui n'était pas particulièrement connu pour ses convictions écologistes, nous demanda d'introduire les aliments solides en achetant exclusivement les légumes de terre en magasin bio, je m'exécutai, voulant bien faire. Pendant plusieurs mois, je me souviens avoir préparé les purées de légumes vapeur avec des carottes bio, tandis que nous continuions, mon mari et moi, à manger « normalement ». Je finis par comprendre que cette situation était délirante. Prendre soin de ma fille m'avait conduite à m'intéresser à l'impact de nos achats sur notre santé, celles des paysans et de la planète. Les reportages et les articles sur l'industrie du lait, les œufs issus de poules élevées en cage, la production du blé dilapidaient mes anciennes croyances. Chaque éveil de conscience provoquait un réajustement dans mon réfrigérateur ainsi que dans les placards de ma cuisine.

Onze ans plus tard, où en étais-je ? Mes circuits d'approvisionnement avaient complètement changé. L'étiquette bio ne me suffisait plus. Bien sûr, je continuais à fréquenter ces magasins labellisés, mais j'avais perdu l'habitude de faire un « gros plein » une fois par semaine. La lutte contre le gaspillage était plus importante à mes yeux qu'un frigo bien rempli, donc notre famille s'était habituée à acheter au fur et à mesure selon nos besoins. Le week-end, je trouvais des épiceries proposant des légumes et des fruits cultivés localement, j'allais au marché en quête de maraîchers vendant en direct, je m'arrêtais quel que soit l'arrondissement lorsque je dénichais une récolte vertueuse que je souhaitais encourager.

La suppression de la viande de mon alimentation avait évacué toutes les interrogations laissées sans réponse au sujet de sa traçabilité, des abattoirs, du bien-être de l'animal au cours de sa vie, de l'alimentation qu'on lui donnait, de l'impact de l'élevage sur l'environnement ; même si mon mari et ma fille continuaient à en consommer, c'était nettement moins fréquent qu'avant. Je n'achetais plus de poisson non plus ; je n'en mangeais plus qu'en de très rares occasions à l'extérieur de chez moi, car là encore, je ne trouvais pas les réponses que je cherchais en matière de pêche durable, de métaux lourds et de capacité laissée aux espèces marines de se reproduire.

Pas question pour autant d'imposer ces changements à mon entourage ni de faire la leçon, j'aurais détesté qu'on me contraigne lorsque je n'étais pas encore prête et je n'avais pas toutes les réponses. Ces choix sont toujours très personnels et ne tiennent pas la route s'ils ne sont pas intimement motivés. Juger l'appétit pour la *junk food* industrielle de ceux qu'on aime ne mène à rien. Cela ne génère que de la culpabilité et des disputes. Mais, à force de semer des graines, je finis par obtenir quelques petites victoires dans nos placards, comme l'éviction de marques connues pour leur irrespect de l'environnement.

J'avais bien conscience que ces efforts n'étaient pas suffisants. Il fallait aller plus loin. Je décidai de diminuer drastiquement nos déchets. Finies les bouteilles d'eau minérale, j'avais désormais une gourde et un thermos toujours avec moi. Une année nous suffit à faire l'économie de cinq cents bouteilles d'un litre et demi qui auraient fini leur existence quelque part en mer. La santé des océans me paraissait plus importante que mes inquiétudes concernant la pureté de l'eau du robinet. J'appris également à me passer de papier absorbant dont on jetait plusieurs rouleaux chaque mois, alors qu'un torchon lavable et une éponge suffisaient. Je me mis à collectionner des dizaines de pochons en tissu que je trimballais avec moi pour la pesée des aliments vendus en vrac. Je ne sortais plus sans un grand cabas, alors que j'avais méprisé pendant plusieurs années ceux qui s'étaient mis à faire cet effort bien avant moi, pensant que c'était un « snobisme de bobo ».

Contrairement à ce que je m'étais imaginé, ces efforts me procuraient une joie immense. Je n'étais plus en désaccord avec moi-même. Il me suffisait de questionner ma conscience pour arbitrer et savoir quel choix était le plus juste. Ou le moins néfaste. Pour m'encourager, je trouvais de l'inspiration sur les réseaux sociaux : une multitude d'anonymes partagent quotidiennement leurs recettes pour faire bouger les lignes. Des jardins cultivés en permaculture, des composts installés sur des balcons, des tutoriels pour apprendre à tout recycler soi-même. Je découvrais un monde nouveau et, dès que j'adoptais une nouvelle habitude, j'essayais de faire un petit pas supplémentaire.

En matière de produits ménagers, j'avais une marge de progression spectaculaire. Les publicités télévisées qui me conditionnaient depuis l'enfance m'avaient convaincue que je ne pourrais jamais me passer de l'efficacité des lessives « classiques ». Idem pour le liquide vaisselle, le vaporisateur pour nettoyer les vitres, le récurant de salle de bains ou le produit pour nettoyer les toilettes… Impossible d'abandonner l'adoucissant parfumé ou la formule décapante pour frotter les sols ? Je commençai par l'achat d'une lessive neutre à base de savon de Marseille, dans un magasin bio. Je m'aperçus que la quasi-totalité des produits que j'utilisais pouvaient être remplacés par du vinaigre blanc et du bicarbonate de soude qu'il me suffisait de parfumer avec des huiles essentielles. Ceux qui avaient toujours été élevés ainsi autour de moi étaient surpris que je fasse ces découvertes si tardivement. Il fallait bien que je commence quelque part ! Je ne vivais pas ces choix comme une perte de confort, bien au contraire. Je me réjouissais de chacun de mes progrès.

Je me vantais souvent de ne pas avoir de voiture ni de permis de conduire, mais j'oubliais de préciser que je prenais toute la journée des taxis ou des VTC pour me déplacer. Je me sentais incapable de me libérer de cette addiction ruineuse qui me permettait de transporter tous les sacs que je récoltais au cours des présentations presse tout en continuant à travailler sans interruption au cours de mes trajets. Je détestais le métro où je me sentais agressée et à l'étroit. Mais je me plaignais sans cesse des embouteillages, des chauffeurs mal élevés, des itinéraires contrariés par les travaux. L'utilisation de la voiture me coûtait à tout point de vue, néanmoins j'avais toujours une bonne raison de replonger : des talons qui me faisaient mal aux pieds, un rendez-vous urgent… En septembre 2018, je choisis de faire autrement. D'abord, je réduisis mes déplacements en refusant un grand nombre de rendez-vous qui n'étaient plus en lien avec mes valeurs. Passer d'un lancement presse à un autre me vidait de mon énergie et ne m'intéressait plus. Lorsque j'étais obligée de me déplacer, à la surprise de tous mes amis qui se moquaient de ma dépendance aux taxis depuis plusieurs années, je descendais enfin dans le métro. En plus de faire des économies colossales et de diminuer mon bilan carbone individuel, je retrouvais les joies de la lecture, les regards échangés avec des inconnus, la musique à fond dans les écouteurs. Je ne subissais plus le trafic, la frustration, l'insatisfaction permanente de l'itinéraire pris par le chauffeur.

Chaque produit consommé passait désormais au crible de mon besoin de transparence. Plutôt que de déprimer en tentant d'évaluer tout ce qu'il me restait à faire pour respecter la planète et les humains, je réfléchissais à ce que je pouvais entreprendre dès à présent. Une simple recherche de matelas me permit de faire la rencontre de jeunes entrepreneurs souhaitant révolutionner cette industrie polluante avec un produit en latex végétal parfaitement sourcé et respectueux de la santé. Je réussis à imposer de la laine de bois à l'entreprise qui s'occupait d'isoler les murs de la chambre de bonne que nous étions en train de rénover. Rayon mode, c'était décidé : je ne consommerais plus de vêtements issus des enseignes *fast fashion*. Je ne pouvais pas imposer ce choix à ma fille préadolescente, mais j'étais convaincue qu'elle finirait par le comprendre. De toute façon, je ne ressentais plus le besoin de posséder de nouvelles choses. Je repensais à celle que j'étais lorsque mon rêve le plus fou était qu'on m'offre un sac d'une valeur de cinq mille euros pour mes quarante ans. J'avais d'autres envies et elles n'étaient ni meilleures ni moins bonnes. Je prenais simplement conscience que j'avais beaucoup changé et que je ne m'étais jamais sentie aussi libre.

Restait une pièce dans l'appartement hermétique au moindre mouvement : la salle de bains. J'étais terrorisée à l'idée de vider les étagères couvertes de cosmétiques. Je savais très bien où risquait de me conduire le fil de ma conscience. Prendre le temps de m'interroger sur l'impact de ce qui ressemblait à une parfumerie à domicile ne signifiait pas seulement renoncer à de nombreux rituels. Cela venait questionner la manière dont je gagnais ma vie.

POURQUOI PRENDRE SOIN DE SOI CONDUIT-IL AU RESPECT DE LA TERRE ?

Entretien avec Laetitia Debeausse

Bien avant qu'on commence à parler de développement durable et d'urgence climatique, Laetitia Debeausse a eu l'intuition qu'un changement sociétal sans précédent était en train de s'amorcer. À l'époque, elle travaillait dans l'événementiel et s'occupait de développer des séminaires pour des entreprises du CAC 40. À chaque fois qu'on lui permettait de placer l'humain au centre de ces réunions de dirigeants, des miracles se produisaient. Quand elle a décidé de changer de métier, elle est partie en voyage à la recherche d'entreprises alternatives. Au Brésil, elle a rencontré des femmes et des hommes engagés pour sauver la planète qui lui ont inspiré une méthode : et si le travail devenait un lieu d'épanouissement dans lequel servir une mission qui nous dépasse ? Et s'il était possible de générer une économie viable tout en agissant pour la protection des écosystèmes ? Depuis son retour, elle accompagne les entreprises qui souhaitent enclencher un mouvement positif et pousser le curseur sans se mettre en danger financier. Curieuse de tout, elle s'est engagée sur un coup de tête dans la formation à l'enseignement du kundalini yoga que nous avons suivie ensemble en 2018. Nous avons partagé le même dortoir, beaucoup de courbatures, de fous rires et quelques larmes. Mais surtout des idées. Laetitia m'a nourrie d'idées. Sans jamais rien ordonner, elle m'a montré qu'une autre voie était possible au quotidien.

Lorsque tu parles d'impact écologique positif, tu places toujours l'humain au centre de ta réflexion, pour quelle raison ?

Ce qui me paraît fou, c'est qu'on se demande encore si l'action environnementale et le bien-être humain sont liés. On a cru qu'on était, nous, les humains, une race à part, séparée de l'écosystème où nous vivons. Séparée des autres individus. Or si l'un de nous est déséquilibré, alors tout est instable. Si l'on ne prend pas soin de la planète Terre qui est la maison que nous partageons, alors nous ne prenons pas soin de nous. Notre économie n'est pas dissociée de cette équation. Nous avons imaginé un monde déconnecté de l'environnement, mais, en réalité, nous formons un tout avec la terre.

Que répondre à ceux qui sont découragés par l'ampleur du défi ?

Le sentiment de contrainte risque de ralentir le passage à l'action. Je ne vais pas changer le monde toute seule ; mais développer une conscience écologique est beaucoup plus simple et intuitif qu'il y paraît. Tout commence par le soin de soi. Par exemple, c'est en nous intéressant à notre propre santé qu'on comprend l'intérêt de mieux s'alimenter. Une fois qu'on a expérimenté les bénéfices d'une meilleure hygiène de vie sur son énergie et sa forme générale, le curseur avance. Il est fort probable qu'on ait ensuite l'envie de s'informer sur la provenance des aliments, sur la manière dont ils sont cultivés ou dont les animaux sont élevés… Au fur et à mesure, on abandonne ce qui générait de l'angoisse et on le remplace par ce qui nous procure de la joie. Cela nous amène naturellement à avoir un impact positif sur la planète.

D'où l'intérêt de travailler sur soi ?

À partir du moment où l'on cesse d'être en colère contre soi ou les autres, on crée de la stabilité dans sa vie et autour de soi : c'est mathématique ! Apprendre à s'aimer plus va permettre d'avoir un impact exceptionnel sur son entourage. Identifier les conditionnements, retirer les filtres pour revenir à son soi originel sont des démarches qui conduisent au respect de l'environnement. Si on ne voit l'écologie que comme une source de contraintes, alors ça ne peut pas fonctionner à long terme, un peu comme un régime qu'on subit.

Certains craignent pourtant que la vague actuelle de techniques qui prônent le développement personnel conduise à une société d'individus tournés sur eux-mêmes…

Au contraire, plus on est en paix avec soi-même, plus on est en paix avec l'autre. Ce n'est pas de la spiritualité de bas étage, c'est une réalité. Le « je » se met alors au service du « nous ». L'aspect égocentrique disparaît au profit du collectif. Lorsqu'on travaille sur soi, on prend du recul, on identifie mieux ses émotions sans les laisser nous submerger, donc on peut agir et se rendre utile. Un pas après l'autre. Ce n'est qu'après l'expérience qu'on s'aperçoit qu'on a déjà gravi une montagne. En croyant en soi et en son bonheur, on inspire son entourage et on aide les autres à aller mieux.

Concrètement, sur le plan écologique, comment cela se traduit-il ?

Plutôt que de suivre des listes d'injonctions culpabilisantes, on peut développer de la bienveillance pour soi-même et pour les autres. Cela va forcément changer la manière dont on consomme, car on va avoir plus de plaisir à soutenir une marque qui a une démarche respectueuse des humains et de l'environnement plutôt qu'une autre. Avec le prisme de la bienveillance, les interrogations évoluent, les priorités changent et les besoins aussi. Personne ne détient la solution miraculeuse face à ce qui nous attend sur le plan climatique. C'est pourquoi il est indispensable de devenir autonome en se raccrochant à l'amour de soi et des autres pour prendre nos décisions. Il va falloir développer beaucoup de flexibilité d'esprit et ne pas rester figé sur de vieilles croyances pour pouvoir traverser les épreuves écologiques qui nous attendent.

Par exemple ?

Si l'on devient végétarien ou vegan parce qu'on nous a dit que c'était un geste écologique, alors on passe à côté de la véritable prise de conscience. Notre système actuel est déréglé. La manière dont on traite les animaux, tout au long de leur vie, pour pouvoir garantir un élevage intensif et proposer les prix les plus faibles est insupportable. Et même si on ne se soucie pas du bien-être animal, on ne peut que s'interroger sur l'impact d'une viande maltraitée et mal nourrie à l'intérieur de son propre corps. L'histoire de l'homme nous montre qu'on n'a pas toujours consommé de la viande dans ces quantités et de cette manière. Peut-être que, dans cinquante ans, on aura remis du sens dans les rapports entre les humains et les animaux ? Il n'y a pas de règle immuable car tout change constamment. Déclarer qu'un matériau va pouvoir remplacer le plastique ne suffit pas. Être dans la bienveillance, c'est prendre conscience qu'il va sans doute falloir revoir sa consommation à la baisse et cesser de dupliquer les mêmes modèles en se cachant derrière une étiquette « green friendly ».

Comment déclines-tu ces principes au sein de l'entreprise ?

J'aide à créer un environnement favorable à l'éveil de la conscience individuelle. Car il faut que chaque employé soit convaincu des valeurs communes qu'il défend pour avancer ensemble. Un manager ne peut plus ordonner comme il le faisait jusqu'ici. La hiérarchie pyramidale telle qu'on l'a connue est obsolète. L'entreprise doit aider au développement de soi, car tout le monde n'a pas les moyens de faire des formations de yoga, de méditation ou autre pour déployer sa bienveillance. Or, si l'on s'épanouit au travail, qu'on s'y sent à sa place et utile, alors on n'attend plus le vendredi soir avec impatience. L'énergie change et cela a évidemment un impact positif sur l'économie de l'entreprise. Il ne s'agit pas de changer la déco ni d'acheter un baby-foot pour le réfectoire de la cantine. C'est mettre du sens à tous les niveaux et s'apercevoir qu'on peut avoir une action citoyenne très puissante. En soutenant les paysans bio, l'entreprise agit sur l'agriculture. En faisant appel au savoir-faire des réfugiés ou en valorisant financièrement ses fournisseurs, elle mène aussi une action humanitaire. Avec de la pédagogie, tout le monde y gagne, à commencer par le consommateur.

Comment réussis-tu à rester confiante alors que les études scientifiques sur le changement climatique et l'état de la biodiversité annoncent déjà le désastre ?

Au sens « macro », le jour où l'on comprendra que notre bien-être personnel fait écho au bien-être de la planète, on ne se posera plus cette question. Le climat social difficile qui est répandu dans le monde entier n'est qu'un reflet de l'état dans lequel est notre planète : en souffrance, comme le prouvent les chiffres des scientifiques. Mais, en même temps, il y a des prises de conscience phénoménales actuellement. Des entreprises qui font bouger les lignes. Des individus qui s'engagent en modifiant leurs comportements. Il y a cinq ans, je me sentais isolée quand je tenais ce discours. Aujourd'hui, ce n'est plus le cas. Les scientifiques permettent au plus grand nombre de comprendre qu'on n'a plus le choix. Parallèlement, les précurseurs qui sont longtemps restés isolés tissent des liens, s'entraident et sont en train de devenir des experts qui inspirent ceux qui s'y mettent à leur tour. Et puis, le patron du CAC 40 ne vit pas sur une autre planète. Il a lui-même des enfants et il s'inquiète pour leur avenir. Lui aussi finira par s'adapter et faire autrement.

Du coup, il va falloir garder son sang-froid dans les années qui viennent…

On est inutile lorsqu'on panique. Des solutions existent. Il y a cinq ans, on n'avait pas de chiffres pour qualifier la permaculture. Aujourd'hui, l'Institut national de la recherche agronomique vient d'établir que la permaculture et l'agroforesterie testées pendant dix ans sont plus efficaces que l'industrie agroalimentaire. Ce qui prouve que ce n'est pas parce qu'on n'est pas reconnu aujourd'hui qu'on ne le sera pas demain. Donc oui, gardons le cœur bien ouvert pour accueillir ce changement de paradigme en cours.

15. L'équation vertueuse de la beauté

Le partage de mes interrogations écologiques provoqua une déferlante de réactions sur les réseaux sociaux. La plupart des personnes qui me suivaient sur Instagram ou sur mon blog avaient les mêmes préoccupations. Certaines cheminaient déjà depuis longtemps sur la voie du respect du vivant. D'autres ne se sentaient pas encore prêtes mais en avaient le désir. Je reçus aussi quelques messages privés agacés : on me reprochait de manquer de sincérité, compte tenu du fait que ma salle de bains ressemblait à une parfumerie Sephora. De quel droit pouvais-je aborder l'écologie et l'impact positif sur la santé alors que cela faisait quinze ans que je poussais des inconnues à acheter des produits de beauté dont, au fond, elles n'avaient pas besoin ? Je ne savais pas bien quoi répondre. Je n'avais jamais été malintentionnée. Néanmoins, leurs messages résonnaient fort en moi et cela signifiait qu'il me fallait travailler sur l'écho qui m'appartenait.

La salle de bains était la pièce que je préférais dans notre appartement. J'avais réussi à convaincre mon mari qu'on la peigne en rose poudré. J'adorais la baignoire sur pieds que j'avais choisie avec maniaquerie. J'aimais son carrelage au sol et son lavabo anglais. J'avais fait réaliser des étagères sur mesure pour pouvoir y entreposer toutes mes collections de flacons de parfum et de savons, ainsi que les nombreux produits que j'aimais avoir sous la main. Lorsque nous avions emménagé, deux ans plus tôt, je m'étais empressée de déballer les cartons de produits de beauté pour les aligner soigneusement. Mes premières collections remontaient aux années 1980. Des échantillons que je récupérais en suppliant les vendeuses de la parfumerie installée en bas de mon immeuble orléanais. Les effluves d'aldéhydes et les senteurs de jasmin opulent mêlées aux accents de fourrure jaunissaient gentiment à l'intérieur des mini-flacons poussiéreux installés dans des casiers en bois au-dessus de mon lit d'enfant. La plupart des filles de mon école primaire accumulaient aussi ces bouteilles minuscules. C'était un tic de l'époque, au même titre que les autocollants pailletés dans les albums Panini ou les collections de gommes parfumées.

Je me souviens très bien des colis reçus lorsque mon premier article parut dans le magazine *Vogue*. Quelques jours avaient suffi pour que les marques les plus prestigieuses obtiennent mon adresse et commencent à m'envoyer leurs nouveautés, espérant que je saurais leur faire une place dans l'article qui suivrait. Jamais je n'avais été aussi gâtée. J'étais folle de joie en découvrant mes premiers flacons Serge Lutens ou les nouvelles bougies Diptyque. J'avais tellement rêvé en flânant dans ces boutiques du jardin du Palais-Royal, de la rue du Mont-Thabor ou du boulevard Saint-Germain, en quête d'essences raffinées ! Voilà qu'on m'en donnait sans compter. J'en recevais tellement que je pouvais faire plaisir à mes amies, mais aussi à la gardienne de mon immeuble, aux voisines… Très vite, ce qui était une joie au départ exigea une gestion délirante. Certains jours, les paquets arrivaient par dizaines. Si j'attendais plus de trois jours pour les ouvrir et les trier, alors je ne pouvais même plus ouvrir la porte d'entrée. Lorsque je commençai à travailler dans le bâtiment du *Monde*, le petit placard qui me servait à conserver les produits à photographier était si vite rempli que je passais mon temps à recouvrir la table de réunion de produits à donner. J'adorais les discussions qui se tissaient au moment de ces distributions. Chaque membre de l'équipe avait un avis, une préférence, une anecdote à faire partager.

Combien de liens merveilleux ai-je tissés en offrant des produits de beauté ? Les visages crispés se déridaient à la vue d'un flacon sur le bureau, les langues muettes se dénouaient devant un rouge à lèvres, les cils papillonnaient et les questions fusaient.

Comme j'avais cessé de travailler pour la presse écrite, mon entourage était convaincu que je ne recevrais plus de produits. Mon blog ayant du succès, mon statut d'influenceuse amplifia pourtant la quantité de paquets reçus. Je m'en plaignais, car déballer, trier, ranger ces flacons pour de futurs articles, puis les distribuer autour de moi dévorait une grande partie de mes journées. Paradoxalement, j'étais aussi flattée de toujours « en être ».

Mais plus je faisais du yoga, plus j'avais la nausée à la vue de ces arrivages. Dans mon immeuble, j'étais de loin celle qui polluait le plus. Les poubelles débordaient par ma faute. Les flacons de parfum et les palettes de maquillage n'arrivaient jamais seuls. Tous les produits étaient logés au mieux dans des écrins en carton recouverts de plastique, au pire dans des énormes coffrets enveloppés de papier de soie. Des boîtes dans des boîtes, elles-mêmes dans d'autres boîtes. Les dossiers de presse qui les accompagnaient ressemblaient souvent à des livres épais. Il arrivait même qu'ils contiennent des lecteurs de vidéo jetables qui se mettaient en marche à l'ouverture comme des cartes d'anniversaire musicales.

L'intégralité de ces emballages et de ces communiqués finissait toujours à la benne à ordures, que ce soit chez les pigistes ou dans les rédactions. On se contentait de déchirer les deux ou trois pages essentielles du communiqué de presse. Les journalistes avaient beau constamment alerter les marques sur ce gaspillage phénoménal, la grande majorité des experts en marketing refusaient d'écouter et flattaient leur hiérarchie en fabriquant les objets de communication les plus impressionnants. La pire saison était le mois de septembre, lorsque toute l'industrie envoyait aux journalistes les nouveautés qui sortiraient à Noël. En plus des coffrets de parfum vendus avec une crème pour le corps installés dans des moules en plastique transparents, un autre produit pulvérisait le volume de l'emballage inutile : le calendrier de l'Avent. Apparu au cours des années 2010, ce produit traditionnellement réservé aux enfants avant Noël était désormais décliné pour les adultes : vingt-quatre échantillons, la plupart du temps en plastique, nichés dans d'énormes boîtes en carton… Les déchets générés par cette nouvelle tradition commerciale étaient exponentiels d'une année sur l'autre, car toutes les marques rivalisaient d'invention pour se distinguer les unes des autres.

Une fois scrupuleusement triés, tous ces arrivages finissaient répartis dans des cartons étiquetés dans l'espoir d'être un jour photographiés ou dans ma salle de bains afin d'être testés. Malgré un tri permanent, les étagères étaient asphyxiées par toutes ces promesses cosmétiques. Je gardais des masques dont je n'avais pas besoin, des crèmes qui ne correspondaient pas à mon type de peau, des déodorants par dizaines « au cas où », des gels douche parfumés sous toutes les formes, « on ne sait jamais », des centaines de palettes de maquillage, « pourquoi pas ? » et de pinceaux dont je n'avais pas l'usage, « oui mais… ». Pourtant, je ne me maquillais plus ou quasiment jamais. Mais j'étais parée pour n'importe quelle occasion, de la cérémonie de mariage à la soirée déguisée. Je n'appliquais aucun des produits coiffants entassés dans mon placard et les nombreux séchoirs à cheveux dont je n'arrivais pas à me séparer m'étaient parfaitement inutiles. Je planifiais pourtant qu'ils puissent un jour servir à ma fille ou dans une maison de campagne dont je rêvais. Ma salle de bains cultivait les « et si ? » sur chaque centimètre carré.

Il était temps de faire l'état des lieux de mon rapport à cette industrie qui me nourrissait depuis quinze ans. J'étais terrifiée, mais l'envie de publier un article sur le sujet était plus grande que ma peur. Je me mis au travail en tentant d'être le plus honnête, mais aussi le plus exhaustive. J'établis une sorte de charte que je baptisai « l'équation vertueuse de la beauté ». J'y faisais le portrait du produit idéal, celui qui utiliserait des ingrédients cultivés dans le respect de la terre et de sa biodiversité, qui éviterait les produits polluants pour l'environnement et pour la santé, les énergies fossiles et les plantes en danger. J'imaginais un soin sans impact négatif sur les rivières et les océans. Je rêvais d'emballage invisible ou réutilisable, de prix conscients rémunérant correctement les hommes et les femmes qui détenaient le savoir permettant la culture d'un ingrédient. Sans oublier l'importance de la santé des humains, de chacune de leurs cellules ainsi que de l'impact à long terme de toute la chimie qu'on leur proposait du matin au soir.

Je savais qu'en publiant cet article, ma vie professionnelle allait changer. J'écrivais encore des dossiers de presse pour des marques qui se comportaient comme si le changement climatique n'existait pas. J'avais de nombreux projets de collaboration avec des labels qui n'avaient pas commencé leur transition écologique. Si j'honorais ma conscience supérieure en mettant ce texte en ligne sur mon blog, alors je prenais tous mes lecteurs à témoin de mes engagements. J'avais le vertige. De quoi allais-je vivre ? L'article fut l'un des posts les plus partagés de l'histoire de mon blog. Cette charte allait même servir de base à des discussions internes chez plusieurs marques qui finirent par m'en faire la confidence.

Il me restait à passer à l'action et au tri dans ma propre trousse de toilette. D'abord, je me débarrassai de tout ce que je n'avais pas utilisé les six derniers mois. Je remplis trois sacs gigantesques. Ensuite, je supprimai toutes les crèmes pour la peau contenant des ingrédients chimiques douteux pour ma santé ou dangereux pour l'environnement, dont le seul but était d'améliorer la sensorialité. Il y avait aussi des formules bio que j'aurais adoré pouvoir porter, mais qui faisaient réagir ma peau : elles aussi durent quitter ma salle de bains. Je décidai d'appliquer la méthode Marie Kondo concernant mes collections de parfums et de savons. Je conserverais les produits qui me donnaient de la joie. Les étagères parfaitement alignées qui avaient aimanté l'attention de magazines et de blogueuses venus les photographier chez moi étaient presque vides à présent. Il me restait un nettoyant pour le visage, une ou deux huiles végétales. Je me maquillais si peu que je décidai de ne garder que ce que j'étais certaine d'utiliser et me délestai de tout le reste. Je conservai cependant toutes mes huiles essentielles, avec lesquelles j'avais commencé à apprendre à me soigner... On aurait cru un déménagement.

À la fin de cette journée de rangement, je n'en revenais pas : l'espace respirait. Je respirais. Maintenant que je n'avais plus mille sérums pour assurer l'hydratation de mon visage, que je n'avais plus cinquante lotions rééquilibrantes, plus de contours des yeux que j'avais toujours oublié d'appliquer, plus de soins préventifs antitaches, ni de crèmes anticellulite, plus de masques antirides, de patchs anticernes, de gants imbibés pour lisser l'épiderme de mes mains, de crèmes antirougeurs, de laits raffermissants ni d'onguents pour les talons calleux, qu'allait-il m'arriver ? Est-ce que j'allais me momifier en quelques semaines ? En cessant de m'occuper de tous ces potentiels problèmes, je me rendis compte au contraire qu'ils n'avaient plus de consistance. Il était temps de m'accueillir telle que j'étais. Je ne savais pas si ma peau serait plus belle ou si elle perdrait de son éclat en retirant tous ces rituels. J'avais simplement envie de prendre le risque de voir si une huile végétale suffirait à répondre à mes besoins. J'étais heureuse de faire l'apprentissage de l'essentiel, d'autant que j'étais convaincue que la diminution de ma consommation était le premier acte écologique vraiment efficace. Il ne s'agissait pas pour moi de m'empêcher de me maquiller, de me parfumer ou d'arrêter de colorer mes cheveux blancs si j'en avais envie. Je voulais seulement expérimenter l'allègement des gestes. Or moins je me focalisais sur la surface, plus l'estime de soi grandissait en profondeur.

Assise dans ma salle de bains où je pouvais à présent contempler deux jolis bougeoirs qui avaient réapparu comme par magie, je m'interrogeais : qu'est-ce qui m'obligeait à aller aux présentations de marques qui n'avaient pas de conscience écologique ? Rien, à part mon ego. Pourquoi dédiais-je presque tout mon temps et mon énergie à aider des marques à communiquer sur des produits trop emballés, trop chimiques, trop nombreux ? Cela ne m'amusait plus du tout. Et comme la joie avait disparu, j'étais devenue très lente lorsqu'il me fallait écrire ou concevoir un projet non aligné sur mes valeurs. J'étais constamment en retard, ce qui générait de l'énervement du côté de mes clients et de la culpabilité chez moi. J'allais prendre le risque de dire non. J'allais gagner moins, j'allais peut-être tout perdre. Je n'avais aucun plan B. Je ne savais pas ce qui se profilait. J'avançais dans le noir et sans lampe torche. Avec une grande perversité, je comptabilisais tous les projets que je refusais. Quinze mille euros ici. Trois mille euros par là. Cinq mille euros la semaine suivante... Parfois, dire non une première fois ne suffisait pas. On me proposait le projet sous une autre forme, en m'offrant plus d'argent, plus de temps pour le réaliser. Je restais accrochée au fil de ma conscience. J'additionnais cependant les sommes perdues et j'avais le tournis. Le ventre retourné. Est-ce que j'étais vraiment prête à abandonner mes voyages à l'autre bout du monde et mes *road trips* coûteux en famille ? Est-ce que j'étais prête à me contenter de moins ? La peur du manque me rongeait. Je voyais comme elle était connectée à l'histoire de ma famille maternelle et à ma propre crainte de connaître un jour l'immeuble décrépi où ma grand-mère vivait lorsque j'étais enfant. Je me souvenais de l'ascenseur toujours cassé qui puait la pisse. Des cris de la voisine du dessus qui se faisait cogner par son mari. Des insultes gribouillées dans les escaliers qui montaient jusqu'au neuvième étage. Tous les habitants n'avaient alors qu'une envie : fuir le plus loin possible, comme ma mère l'avait fait à l'âge de vingt et un ans. En observant ma peur, je m'aperçus qu'elle faisait également écho à ma crainte d'avoir faim, à la manière dont je m'étais gavée pendant des années entre deux régimes. Plus je scrutais ma peur du manque, plus elle devenait irrationnelle. Il ne s'agissait que de scénarios, pas de ma réalité et certainement pas de mon présent. Je m'étais laissée envahir par des souvenirs qui n'étaient même pas les miens. Je pouvais tout à fait remplacer cette vieille pellicule usée par de nouveaux codes. Au lieu de résister à ma peur, je me fis confiance. Une image me permit de traverser cet automne de panique : lorsqu'on déterre toutes les mauvaises herbes d'un jardin, il ne reste jamais vide bien longtemps. La nature reprend toujours ses droits. L'Univers avait forcément un autre plan pour moi. Un programme que je n'avais pas envisagé un seul instant…

COMMENT RÉUSSIR À AIMER SA PEAU ?

Entretien avec Joëlle Ciocco

Joëlle Ciocco n'est ni dermatologue ni esthéticienne. Biologiste de formation, elle a toujours été fascinée par les liens entre peau et cerveau, entre la surface cutanée et les émotions, entre les imperfections visibles et les dysfonctionnements internes dans le corps. Je l'ai rencontrée il y a près de vingt ans dans son institut parisien, alors que je travaillais dans la mode. C'est elle la première qui m'a appris à voir que « tout était lié ». Rendue célèbre grâce à sa clientèle qui brasse stars hollywoodiennes, actrices françaises et créateurs de mode, Joëlle est l'une des personnes les plus intuitives que je connaisse. Ses consultations sur mesure m'ont toujours bluffée, car il lui suffit de quelques secondes pour formuler une hypothèse et élaborer une solution qui ne se limite pas à l'utilisation de produits cosmétiques. Avec elle, on apprend à se regarder autrement. À s'aimer. Créatrice d'une ligne de produits à son nom, elle est longtemps restée méfiante à l'égard des soins labellisés bio à cause du nombre d'allergies et de réactions qu'elle remarquait chez ses clientes les utilisant. Pourtant, il y a cinq ans, elle a ressenti l'urgence de faire évoluer l'intégralité de ses formules. Consciente des changements climatiques en cours, elle a demandé à son laboratoire de remplacer la synthèse issue de la pétrochimie par des ingrédients naturels sans compromettre l'intégrité de ses soins. Elle m'a présenté ses travaux précisément au moment où je m'éveillais au respect de l'environnement. Retour sur une transition écologique.

Il y a vingt ans, lorsque l'on s'est rencontrées, le mot « holistique » n'était pas encore à la mode. Pourtant, vous étiez déjà convaincue que la peau fait partie d'un grand tout et qu'on ne peut pas la soigner sans explorer les dysfonctionnements globaux. Comment avez-vous mis cette méthode au point ?

J'ai une formation scientifique. J'ai toujours eu besoin de comprendre et de rechercher la vérité. Très tôt, j'ai commencé à m'interroger au sujet de l'impact de nos comportements sur la peau. Par curiosité, je remarquais le pouvoir des émotions positives ou négatives sur le visage. La peau n'est pas une enveloppe hermétique au reste du corps. Elle est reliée au système nerveux, au cerveau et au corps tout entier. Je me suis mise à observer les correspondances entre le mal de vivre, les douleurs lombaires ou intestinales et les zones du visage qui étaient elles aussi en alerte. J'ai alors questionné chacun de mes clients sur leur mode de vie, leur hygiène quotidienne, leur usage du téléphone collé contre leur tempe, leur prise de médicaments, leur niveau de stress. Je me suis aperçue de récurrences entre des dysfonctionnements cutanés géographiquement localisés et certains comportements excessifs. J'étais stupéfaite par la capacité des cellules à se réparer et à guérir lorsqu'on les charge en énergie positive. Pour soigner la peau, l'application de cosmétiques adéquats et l'éviction des habitudes toxiques ne sont pas suffisantes. Il faut réapprendre à aimer la vie. Et à s'aimer tout court.

Comment accompagnez-vous votre clientèle sur ce chemin ?

J'essaie de montrer qu'un autre état d'esprit est possible. Voir le verre à moitié plein plutôt qu'à moitié vide apporte beaucoup d'énergie. Tout le monde a traversé de grandes épreuves. Tout le monde a connu de grandes blessures. Est-ce qu'on veut vraiment se trimballer ce vieux livre d'histoires douloureuses sur le dos ? Le principe absolu pour moi est de s'ancrer dans le présent. Ne pas ressasser le passé pour ne pas le réactiver. Et ne pas avoir peur du futur car on ne peut jamais prévoir ce qui va arriver. La seule chose qui nous appartienne est le présent. Je demande souvent à mes clientes de se regarder dans un miroir et de me montrer ce qu'elles aiment. C'est un exercice difficile. La plupart des gens n'aiment pas leur reflet. Ou seulement une toute petite partie. Et le fait que le visage corresponde aux critères de beauté actuels n'y change rien. Or, il est essentiel de pouvoir se dire « je t'aime » en se regardant. Ce n'est pas narcissique, c'est de la logique : on envoie un message qui va avoir une action positive sur l'ensemble des cellules. Si l'on applique une huile, une crème ou même si on nettoie chaque soir sa peau avec cette intention, alors on obtient rapidement des résultats.

Donc ce n'est pas qu'une affaire de produits ?

Le problème avec les cosmétiques n'est pas qu'ils soient mauvais pour la peau. C'est juste qu'ils ne sont pas forcément bons pour la nôtre. Mon travail consiste à recommander des soins qui correspondent aux besoins de chacun. Et nous avons des besoins différents. Je remarque qu'un grand nombre de femmes, et pas seulement les plus aisées, cumulent dans leur salle de bains une multitude de produits dont elles n'ont pas l'usage. Des masques périmés. Des crèmes qui ne correspondent pas à leur nature de peau. Des soins conseillés par des célébrités ou des influenceuses qu'elles utilisent en espérant un miracle alors que la sensation est irritante à l'application. On n'a pas besoin de tout ça pour exister ! On peut faire simple en s'inspirant de la respiration : j'inspire et je me nourris. J'expire et j'élimine ce dont je n'ai plus besoin. Donc, pour moi, la base, c'est d'apprendre à se nettoyer le visage correctement le soir afin d'accompagner les organes d'élimination en action la nuit. Je recommande les produits qu'on peut masser du bout des doigts en imaginant que sa peau est une étoffe de soie, et qu'on peut ensuite rincer à l'eau claire car étaler avec un coton ne suffit pas à bien éliminer les impuretés. Ensuite, il faut trouver le soin hydratant quotidien qui nous correspond. Je suis en train de créer une application qui va répertorier des centaines de produits afin de pouvoir faire des recommandations adaptées selon les besoins de chacun. Mais si on a un doute, qu'on manque de budget et qu'on veut être sûr de respecter sa peau et l'environnement, une huile végétale de qualité suffit. L'huile de nigelle est extraordinaire, à condition qu'elle soit traçable (ce qui n'est pas toujours le cas, même avec un label bio). L'huile de chanvre est également vertueuse. J'aime beaucoup l'huile de noisette pour les peaux qui souffrent d'imperfections. Et contrairement à ce qu'on imagine, l'huile n'est pas incompatible avec les peaux grasses. Encore une fois, il faut juste choisir celle qui nous convient.

Vous questionnez aussi l'alimentation, l'activité sportive, la contraception… Pourquoi ?

On vient me voir pour un problème de peau. Au fil des questions, on s'aperçoit qu'on s'est négligé ou qu'on s'est oublié. J'essaie de conduire mes clients à prendre soin d'eux. À considérer que leur corps est un temple. Or, il est inutile d'avoir fait des études supérieures pour observer les effets d'une alimentation saine sur la peau. Quant à l'activité physique, elle est essentielle car elle stimule la circulation sanguine et l'élimination des toxines. Toutes ces questions me permettent de recueillir d'autres informations. En parlant de la manière dont on vit, on identifie les émotions en présence.

Vous ne parlez jamais de la dimension spirituelle des massages du visage que vous donnez, mais elle est très présente, non ?

J'ai toujours massé à l'aveugle, les yeux fermés. Je me connecte à ma conscience et je mets une énergie d'amour et de joie dans mes mains. J'entre dans un état de béatitude un peu comme si je devenais le mot « amour ». Et je demande à la personne d'ouvrir son cœur pour recevoir. Ça peut paraître étrange lorsqu'on n'est pas habitué à méditer, mais, pour moi, c'est très naturel.

Qu'est-ce qui a motivé la transformation de toutes vos formules ?

J'ai toujours été sensible à l'écologie, mais je ne trouvais pas d'alternative efficace aux matières premières proposées par les fournisseurs. Je remarquais tellement de réactions cutanées aux conservateurs qu'on disait plus vertueux que les synthétiques que j'étais méfiante. En outre, j'ai analysé beaucoup de formules bio que je trouvais décevantes, voire irritantes, car surdosées en huiles essentielles. Il y a cinq ans, j'ai pris conscience qu'on était entré dans une situation d'urgence et que la biodiversité était menacée. Mon petit laboratoire a pris de l'ampleur : j'ai embauché une doctorante en lui demandant de s'allier à mon équipe pour trouver des alternatives non polluantes pour la peau et l'environnement. Je ne voulais pas abandonner les formules que j'avais mis quarante ans à concevoir. Alors on a tout repris de A à Z. Je pensais qu'il suffirait de remplacer une huile pétrochimique par une huile naturelle, mais il a fallu tout repenser pour obtenir la même texture, les mêmes senteurs et surtout la même efficacité. Je me disais : comment est-ce que je peux prendre mes responsabilités ? Comment entamer une révolution active ? Comment faire avancer le monde et participer à cet enjeu majeur à mon échelle ? Pour moi, c'est un véritable challenge de vie.

Qu'est-ce que cela vous apporte aujourd'hui ?

J'ai rencontré des producteurs extraordinaires qui cultivent des plantes avec un respect qui m'émeut. Mon équipe s'est déplacée partout pour vérifier les méthodes d'agriculture et analyser les ingrédients que nous avons achetés. Au fond, j'aurais très bien pu continuer avec les anciennes formules qui avaient du succès et économiser cet argent investi dans la transformation. Mais je serais passée à côté d'une joie immense. Il y a peu de temps, j'ai testé la formule de mon démaquillant à la fleur d'oranger. On a remplacé le parfum de synthèse avec du néroli d'une grande pureté. Quand j'ai comparé les deux formules sur mon poignet, je n'ai pas senti la différence. Une partie de moi était un peu déçue, je m'attendais à être transcendée par la seconde. Le soir, je me suis nettoyé la peau avec le produit naturel et là, j'ai compris. Le néroli était si présent qu'il m'enveloppait, il me suivait. On aurait dit que l'énergie de la fleur vibrait dans mon sillage. Je n'en revenais pas ! Et ça a duré pendant des heures. J'ai compris pourquoi j'avais eu raison d'aller au bout de cette transition.

Quel est le conseil ultime pour avoir une belle peau ?

Sourire ! C'est une gymnastique musculaire qui a tellement de bénéfices sur l'humeur. Faire l'effort de sourire sans raison, même aux inconnus dans la rue, change complètement le rapport à la vie. C'est une déclaration de confiance et une volonté d'aller vers la joie.

16. En finir avec la bonne élève

L'automne 2018 me fit l'effet d'une immersion dans le noir. Plus de boussole ni de cartographie détaillée. Je n'avais plus de repère familier lorsque je rejoignis mon école de kundalini yoga pour ma dernière semaine de formation à l'enseignement. Impossible de me projeter dans l'avenir. Encore moins de manifester des intentions. J'avais ce chiffre gigantesque qui turbinait dans mon cerveau : le montant de l'argent que je refusais pour des missions qui ne faisaient plus vibrer ma joie. Je me sentais dépouillée. Sans surprise, je loupai mon train pour les montagnes où je me formais. J'avais une résistance très forte qui s'exprimait : « Tu as déjà tellement changé, quel va être ton éveil de conscience cette semaine ? À quoi vas-tu renoncer, cette fois ? » Une partie de moi considérait que le boulot était terminé. Je restais pourtant attentive à ce que j'entendais au centre de mon cœur : le travail était loin d'être achevé et j'avais raison de rester fidèle à mon sourire intérieur.

Dans le TGV, je me mis à dresser la liste de tout ce qui me donnait de la joie professionnellement. J'étais convaincue que mes talents ne pouvaient s'exprimer que lorsqu'un enthousiasme profond émergeait. Partager mes découvertes. Cuisiner. Chanter. Faire rire. Écrire. Transmettre. Prendre la parole. Photographier… Toutes ces actions me donnaient de la joie. J'oubliais complètement de mentionner une expérience que je venais de faire un mois plus tôt. Deux amies new-yorkaises de passage à Paris cherchaient un cours de kundalini yoga. Fondatrices de plusieurs studios à Manhattan, elles enseignaient le yoga et avaient envie de voir comment le kundalini était transmis en France. Toutes les profs que je connaissais s'étaient absentées cette semaine-là, chacune organisant une retraite dans le sud de la France ou à l'étranger. Les voyant déçues, je leur proposai de partager ma pratique avec elles tout en précisant que ce ne serait pas un véritable cours, juste un échange de services. Je l'avais fait pendant tout l'été avec mes amis pendant nos vacances. Je m'en sentais capable. La veille du rendez-vous, pourtant, je regrettais de m'être engagée si vite. J'avais peur d'avoir l'air ridicule devant elles. Elles étaient habituées à prendre des centaines de cours, je me disais que je n'avais pas encore le niveau pour enseigner. Je n'avais même pas terminé ma formation ! Il était trop tard pour renoncer. La première surprise apparut pendant le cours. Je me sentais à ma place. C'était fluide. Simple. Facile. J'avais même beaucoup de plaisir à leur apprendre ce qu'on m'avait enseigné. Puis, en sortant du cours, mon cœur battait aussi vite que si je venais de tomber amoureuse. Elles semblaient aussi enthousiasmées que moi. Je me souviens d'avoir appelé mon mari après leur avoir dit au revoir. J'étais folle de joie. Il y avait eu de la magie partagée. Je voulais absolument revivre cette sensation très différente de celle que je connaissais lorsque je recevais un cours. Pourtant, je rangeai cette joie de côté et m'empressai de l'oublier. Ce n'était pas *sérieux*…

Comme j'avais raté le départ de mon train, je fus la dernière arrivée au centre de formation. J'étais si heureuse de retrouver les élèves et les montagnes qui m'avaient tellement manqué ! À peine m'étais-je installée à table qu'on m'annonça que je devais donner un cours le lendemain matin à l'aube. Il y avait plusieurs pratiques dans la série que je ne connaissais pas et je n'avais jamais vu un *kriya* (un enchaînement de postures) aussi long. La préparation m'empêcha de dormir toute la nuit. Le cours que je donnai le lendemain était loin d'être exceptionnel, cependant une sensation nouvelle était apparue. Au fond, je me fichais de savoir si c'était à la hauteur des attentes de mes profs ou des élèves qui m'accompagnaient. J'avais eu beaucoup de plaisir à partager, encore une fois. De toute façon, j'étais certaine de ne pas vouloir devenir prof de yoga. « Non, non, non, pas question. » Cette formation était déjà la plus profonde des thérapies jamais entreprises. Je ne voulais rien de plus. J'avais gagné en autonomie. J'avais réussi à ralentir et à me mettre au diapason de ma conscience supérieure. J'étais pleinement satisfaite. J'étais contente de pouvoir accompagner mes amis en vacances. Rien de plus.

Pourquoi avais-je si peur de reconnaître la joie qui émergeait lorsque j'enseignais ? De nombreuses lectrices, ainsi que des personnes de mon entourage, me demandaient régulièrement quand j'allais ouvrir mes premiers cours. Mon désir se lisait comme le nez au milieu de la figure. Je ne comprenais pas de quoi on me parlait. Il en était hors de question ! Ce n'était pas ce que je « voulais ». En entamant cette formation, je *voulais* devenir autonome, je *voulais* réussir à pratiquer tous les jours, je *voulais* apprendre, je *voulais* gagner en légitimité. Je *voulais* être la bonne élève qui coche toutes les cases comme j'avais *voulu*, quelques années plus tôt, être la bonne épouse, la mère idéale, l'amie accueillante, la fille ou la sœur qui comblerait les attentes de sa famille. À trop *vouloir*, j'oubliais une chose essentielle : mon « état d'être ». Et cela ne dépendait pas de ma volonté.

Tout était déjà là, sous mes yeux, et je ne le voyais pas, car cela ne correspondait pas au plan que j'avais établi. Au cours de cette dernière semaine de formation, je pris conscience, à travers plusieurs exercices, que « *vouloir* » me séparait de ma vérité intrinsèque. Cela amplifiait les stratégies mentales, les schémas égotiques tout en bâillonnant mon Soi supérieur. Lorsqu'on pratique ou que l'on médite pendant une longue durée, *vouloir* tenir jusqu'au bout nous fait passer complètement à côté du bénéfice de la posture ou du mantra. Le fait de pratiquer quotidiennement ou intensément ne nous met pas à l'abri de cet écueil. Les muscles se crispent, on met toute l'énergie mentale au service de la posture, comme si on entrait en compétition avec soi-même, les mâchoires se resserrent et on entre en lutte. L'état d'être est exactement l'inverse. Dans cet espace, tout est déjà parfait. Il n'y a rien à changer. Il suffit d'accueillir tout ce qui est, de laisser vibrer sa respiration dans l'instant présent, de se fondre dans l'espace du cœur pour que toutes les projections futures comme les limitations passées se désintègrent. On observe les sensations corporelles et les émotions qui passent comme des nuages dans le ciel, sans s'identifier à elles. Le chronomètre n'existe plus. L'espace géographique non plus. Il n'y a plus de commencement. Il n'y a plus de fin.

J'avais beaucoup progressé sur ce chemin depuis l'été, mais je me faisais encore régulièrement piéger par mon envie de bien faire. Je savais pourtant que le but du yoga n'est pas de savoir faire le grand écart ou cent huit grenouilles d'affilée. Je me méfiais du mot « fierté » qui flirte toujours avec son opposé : la honte. La seule qualité à développer dans le yoga comme dans la vie est d'observer afin de recevoir. Cette semaine-là, je me rendis compte que ce qui m'empêchait de commencer à enseigner était la peur panique d'être jugée. Tout était allé si vite ! « C'est trop tôt », murmurait mon mental. Je n'avais pas le niveau. Je serais ridicule. Et puis, il y avait déjà tellement de profs de yoga. Pire, j'allais faire partie de toutes ces personnes qui « en quête de sens ne trouvent rien de mieux à faire que de se convertir en prof de yoga, naturopathe, sophrologue, maraîcher ou maître reiki ». Cette phrase, je l'imaginais prononcée par des personnes que je n'avais pas vues depuis des lustres et qui cristallisaient pour moi une forme de jugement ultime. Pourtant, c'était une pure création de ma part.

À la fin de la semaine de formation, comme à chaque fois dans cette école, toutes les pièces du puzzle se mirent en place. J'étais tellement focalisée sur les étapes à franchir, le besoin de validation et de réassurance que je ne voyais pas que j'étais déjà « arrivée ». Parce qu'il n'y avait pas de ligne d'arrivée. Il n'y avait pas de ruban à couper. Pas de coupe à décrocher. Pas de foule en délire prête à m'acclamer. La mythologie de la réussite, telle qu'elle m'avait toujours été vantée au sein de ma famille et sur le plan collectif, était un leurre.

Au moment de faire la synthèse de tout ce que nous avions appris sur la figure de l'enseignant, une élève prit la parole et dressa la liste de toutes les formations diplômantes qu'elle avait déjà derrière elle. Malgré la quantité phénoménale de savoirs qu'elle détenait, elle n'osait exercer aucun de ces métiers. Elle ne se sentait pas légitime. Une autre élève tint à peu près le même discours. J'avais la sensation qu'elles parlaient pour moi. « Ah ! parce que vous croyez qu'on va vous qualifier pour vous donner le droit d'enseigner ? répondit notre professeur. Le diplôme que vous obtiendrez à la fin de votre formation ne vous rendra pas légitime, il indiquera juste aux studios de yoga qui voudraient avoir des informations à votre sujet le nombre d'heures de formation que vous avez suivies ici. Vous ne serez jamais qualifiés pour enseigner. Vous serez toujours en train d'apprendre ! Et si, un jour, vous avez la sensation que vous êtes qualifiés, alors gardez-vous bien de donner un cours. » Il n'y aurait pas d'autorisation ni de cérémonie. La seule chose qui nous appartenait était notre joie de partager ici et maintenant.

En rentrant, je demandai à mon amie Anne Bianchi, qui avait un tout petit studio où elle donnait des cours de kundalini yoga, si elle accepterait que je vienne travailler chez elle une fois par semaine. L'espace ne pouvait pas accueillir plus de huit élèves, ce qui me rassurait. Elle accepta et me proposa de commencer trois jours plus tard. Tout était si soudain que je n'eus pas le temps de réfléchir. Quelques jours plus tard, on me donna rendez-vous dans un lieu de coworking dédié au bien-être qui venait d'ouvrir. L'espace dédié aux professionnels du bien-être venait d'être inauguré. J'y découvris de grandes salles de yoga à louer à l'heure. L'une d'entre elles était disponible à l'horaire qui me convenait : je la réservai aussitôt pour la semaine suivante. J'avais peur de ne pas réussir à aimanter suffisamment d'élèves.

Le contraire se produisit. J'avais beaucoup trop de demandes. L'Univers me soutenait dans cette nouvelle aventure à laquelle je n'avais pas du tout pensé. Tout était fluide. Je passai rapidement de deux à quatre cours hebdomadaires. Le reste de mon temps restait dédié à la rédaction d'articles sur mon blog, mais aussi à l'écriture de plusieurs projets de livre que je menais simultanément. Je ne savais pas où ils allaient me mener ni lequel je finirais en premier, je ne faisais que satisfaire un besoin.

Parallèlement, de nombreuses personnes cherchant à avoir un impact positif sur le vivant me contactèrent à l'entrée de l'hiver. Des projets vertueux arrivaient, alignés sur ce qui me paraissait essentiel. Lorsqu'on me demandait : « Qu'est-ce que tu deviens ? », je ne savais pas bien quoi répondre. Je n'étais plus journaliste, mais j'avais toujours la même envie d'enquêter. Je n'étais plus une experte ès cosmétiques, même si la beauté ne m'avait jamais autant émue. Je n'étais pas non plus une prof de yoga à plein temps et je prenais toujours beaucoup de cours. Je n'étais ni une influenceuse, ni une auteure de livres de cuisine, ni une romancière. J'étais en chemin et la destination n'avait plus d'importance.

17. La transformation et le regard des autres

L'année 2019 venait à peine de commencer et j'étais hors de moi. Les ouvriers qui avaient entamé le chantier quatre mois plus tôt dans ce qui devait devenir mon bureau n'avaient toujours pas terminé. Ils avaient pourtant juré que je pourrais m'y installer en octobre 2018. Cela ne surprenait personne autour de moi : les retards de chantier étaient habituels. J'avais pourtant choisi un entrepreneur que je connaissais depuis près de vingt ans. J'avais même travaillé avec sa femme lorsque nous étions jeunes. J'avais entièrement confiance en eux, c'est d'ailleurs pour cette raison que je faisais à nouveau appel à lui malgré ses petits arrangements avec la vérité. Il était constamment débordé. Il était très doué pour imaginer des alibis alambiqués. Néanmoins, il n'était pas un escroc et finissait toujours par honorer ses promesses. Cette fois, son équipe avait déserté le chantier et il ne donnait plus de nouvelles depuis trois semaines. J'avais déjà réglé une grosse partie du devis et j'étais inquiète à l'idée qu'il ne revienne plus. La trêve de Noël était passée et son silence se prolongeait.

Mon seuil de tolérance était franchi. Je subissais son absence d'explications tout en laissant ma colère retenue coloniser progressivement mes cellules. Chaque jour, j'attendais qu'il réapparaisse, qu'il réponde à mes messages de plus en plus menaçants. Chaque soir, ma rage grandissait. Je me répétais ce que je m'étais souvent dit dans des situations similaires : « Mais qu'est-ce que j'ai bien pu faire pour mériter un traitement pareil ? C'est totalement injuste ! J'ai toujours été sympa avec ce mec, pourquoi est-ce qu'il me fait ça, à MOI ? Il pourrait au moins me dire ce qui lui arrive, me donner une explication ! »

La tenue de mon journal quotidien ainsi que ma pratique du yoga me permirent d'identifier en moins de quarante-huit heures la boucle dans laquelle j'étais coincée. J'avais déjà vécu cette situation. Je rejouais le rôle de la victime qui subit une injustice. J'avais répété ça avec une très bonne amie qui était sortie de ma vie sans fournir d'explications. Un amoureux vingt ans plus tôt m'avait aussi exclue de son existence sans que j'en comprenne les raisons. Et puis, il y avait mon père qui m'avait quittée en mourant à quarante-six ans sans me dire au revoir. L'entrepreneur n'était pas le problème. Je rejouais la victime délaissée et je criais à l'injustice alors que je venais juste de déloger un énorme karma. Ce qui m'insupportait n'était pas seulement que mes travaux ne soient pas terminés. Je voulais comprendre, je voulais qu'il m'explique, je voulais qu'il reconnaisse que *j'étais la victime et lui, mon agresseur.*

La seule solution pour sortir de cette situation aussi banale qu'inconfortable était de prendre un peu de recul et de réaliser que l'impasse n'était qu'une illusion : il y avait une autre voie possible. Je me souvins de l'accord « Ne jamais en faire une affaire personnelle » issu des *Quatre accords toltèques* de Don Miguel Ruiz[a]. Au lieu de tenter de m'immiscer dans le cerveau de l'entrepreneur pour comprendre les motivations de son silence, il me fallait rester à ma place, observer ma croyance « je suis une victime » afin de prendre conscience que, tant que je l'activais, elle devenait ma réalité. Combien

a. Éditions Jouvence, Genève, 2016.

de fois m'étais-je épuisée en voulant avoir raison ou en exigeant des excuses qui ne venaient pas ? Une de mes amies m'interrogea : « Quand tu es au restaurant, que ton plat ne vient pas alors que tu es assise depuis une heure et que le serveur n'arrête pas de te répéter que tu vas être servie cinq minutes plus tard, que fais-tu ? » Il était temps de se lever et de partir. Aussitôt, je rompis le contrat qui me liait à l'entrepreneur et j'en trouvai un autre, disponible et sérieux. Entièrement dévoué à mon chantier, il trouva des solutions techniques auxquelles on n'avait même pas pensé, ce qui nous épargna de nombreux problèmes. Certes, je perdis de l'argent, mais je gagnai aussitôt en tranquillité et en énergie disponible pour mes autres projets. Quelques jours plus tard, il m'apporta des pots de confiture préparés par son épouse avec les fruits du verger de ses beaux-parents chez qui ils se rendaient l'été. J'étais sidérée par l'abondance de douceur qui entrait à présent chez moi depuis que j'avais renoncé à ce que le premier entrepreneur me rende justice. Le chantier s'acheva sans heurt et, lorsque je m'installai dans ce lieu lumineux dont j'avais tant rêvé, j'étais pleine de gratitude pour ce que j'avais compris grâce à cette expérience.

Plus tard, j'appris que l'entrepreneur qui m'avait fait faux bond avait accepté trop de travail simultanément. Il était acculé et, ne sachant plus comment se sortir de cette situation étouffante, il avait préféré se taire en attendant que l'ouragan passe. Il n'avait jamais cherché à me nuire, il était juste débordé par son angoisse. En choisissant de m'engager avec lui alors que je savais qu'il était toujours en retard et qu'il mentait constamment, j'avais inconsciemment réuni les ingrédients pour provoquer ce conflit. Il n'y avait pas de « méchants » ni de « gentils » contrairement à ce que je croyais en silence. Nous avions chacun joué notre partition et j'avais fait l'expérience, dans ma réalité, d'une leçon formidable qui allait encore faire évoluer ma relation aux autres. J'avais presque envie d'appeler cet entrepreneur pour le remercier d'avoir si bien interprété « le salaud » dans ce scénario.

Alors que j'avais longtemps cru au hasard et à la chance, ma perception des événements était désormais tout autre. Je naviguais en reconnaissant l'existence de la loi d'attraction. Les moments de félicité comme les épreuves difficiles prenaient une autre dimension. Ils étaient parfaitement orchestrés. Chaque situation recelait brusquement une occasion de déploiement, de compréhension, de conscientisation. Cette idée est insupportable pour beaucoup, en particulier pour tous ceux qui sont en souffrance ou qui traversent de longues périodes de « malchance » ou de drames. On veut bien accepter l'idée qu'une pensée positive puisse nous apporter du succès et de l'abondance dans nos réalisations personnelles. Mais pas l'inverse. Reconnaître que l'âme a aimanté à elle une situation ne signifie pourtant pas qu'on l'a « méritée ». Cette vision punitive est extrêmement culpabilisante. Elle est d'ailleurs abondamment déclinée par de grandes religions qui présentent Dieu comme une entité qui récompense ou qui condamne.

Aucun être humain ne « mérite » de souffrir. Il me semble qu'on est programmé pour vibrer d'amour et de joie. Il n'y a qu'à regarder un petit enfant s'émerveiller devant le clapotis de l'eau ou éclater de rire à la moindre grimace. Son enthousiasme est organique.

Au niveau spirituel, il n'y a pas de bourreau ni de martyr. Évidemment, au niveau terrestre, la loi reconnaît les victimes et je me réjouis lorsqu'elle réussit à protéger les plus faibles. Mais sur un plan énergétique non visible, si on croit en l'existence des âmes, il n'y a plus de morale ni de justice. Simplement des mouvements d'attraction et de répulsion comme si chacun de nous était un aimant. Est-ce que j'ai mérité d'entendre toute mon enfance que j'étais « un poison » et qu'on regrettait « le jour où j'étais venue au monde » ? Non. Mais peut-être que ces épreuves et leurs conséquences m'ont permis de soigner des blessures plus profondes. Des blessures karmiques, antérieures à ma naissance… Au lieu de me déprimer, cette nouvelle vision de l'existence me libérait soudainement d'un immense fardeau. Elle me laissait envisager le meilleur à venir.

Chaque jour, le yoga et la méditation me responsabilisaient un peu plus face à mes réactions. Ces séances avaient toujours quelque chose à m'apprendre sur moi. Si je me sentais agacée, énervée, humiliée, révoltée, j'essayais de prendre de la hauteur en sortant de l'espace de l'ego pour me brancher sur une autre fréquence. Au fond, même pour défendre des causes qui me tiennent à cœur, garder mon calme me permet d'être mieux entendue, écoutée. J'en avais désormais constamment la preuve. Je m'étais tellement époumonée à vouloir imposer mon point de vue en agressant tous ceux qui n'étaient pas d'accord avec moi ! Il m'arrivait bien sûr de sentir la colère monter à nouveau. Chercher à la réprimer ou la planquer sous un sourire forcé ne m'était pas d'une grande aide. Cela ne faisait que la décupler à moyen terme. Je disposais à présent d'outils – la respiration, la méditation, l'autoévaluation, le yoga, l'introspection à travers mon journal… – pour éviter de m'identifier à elle, puisque je savais qu'elle finirait par passer. Les émotions m'offraient une nouvelle grille de lecture de mes conditionnements. Les observer fluidifiait la communication avec mon entourage, je n'en revenais pas : c'était bien plus simple de communiquer avec les autres.

Lorsque je partageais mes « épiphanies », je remarquais bien souvent que l'existence de l'âme, la réincarnation, les vies passées et toute forme de référence à la physique quantique provoquaient l'ahurissement d'un grand nombre de personnes, même dans mon cercle proche. Cela n'avait plus aucune importance à mes yeux, je n'avais rien à prouver ni surtout personne à convaincre.

Je me sentais libérée et plus je me responsabilisais face à ce qui m'arrivait, plus je gagnais en légèreté. Or si mes proches n'étaient pas toujours d'accord avec ma lecture du quotidien ou mon goût pour l'astrologie, tous notaient combien j'étais plus agréable à vivre. En février, je croisai une amie qui ne m'avait pas vue depuis longtemps. Elle n'arrivait pas à croire ce qu'elle voyait de moi sur les réseaux sociaux. Elle ne reconnaissait plus celle qui se plaignait du matin au soir en commençant ses phrases par « Je suis crevée ». On déjeuna ensemble et, estomaquée, elle me dit à la fin du repas : « C'est fou, je te trouve métamorphosée. Ta manière de raconter les choses… Tes expressions… Il y a une douceur sur ton visage que je ne te connaissais pas. » Un vieux copain dont je m'étais éloignée regrettait l'époque où j'employais les mots « connasse » ou « pute » pour qualifier toutes les femmes qui m'exaspéraient. Il me trouvait beaucoup moins drôle depuis que j'avais arrêté de critiquer tout le monde. J'éclatai de rire en l'écoutant se désoler sur mon « cas désespéré de gourou farci au quinoa et au chou kale ». Est-ce que je regrettais l'époque où je me détestais ? Non. J'étais si heureuse que son avis n'avait pas beaucoup d'importance.

Même ma fille notait que je m'emportais moins, que l'atmosphère avait changé à la maison. À peine entrée dans la préadolescence, elle regrettait néanmoins les invitations luxueuses auxquelles j'avais renoncé : elle avait souvent bénéficié des avantages de mon travail dans l'industrie de la beauté en participant à des événements où les journalistes étaient conviés dans des palaces ou des parcs d'attractions en famille. À son échelle de jeune collégienne, ce n'était pas simple de comprendre mes choix et mon envie de décroissance. Cependant, j'étais convaincue qu'en restant alignée sur ce qui me semblait juste, je semais des graines dont elle se servirait peut-être un jour.

Quant à mon mari, après s'être inquiété de ma pratique quotidienne à l'aube, au tout début de ma formation, près d'un an plus tôt, il l'avait complètement acceptée, rassuré par les effets positifs sur mon équilibre général. Il me soutenait et m'encourageait, me laissant l'espace dont j'avais besoin pour faire preuve de discipline. La communication au sein de notre famille avait changé. Les « TU es… » étaient remplacés par « JE ressens… », les reproches par plus d'empathie. Parfois, je l'entendais fredonner des mantras sous la douche. Ma fille aussi les connaissait par cœur à force de me les entendre chanter. Il n'était pas réceptif à toutes mes découvertes, mais restait ouvert aux sujets dont je lui faisais part. Je ne l'avais jamais vu aussi productif, il ne cessait plus de peindre et de dessiner. J'étais si heureuse de voir que ma joie d'être l'avait contaminé ! Il avait même testé plusieurs cours de kundalini yoga, ce qui lui avait donné envie de prendre soin de sa santé en se remettant au sport. On n'employait pas les mêmes outils pour nous sentir mieux, mais chacun respectait le chemin de l'autre.

Dans mon entourage proche, j'étais également très encouragée. La plupart de mes amies venaient même assidûment aux cours de yoga que je donnais. Parfois, je sentais que certains de mes choix agaçaient : l'éviction de la viande de mon alimentation, ma ferveur écologiste ou ma non-consommation d'alcool. Lorsque certaines remarques me heurtaient, alors la pratique m'apprenait aussitôt à questionner ma réaction. Si je me sentais concernée, cela signifiait que j'avais probablement un travail à faire pour entendre et accepter ce que l'on me disait. L'écho évoquait peut-être une de mes illusions que je n'avais pas encore identifiée ?

Parallèlement, sans qu'il y ait eu de rupture franche ni de drame, certaines relations avaient disparu de mon quotidien. Nous n'avions plus les mêmes centres d'intérêt et la direction dans laquelle j'avançais leur paraissait ridicule, voire pathétique. L'expression de ma joie leur insupportait. Elles me trouvaient déconnectée du monde réel, de la colère de la rue, de l'effondrement de l'équilibre climatique. Je le comprenais et je n'en tirais pas de conclusions hâtives : nous n'étions plus sur la même fréquence, pour le moment, mais il n'était pas impossible qu'on se retrouve plus tard. D'ailleurs, certaines lectrices m'avouaient avoir d'abord détesté mon changement trop abrupt à leur goût, puis étaient revenues vers mon blog lorsqu'elles s'étaient également mises à transformer leur vie professionnelle ou qu'elles avaient trouvé une pratique spirituelle qui leur plaisait. Si plus de quatre-vingt-dix-neuf pour cent de ma communauté sur Instagram suivait ma mutation avec beaucoup de bienveillance, il arrivait qu'une infime minorité se sente agressée par mes choix et me les reproche ouvertement. Si cela me blessait, cela signifiait que je n'étais pas en phase avec moi-même et, dans ce cas, je prenais ma pelle pour aller creuser plus profondément en moi.

Il n'y avait pas trente-six chemins pour être moins sensible au jugement extérieur. J'avais compris en lisant le livre *Et si on arrêtait de juger ? (les autres et soi-même)* de Gabrielle Bernstein[a] que le premier pas consistait à prendre conscience de tous les moments où je jugeais les autres. Après la lecture de cet ouvrage, j'avais fait l'exercice de tenir une comptabilité du nombre de jugements émis dans une journée, de la pensée furtive au sujet de la tenue « inappropriée » d'une femme croisée dans un bus au commérage au téléphone : c'était infernal ! Pas une heure ne se passait sans que mon mental fournisse une quantité de choses à redire sur tout et sur tous. Cela se déroulait sans même que j'arrive à stopper le flot. Sur les réseaux sociaux, la mécanique était encore plus rapide. Untel était vraiment « demeuré » de publier des propos aussi haineux. Véronique avait quand même « pris cher » depuis qu'elle s'était mise à faire des injections. Marie devenait « ridicule » avec tous ses selfies. Ces jugements, même fugaces, reflétaient la distorsion de mon propre ego comme un miroir. Des pensées acides qui n'étaient pas uniquement dirigées contre les autres : j'en étais la première victime. Elles me faisaient sortir de l'harmonie où l'on sait accueillir tout ce qui est en nous et autour de nous. Elles me fragilisaient et me rendait hypersensible au regard de l'autre. Mais comment les éviter ? J'avais passé des années à juger les autres, à feuilleter des magazines en pourrissant les personnes qui y étaient photographiées sans même les connaître, à blablater au téléphone au sujet d'un tiers qui « aurait dû » ou qui « n'arrivait pas… ».

Le jugement de l'autre était un sport national. J'avais été biberonnée à cette manie. Je me souviens qu'enfant j'adorais m'installer à une terrasse de café avec ma mère. On s'amusait à se moquer du look des badauds qui passaient

a. Guy Trédaniel, août 2019.

devant nous. Je trouvais ça si drôle ! À l'école primaire, les potins prenaient parfois le dessus sur les moments de jeu. Des récréations entières passées à critiquer ou juger des camarades au lieu de se défouler à courir dans la cour. Dans le milieu de la mode et de la beauté, que j'ai longtemps fréquenté, le « bitching » est un sport de compétition.

Le domaine du yoga et du développement personnel n'échappe pas non plus au jugement des uns et des autres. Les grands maîtres et les guides nous rappellent sans cesse qu'il existe une autre voie, néanmoins on a vite fait de comparer son parcours avec un autre, de se sentir supérieur ou inférieur. Dans les cercles de parole où l'on fait le point sur son chemin, il suffit de sortir quelques secondes de l'espace du cœur pour commencer à entendre son mental classifier les informations, délivrer des remarques silencieuses en tout genre. Pourtant, à chaque semaine de formation, j'ai vu combien les murs invisibles édifiés entre les élèves avant qu'ils se connaissent s'effondrent vite une fois que l'on s'ouvre à l'autre et que l'on se reconnaît en lui. La discipline du tantra blanc, qui consiste à tenir une posture de yoga à deux en respirant au même rythme et en restant connecté au regard de l'autre, m'avait permis de ressentir cette fusion avec l'autre, cet instant où l'on comprend physiquement que nous ne faisons qu'un. Cela m'avait beaucoup aidée à diminuer la quantité de jugements émis, mais j'avais encore une sacrée marge de progression devant moi.

À présent, j'étais consciente de mes jugements sur les autres. Cela me permettait de m'arrêter, de respirer et de faire l'effort de revenir à mon pilier. Une des enseignantes de mon école m'avait transmis un mantra formidable que j'utilisais depuis plusieurs mois à chaque fois que je réalisais que j'étais en train de me dénigrer ou de critiquer un autre individu. Je me répétais mentalement « Je me pardonne, je suis pardonnée, tout est pardonné », comme une petite alarme intérieure qui ramène à la compassion et à la tolérance pour soi et pour les autres. Dès que je commençais à perdre mon discernement, dès je me laissais envahir par des injonctions contradictoires, les « tu devrais » ou « il faudrait que », j'avais désormais appris à me demander : « Où est ta joie ? Quelles sont tes valeurs ? Est-ce que tu es en train de les honorer ? » Si la joie faisait son apparition, alors tout était juste, il n'y avait plus de question ni de jugement. Je n'avais plus qu'à l'incarner.

En écrivant ce texte, tandis que j'observe le chemin parcouru, je réalise combien ma tolérance s'est déployée. Je me compare moins. Mais je me compare encore. Ma résistance à croire en mon essence divine est tenace. Et tant qu'elle sera active en moi, je sais que je ne pourrai pas avoir accès à tous les trésors qui sont déjà là, à l'intérieur. Chaque matin, sur mon tapis volant, je signe un pacte. Je choisis de continuer à éplucher mes limitations comme un oignon, couche après couche, pour aller jusqu'au cœur et ouvrir mes deux oreilles à cette phrase que je reçois souvent pendant mes méditations : « Tu suffis. »

COMMENT SORTIR DU JUGEMENT DE SOI ET DES AUTRES ?

Entretien avec Catherine Guillot

Installée en Suisse, Catherine Guillot est l'une des personnes les plus inspirantes que je connaisse. Le simple fait de discuter avec elle ralentit ma respiration et me pousse à honorer ma voix authentique. À son contact, tout paraît simple et fluide. Professeure de kundalini yoga, enseignante de yoga thérapeutique hormonal, Catherine Guillot pratique également les soins de guérison spirituelle en canalisant l'énergie des rayons universels. C'est au Tibet qu'elle a reçu, de maîtres reconnus, les enseignements de lignée Dzogchen qui évoquent la perfection absolue inhérente à chaque être. Ses pèlerinages au Bhoutan, au Népal et en Inde lui ont permis de rencontrer de grands yogis et l'ont menée sur la voix du kundalini yoga qu'elle enseigne depuis de nombreuses années. Passionnée par la capacité de chacun à guérir et à transformer, elle ne cesse de partager ce qu'elle a reçu et forme chaque année des centaines de yogis à l'enseignement du kundalini yoga, mais aussi à la guérison spirituelle. Elle fait partie de ces humains dont la mission est de montrer le chemin. Une autre voie, libérée des conditionnements et des limitations…

On aimerait tous être moins sensibles au regard extérieur, pourtant, on fait rarement le lien entre ce qui nous blesse et notre propension à juger l'autre. Pourquoi est-ce que le fait de juger l'autre nous fragilise autant ?

Ce que l'on juge chez les autres est notre propre filtre. Un peu comme si on portait des lunettes qui déformaient la réalité. En formation, on propose souvent aux élèves de regarder un film ensemble. Lors des restitutions, il est frappant de remarquer qu'aucun élève n'a eu la même perception que l'autre de l'histoire qui vient de se jouer. Certains s'imaginent que le personnage principal agit parce qu'il est libre, d'autres au contraire parce qu'il est aliéné. Personne n'a ni tort ni raison. L'exercice consiste simplement à identifier les filtres qui nous appartiennent car, bien souvent, on n'est même pas conscient de la trahison que l'on s'inflige avec la somme de jugements que l'on émet. Admettons, par exemple, qu'une personne arrive dans une soirée habillée d'une tenue inhabituelle et qu'elle se mette en scène au milieu d'un groupe. Si l'on se met à la juger en pensant « Mais comment ose-t-elle se présenter dans une tenue pareille ? », cela signifie peut-être que, contrairement à cette personne extravagante, nous n'osons pas être vus. Le jugement de l'autre est toujours le miroir d'une énergie non résolue.

Comment sortir de ces mécanismes si ancrés ?

La première clef est de devenir conscient de nos propres jugements. Tenir un journal permet de prendre conscience de ces pensées qui nous traversent. Les écrire est un premier pas. Les lire à voix haute est un autre moyen de s'apercevoir de leur pouvoir toxique. C'est insupportable à entendre et cela permet d'apprendre à dire stop. Au fur et à mesure, on repère plus facilement ce qui est en train de se passer et on peut mettre en place de nouveaux automatismes. 1) Je suis en train de juger ou de faire des commérages. 2) Je décide de m'arrêter. 3) Je prends une grande inspiration et je reviens au centre de moi-même. Qu'est-ce que je ressens ? Où est-ce que cela se situe dans mon corps ? 4) Je choisis de focaliser mon attention sur une vibration positive. Un exemple, en voiture : on peut choisir d'être sensible à tout ce qui crée de l'harmonie en nous, comme un bosquet de fleurs sur un rond-point plutôt qu'un automobiliste qui klaxonne. Si le rond-point est dysharmonieux, alors on laisse glisser son regard sans y accorder de l'attention. N'oublions pas que l'on crée notre propre réalité. Donc, en choisissant d'être attentif à tout ce qui nous élève, on va attirer des situations qui nous élèvent.

Ce n'est pas toujours simple d'identifier le message caché derrière le jugement et de l'interpréter pour nous-mêmes. Comment faire ?

C'est un entraînement quotidien. L'observation par la méditation est une étape importante, mais cela ne suffit pas. La moindre réaction contient un message pour nous. Le monde que nous percevons est une réflexion de notre monde intérieur. Cette phase peut prendre beaucoup de temps car elle nous oblige à nous rendre compte qu'on s'identifie à des histoires anciennes auxquelles nous nous sommes attachés. Elles sont si actives qu'on a l'illusion qu'on ne peut pas exister sans elles. S'en détacher est pourtant le seul moyen de retrouver son pouvoir.

Comment trouver le juste équilibre dans une situation où l'on est agressé par le comportement d'une personne qui, par exemple, hurle au téléphone dans le compartiment d'un train bondé ou jette sciemment ses déchets sans les ramasser ?

Si on entre dans la réaction, alors on perd son pouvoir. En intervenant, non seulement on ne va pas aider l'autre à prendre conscience de la nuisance qu'il est en train de créer, mais on risque de l'amplifier. Donc la première étape est d'accepter ce qui est : je suis gênée par le bruit, pour reprendre le premier exemple. On prend une grande inspiration et on observe dans son corps où l'embarras se situe. On se pardonne de juger l'autre. On accueille pleinement l'émotion qui est présente et on revient au centre de soi. Si l'on reste dans cet espace intérieur, on va accorder beaucoup moins d'importance au bruit. Peut-être même que le bruit va finir par disparaître. Et si un danger émerge, alors, dans cet espace du cœur où l'on est dans son plein potentiel, on saura trouver les mots justes pour désamorcer la situation. Même chose dans le second cas. On peut en profiter pour se questionner sur la raison pour laquelle on est aussi agacé par l'incivilité écologique. Peut-être que la manière dont nous jugeons la personne qui jette ses papiers, sa cannette ou sa bouteille en plastique nous renvoie à toutes les fois où nous nous en voulons de ne pas suffisamment respecter la planète ?

Et en tant que parent, comment guider nos enfants sans reproduire les jugements avec lesquels la plupart d'entre nous ont été élevés ?

L'enfant est un formidable réflecteur des parties de nous-même qui ne sont pas encore libérées. Plus on va s'appliquer ces enseignements, plus on va être capable de les transmettre. Jusqu'à présent, on se construisait sur le manque, en cherchant la vibration à l'extérieur et on s'aperçoit aujourd'hui que cela ne fonctionne pas. Une fois qu'on l'a compris, il est plus facile d'éviter de tomber dans le piège de la valorisation des notes. Le système existe, mais il n'est pas l'enfant. C'est important de lui dire qu'il est aimé tel qu'il est et non selon les notes qu'il va obtenir.

Car, bien souvent, les enfants vont chercher à avoir de bonnes notes pour se sentir aimés ou de très mauvaises notes pour capter l'attention de leurs parents. La relation parent-enfant risque d'être brouillée par cette quête. Répéter à l'enfant qu'on l'aime et qu'il est soutenu dans toutes les expériences qu'il traverse est essentiel. Parfois, le simple fait d'expérimenter une très mauvaise note parce qu'il n'a pas assez travaillé suffit à provoquer une prise de conscience chez l'ado. N'oublions pas que nous avons uniquement le pouvoir de transformation pour nous-mêmes, pas pour l'autre ni même pour nos enfants. On ne peut pas savoir ce qu'ils ont besoin d'expérimenter pour pouvoir évoluer et se transformer.

Lorsqu'on apprend à moins juger les autres et à les accepter tels qu'ils sont, on en perçoit tout de suite les bénéfices. Pourtant, beaucoup continuent à souffrir de ne pas se sentir légitimes. Comment sortir de cet autojugement permanent ?

« Je ne mérite pas » est un programme très actif dans la société. « Je ne mérite pas d'être aimé. » « Je ne mérite pas d'être comblé. » « Je ne mérite pas de réaliser mes rêves. » Honorer sa valeur, c'est d'abord reconnaître qu'on est un être créateur et qu'on a le droit à tout, qu'on mérite l'abondance, l'amour, la joie… Croire le contraire est une limitation générée dans la petite enfance par la société. Le travail consiste alors à reconnaître la valeur et les cadeaux de l'âme. L'ego est l'outil qui nous permet de nous présenter au monde. Si on lui donne trop d'importance et qu'on le laisse nous contrôler, il ne va pas pouvoir se mettre au service de l'âme. Mais si on cherche à le tuer et qu'on juge constamment sa personnalité, ça ne va pas fonctionner non plus. Donc, encore une fois, on reconnaît ce qui est, afin d'identifier les croyances limitantes et de s'en libérer.

Les réseaux sociaux, où l'on distribue des likes et où l'amour et la validation extérieure semblent être quantifiables, deviennent parfois des lieux de grande souffrance où chacun se compare à l'autre. Comment se servir des outils de communication de notre époque sans se sentir emprisonné par le jugement ?

On peut avoir des milliers ou des millions de likes sans se valoriser soi-même. Si l'on attend la valorisation de l'autre, alors on cultive le vide en soi. Les réseaux sociaux ne sont que des accélérateurs de miroir et de réflexion. C'est comme s'ils nous montraient de manière amplifiée ce que nous avons besoin de résoudre. Si l'on se compare constamment à l'autre, alors c'est à nous de travailler sur l'acceptation de nous-mêmes. Le moteur du jugement, qu'il soit dirigé contre les autres ou contre soi-même, est la non-acceptation de soi. Après, il s'agit d'appliquer sur les réseaux sociaux les mêmes enseignements que ceux dont je parlais en voiture : on choisit de poser son attention sur ce qui nous élève. Si l'on s'abonne à des comptes, des sources d'information ou des personnes qui activent en nous le jugement de l'autre et de soi-même, alors on ne risque pas d'honorer ses valeurs.

Comment éviter la culpabilité lorsqu'on s'entend juger les autres ?

Si l'on en a pris conscience, alors on peut choisir d'adopter un autre comportement. Sortir des conversations où l'on s'est laissé embarquer et choisir la compagnie de ceux qui vont nourrir nos valeurs plutôt que l'inverse. On regarde les pensées qu'on n'apprécie pas de soi et on se met à prendre soin de son corps, à l'honorer et à l'aimer. Ensuite, on se pardonne ! Si l'on reste dans la culpabilité ou dans la honte, alors on bloque le potentiel de transformation que l'expérience était censée nous apporter. Pour grandir, il faut arrêter de juger l'expérience, la rendre à la source et s'en défaire. C'est ainsi qu'on va pouvoir revenir à son centre et dire simplement les choses sans négocier notre vibration en échange d'amour extérieur. Car, si on n'habite pas notre Soi, qui va l'habiter à notre place ?

18. Renouer avec toutes les parties de son corps

Il faisait étonnamment doux en cette fin mars 2019. J'étais assise au bord de la rivière dans le centre de formation où je venais d'entamer le niveau deux de la formation à l'enseignement du kundalini yoga. Le soleil miroitait à la surface du torrent. Après nous être reconnectés, en juillet 2018, aux éléments qui constituent tout ce qui nous entoure – la terre, l'eau, le feu, l'air et l'éther –, nous venions de passer une semaine à interroger la résonance énergétique de chacun d'entre eux à l'intérieur du corps physique. Un séjour d'une grande intensité qui m'avait permis d'aiguiser un système sensoriel encore balbutiant. On m'avait appris à me propulser à l'intérieur de mon ressenti corporel comme si j'étais un sous-marin au cœur de mes canaux énergétiques. Mes aptitudes à percevoir, au-delà de mes cinq sens, m'étonnaient.

Cette plongée dans le corps physique avait aussi fait surgir des rêves étranges tout au long de la semaine. Je ne comprenais pas pourquoi ces vieux souvenirs remontaient à la surface de ma conscience. Des humiliations oubliées datant de la petite enfance ainsi que de mes premières colonies de vacances. Des gobelets remplis de glaires qu'on me faisait cracher lorsque j'allais chez le kinésithérapeute pour soigner mon asthme. Les infections urinaires qui m'avaient conduites à subir, de huit à douze ans, plusieurs cystoscopies dont l'écho douloureux était toujours présent dans le canal de l'urètre juste en y repensant. À cette époque, je saignais régulièrement et, comme on n'en comprenait pas la raison, un médecin avait jugé bon de vérifier à plusieurs reprises si ma vessie n'était pas « coupée » à l'aide de caméras introduites dans mon urètre sous anesthésie générale. Petite, je visualisais souvent l'intérieur de mon corps comme une immense poubelle. Le sang qui en sortait était forcément impur puisqu'on m'empoisonnait la vie à m'emmener à l'hôpital afin de voir pourquoi on en retrouvait dans mes urines. Mes bronches étaient « toujours engorgées » d'après les praticiens exaspérés. J'avais d'ailleurs l'impression que l'intégralité des fantômes de *Ghost Busters* s'était installée dans ce corps et déversaient leur *slime* que je vomissais ensuite chez le kiné. On n'avait pas encore pris conscience de la nécessité d'expliquer aux enfants ce qu'on leur faisait. On se moquait pas mal de savoir comment les petits vivaient les soins et les antibiotiques à longueur d'année. On n'avait pas de temps à perdre avec « ces conneries ». J'avais déjà disséqué tous ces souvenirs sur le divan entre seize et vingt-six ans. Pour une raison que j'ignorais, ils étaient tous revenus pendant la semaine, la nuit ou pendant les cours de yoga. La fin de cette première formation de niveau deux approchait et une des enseignantes, qui venait de nous donner un cours de yoga puissant, relié à l'eau, nous avait demandé d'aller nous asseoir devant la rivière pour méditer.

Je regardais le fond de cette eau translucide et limpide. J'observais les galets érodés par la force du torrent. Il me rappelait celui des Cévennes où j'aimais me baigner l'été. Je respirais en conscience tout en plongeant mon regard dans l'eau. Le courant était si bruyant que j'entendais à peine mon souffle. Toute ma présence était dans cette matière vivante dont rien ne pouvait arrêter le mouvement. Le matin, nous avions eu un exposé détaillé sur l'eau et sur tout ce qu'elle symbolisait : l'incarnation de la beauté pure en un seul flocon, la flexibilité des formes, de la glace à la vapeur, le flot continu qui peut déplacer des montagnes, la volonté puisqu'elle s'immisce partout, mais aussi la peur lorsqu'elle se fige. Un passage du cours avait alerté mon attention : « L'eau peut aussi devenir sombre et marécageuse, pourtant ce sont dans ces bassins fermés que jaillissent les nénuphars. L'eau a l'aspect cristallin de la clairvoyance et, pourtant, elle est capable de devenir nauséabonde. Pensez à l'odeur d'un vase rempli de fleurs dont on n'a pas changé l'eau. » J'étais face à la rivière dont le fond était transparent et je fermai les yeux un instant. Une remontée d'égouts vint interrompre la pureté apparente. Je visualisai tout à coup des images de moisissure qui venaient se téléscoper à l'intérieur de mon corps. Je portais visiblement encore les séquelles de ces expériences médicales. J'entendis l'écho du refrain d'un mantra que nous avions chanté la veille : « *I love my body. My body is a beautiful creation.* » J'avais fait la paix avec l'aspect extérieur de mon corps. Je n'en aimais pas tous les angles, mais on s'entendait à peu près bien, lui et moi. Il était temps d'en aimer les entrailles et les moindres recoins. Il était temps de me libérer de mes souvenirs honteux. Une autre phase de ma mue allait pouvoir commencer.

La première chose que je fis en rentrant à Paris fut de me débarrasser du stérilet hormonal qui me privait de cycle menstruel depuis plus de trois ans. La libération de la parole des femmes à ce sujet avait considérablement changé mon rapport aux règles. On parlait désormais d'instants sacrés, de rituels de purification et de puissance inhérente au corps féminin. On se réunissait pour en débattre. Des cercles de femmes s'organisaient dans les salles de yoga et ailleurs. La lecture de *La Puissance du féminin* de Camille Sfez[a] m'avait d'ailleurs bouleversée car elle m'avait fait m'apercevoir combien j'étais déconnectée de mon cycle. Cela m'arrangeait bien : je n'avais pas à me soucier de la toxicité des protections menstruelles et mon humeur ne souffrait d'aucun symptôme avant les règles. Je m'étais coupée de mon féminin. Et avec lui, de mon pouvoir. Je sentais bien que quelque chose n'était pas en phase les soirs de rituels de nouvelle ou de pleine lune. Mais une partie de moi était ravie de ne plus avoir à se soucier de ce moment que je n'avais jamais adoré. Comment me réconcilier avec mon corps tout entier sans renouer avec ses sécrétions mensuelles ? Comment lui envoyer tout mon amour en refusant le flux ? Retirer mon stérilet me donna l'impression d'arracher une muselière sur mon chakra sacré. Je reprenais contact avec toute ma puissance. Le premier retour de cycle fut très étonnant pour moi. Les douleurs dont je me souvenais dans le dos et dans l'utérus avaient disparu. Je me sentais intensément vivante. Le dégoût avait été remplacé par un émerveillement. Les cycles suivants me reconnectaient encore plus aux énergies subtiles, comme si un portail s'ouvrait vers l'invisible. Ma pratique du yoga devait être adaptée pendant ces journées. Elles m'obligeaient à ralentir, à honorer ce feu de purification qui transformait la matière en moi.

L'acceptation de ma honte archaïque fut une étape importante. Cependant, cela ne suffit pas à la faire disparaître totalement. Il allait encore falloir œuvrer pour déployer l'amour dans les interstices du chagrin. Mais j'étais bien décidée à avancer dans cette direction. Je ne marchais plus, je sautillais. Je courais même, certains jours. En changeant

a. Éditions Leducs. Paris, 2018.

mon regard sur mon corps et sur moi-même, mon énergie tout entière s'était transformée. Ce n'était pas une posture narcissique. Je comprenais qu'il s'agissait d'un acte militant. Ma guérison n'était pas circonscrite à ma propre personne. En me soignant, je soignais les femmes de ma lignée, même disparues. En remettant mon corps en liberté, j'affranchissais celles qui m'avaient précédée comme celles qui me succéderaient. Je pensais à ma fille, à ma mère, à mes grands-mères et à toutes les autres que je n'avais pas connues. J'avais envie de toutes les prendre dans mes bras et de leur crier que nos corps étaient des temples d'une beauté absolue.

COMMENT SE RÉCONCILIER AVEC SA PUISSANCE INTÉRIEURE ?

Entretien avec Camille Sfez

J'ai découvert la psychologue clinicienne Camille Sfez sur Instagram un soir où elle organisait une méditation en direct. Seule face à l'écran de son téléphone, elle était en train de se connecter, les yeux fermés, avec des centaines de femmes, en leur parlant de liens avec la terre et leur utérus. J'étais à la fois intriguée par le nombre vertigineux de personnes regardant le live en même temps que moi, par le courage de Camille de prendre ainsi la parole sans voir ses interlocuteurs et tentée par une furieuse envie de ricaner. Je croyais pourtant avoir une grande ouverture d'esprit, mais c'était la première fois que j'observais une femme méditer en envoyant une pensée positive à l'intention de ses organes de reproduction. La scène hilarante du cercle de femmes dans le film *Problemos* avec Blanche Gardin et Éric Judor m'a traversé l'esprit un instant. Pourtant, j'ai continué à regarder. Fascinée par l'intelligence du discours de Camille. Par sa sérénité et sa douceur. Et je me suis mise à suivre attentivement ses publications sur Instagram sans bien comprendre quel était son métier. Lorsque son livre *La Puissance du féminin*[a] est sorti, je l'ai lu d'une traite, un crayon à la main. À travers les témoignages recueillis pendant les cercles de femmes encadrés par Camille, les interviews d'experts et les rituels détaillés, j'ai pris conscience de la distance que j'avais mise avec mes forces profondes.

---

a. *Op. cit.*

Comment as-tu connu les cercles de femmes ?

À l'âge de dix-neuf ans, alors que j'étais en deuxième année de prépa HEC dans un établissement réputé, j'ai traversé une phase dépressive. J'avais toujours été une élève modèle. On m'avait dit que « la voie de l'excellence » me permettrait de faire « tout ce que je voulais ». Je m'étais pliée à ces désirs qui n'étaient pas les miens ; espérant que cela me permette d'accéder au graal qu'on m'avait promis. Pourtant, cette année-là, je me suis sentie si mal que je me voyais passer sous le métro. J'étais sous anxiolytiques pour supporter la pression des examens et j'ai alors entamé une thérapie. Je suis entrée à l'ESSEC et je me suis immédiatement sentie à part. Mes camarades de promo savaient ce qu'ils voulaient faire et nourrissaient mille projets. De mon côté, je n'en avais aucune idée. Pendant mes études en école de commerce, j'ai continué ma thérapie avec mon psychologue qui m'a parlé de la Gestalt-thérapie mais aussi des cercles de femmes. Je ne savais pas que cela existait. J'ai alors découvert des espaces où des femmes se réunissaient entre elles pour se reconnecter avec leur vulnérabilité. Ces rituels m'étaient étrangers puisque aucune femme de ma famille ne me les avait transmis. Pourtant, une partie de moi avait l'intuition qu'il me fallait aller chercher dans ces cercles un héritage qui s'était perdu dans la transmission.

On commence seulement à parler de ces cercles, mais ils sont restés cachés pendant de nombreuses années, non ?

Oui, d'ailleurs, même à l'époque où je les ai connus, il y avait beaucoup de mystère autour de ces rendez-vous. Ils n'avaient pas d'existence sur la place publique. On se retrouvait parfois dans des sous-sols. Les cercles étaient construits sur un mode initiatique, avec un avant et un après, une manière d'honorer le sacré, des chants à soixante-dix voix réunies et autant de bougies allumées simultanément. Je me souviens d'un jour où j'observais celle qui animait le cercle. Je me suis dit : « Au fond, c'est ça que je veux faire. »

Comment es-tu sortie de ton cursus d'école de commerce ?

J'ai fait ma dernière année d'étude en Argentine tout en me formant à la thérapie du psychodrame ainsi qu'à celle du rêve éveillé. Puis j'ai repris des études de psychologie à la fac. J'ai travaillé en institution et en libéral. J'ai aussi voyagé au Pérou pour y étudier la médecine traditionnelle. Et puis j'ai commencé à organiser des cercles de femmes, ce que je fais depuis dix ans maintenant.

Qu'est-ce qui t'a poussée à écrire sur la puissance du féminin ?

Une éditrice m'a approchée pour me demander d'écrire sur ces cercles. J'étais d'accord pour en parler, car il me semblait important que ces espaces de transformation soient mieux connus. Mais, très vite, on m'a demandé d'orienter mon texte sur le féminin. J'étais tétanisée par le syndrome de l'imposteur. Je pensais à toutes ces femmes extraordinaires qui m'ont transmis leur savoir, mille fois plus riche que le mien. Je ne me sentais pas légitime. Et puis, j'ai fini par accepter en me concentrant sur ce que les cercles m'avaient appris.

Que signifie renouer avec son féminin ?

C'est honorer le sacré en nous. Définir ses limites. Cesser de faire des choses pour faire plaisir aux autres car, à partir du moment où l'on se réaligne sur ce qui est divin en nous, nos actions en sont l'expression. C'est aussi prendre soin de soi. Le féminin est une partie nichée à l'intérieur de nous. Au fond, j'aime la définition d'Annick de Souzenelle qui rappelle que l'homme est créé à la fois mâle et femelle. Pour sortir de sa nature animale et trouver son nom, il doit enfanter en lui les différentes dimensions de lui-même. Or le féminin est l'endroit où l'on trouve le germe du nom. Renouer avec son féminin, c'est se souvenir qu'il y a cette part en nous reliée à tous les règnes, aux animaux, à l'invisible, au divin. Mais pour y accéder et connaître mon nom, je dois retourner en moi, retirer le masque et accueillir l'inconnu. L'enjeu est de se connecter à cette partie de laquelle tout émerge et dont nous ne savons rien. C'est aussi un formidable moyen d'accepter qu'on ne contrôle pas tout et qu'il n'y a rien à changer.

Parmi les sujets que tu abordes dans le livre, tu parles de sexualité, de grossesse, d'accouchement, d'avortement mais aussi du cycle menstruel. Ces deux dernières années, on a complètement changé notre manière de parler des règles. Pourquoi est-ce si important d'être à l'écoute de son cycle ?

En effet, exposer une tache de sang sur un pantalon n'a plus rien de subversif, c'est devenu le stigmate d'une force, à l'instar du mot « sorcière ». On assiste ici à un processus psychique bien connu : lorsqu'on parle de sa vulnérabilité, qu'on déclare « oui, c'est rouge, oui, il y a du sang », alors on passe de la honte au pouvoir. On incarne son ombre et plus personne ne peut dire que c'est honteux. Le risque en faisant de ces stigmates une mode serait de passer à côté de la véritable valorisation derrière la connexion au cycle. L'idée est de se questionner : « Comment je me sens pendant ces jours de saignement ? Est-ce que j'arrive à en percevoir la beauté ? Si je porte une *cup* et que je suis donc au contact de mon sang chaque mois, qu'est-ce que j'en fais ? Est-ce que je le jette dans la cuvette des toilettes, sous la douche, est-ce que je le verse dans mes plantes ? Est-ce que je le mets au pied d'un arbre pour en faire un rituel ? » Le sang est hyper puissant. Il y a quelque chose pendant ces jours particuliers qui échappent à la mesure, qui nous offre une connexion directe avec l'invisible.

D'où la nécessité de s'accorder une pause au début du cycle ?

Le grand apprentissage des *moon lodges*, ces tentes où se retrouvaient les Amérindiennes pendant leurs règles, c'est qu'elles se fermaient au monde pour s'ouvrir à elles-mêmes. C'est un équilibre à trouver entre ce que l'on donne et ce que l'on reçoit. Ne rien faire devrait être aussi valorisant que d'aller au travail ou chercher un nouveau client. Cette inaction va bien au-delà de l'idée du repos. C'est s'ouvrir, comme le fait le col de l'utérus, pour recevoir des informations plus intuitives. Pour être tout à l'intérieur de soi.

Épilogue

Et maintenant ?

Je les croyais brûlées au troisième degré. Privées d'eau pendant nos vacances, l'été passé, glacées par l'hiver et submergées de pluie en mars, ces succulentes ne donnaient plus aucun espoir de résurrection. Je les gardais malgré leur piteux état, espérant qu'elles nourrissent la terre des jardinières en moisissant sur le rebord de nos fenêtres. Elles n'avaient pourtant pas dit leur dernier mot. En ce matin de mai 2019, un miracle se produisit : au cœur du feuillage rouillé, de petites pousses vertes étiraient leurs têtes de nourrisson vers le ciel. Le lendemain, elles avaient encore grandi et déroulaient leur colonne vertébrale, laissant apparaître de minuscules boutons de fleurs. Je n'avais rien fait pour les sauver. Je les avais laissées sans eau ni soin. Leur facilité à renaître au milieu du chaos me réjouit. Un murmure de confiance en la vie.

Ai-je résolu tous mes problèmes ? Ai-je désincarcéré tout ce qui m'aliénait trois ans plus tôt ? Le travail est-il terminé à présent que s'achève l'écriture de ce livre ? Non. Je n'ai pas fini de me réconcilier avec tout ce qui me constitue. Je continue à déloger de la noirceur cachée, des dissonances et des attachements à la souffrance. Parfois, la traversée d'une grosse épreuve me donne l'illusion que c'est fini. Puis, je pars à la pêche et j'attrape une benne à ordures inattendue au bout de mon hameçon. Je la regarde vomissant ses vieux déchets à mes pieds. Et je sais que bientôt de petits bourgeons émergeront de cet humus en devenir.

Pas de ligne d'arrivée. Pas de trophée. Pas de podium. L'initiation à l'amour de soi n'est pas un marathon. Parfois, j'escalade plusieurs kilomètres de paroi sans mousqueton en une journée. Puis, je reste immobile pendant plusieurs semaines. Petite, je voulais briller, atteindre le sommet avant les autres et planter mon drapeau en signe de victoire sur le malheur. Désormais, c'est la grimpe qui me fait battre le cœur. Et plus je m'ouvre à la réception de ces enseignements, plus j'aiguise de nouveaux sens. Plus j'apprends, plus j'ai envie d'apprendre. Tout ce temps passé à tenter d'atteindre la cime, je n'avais pas compris que le lent processus du cheminement pouvait être aussi extatique.

Alors je continue à éplucher mes résistances. À devenir une terre d'accueil pour tout ce qui est, sans jugement. À cultiver mon intuition et ma connexion avec ce qui me dépasse. À m'incliner devant la magie des plantes qui renaissent sur mon balcon. Et à honorer ma chance d'être en vie, ici et maintenant.

Sommaire

Remerciements

Merci à mon mari Bastien Coulon qui me laisse tout l'espace d'explorer celle que je suis vraiment. Merci à Jeanne, notre fille, pour toutes les crises de fou rire qui m'ont donné du courage entre deux chapitres.

Merci à Ariane Geffard de la confiance qu'elle m'accorde et à Emmanuelle Radiguer pour son regard bienveillant.

Merci à Fleur Monot qui m'a fait gagner un temps précieux pendant que je concevais cet ouvrage.

Merci à Camille Sfez, Caroline Benezet, Catherine Guillot, Cindy Montier, Emily Weiss, Jennifer Hart-Smith, Joëlle Ciocco, Laetitia Debeausse, Monika Miravet, Nathalie Desanti, Odile Chabrillac, Olivia Vindry, Olivier Roellinger, Simrit Kaur, Sophie Keller, Zeva Bellel pour leur temps et leur générosité.

Merci à mes amies qui m'encouragent à écrire depuis tant d'années.

Et merci à mes lectrices du blog ainsi qu'aux abonnés de mon compte Instagram pour leurs encouragements, leurs confidences et leurs témoignages si inspirants.

MARABOUT
s'engage pour l'environnement
en réduisant l'empreinte carbone
de ses livres.
Celle de cet exemplaire est de :
600 g éq. CO_2
Rendez-vous sur
www.marabout-durable.fr

Imprimé en France par CPI
Pour le compte des éditions Marabout
(58, rue Jean-Bleuzen, 92178 Vanves)
Dépôt légal : juillet 2019
ISBN : 978-2-501-14074-4

61110817
N°d'impression : 3035821

Composition et mise en pages
Nord Compo à Villeneuve-d'Ascq